歴史文化ライブラリー
450

ふたつの憲法と日本人

戦前・戦後の憲法観

川口暁弘

吉川弘文館

目　次

日本人にとって憲法とはなにか――プロローグ

1　日本人にとって憲法とはなにか

辞典の定義は物足りない

憲法とはなんでしょうか。この問いのこたえは辞典や憲法学の教科書をひらけば手にはいります。国家の統治《とうち》体制《たいせい》と国民の人権《じんけん》保障《ほしょう》とをさだめるもっとも重要な法のことです。

では日本人にとって憲法とはなんでしょうか。この問いに、憲法を統治の道具とみなすかわいた定義でこたえても、説明として物足りないと思いませんか。

日本人はなにか特別な感情を憲法に抱《いだ》いていると考える方のためにこの本を書きました。日本人は憲法をどのように考えてきたか、あつかってきたか、近代日本の憲法観の歴史をたどることで、日本人にとって憲法とはなにかという問いに、こたえを提示したいと思います。

近代日本にはふたつしか憲法がありません。大日本帝国憲法《だいにっぽんていこくけんぽう》と日本国憲法《にほんこくけんぽう》です。このふたつの憲法をめぐって展開したみっつの憲法観、すなわち憲法擁護《ようご》と憲法改正と解釈改憲《かいしゃくかいけん》が、どのような政治文化をつくりだしたかを説明することが、この本の内容です。

最初にひとつの客観的事実を確認しておきましょう。日本人は、一度つくった憲法を改正することなく長期にわたって使いつづける傾向にある、という事実です。

改正しない――ふたつの憲法

大日本帝国憲法は、明治二十二年（一八八九）二月十一日の紀元節《きげんせつ》をえらんで発布《はっぷ》され、憲法上諭《じょうゆ》にしたがって翌二十三年十一月二十九日、帝国議会開会とともに施行《しこう》されました。昭和二十二年（一九四七）五月三日、日本国憲法施行によって廃止されました。発布以来五八年、施行期間では五七年、この間一度も一文字も改正されたことがありません。なお、これからさきは大日本帝国憲法のことを明治憲法と略称します。

日本国憲法は昭和二十一年十一月三日に公布《こうふ》されました。十一月三日は明治天皇の誕生日です。翌年五月三日の施行は、公布から六ヵ月後に施行するとさだめた憲法第百条によるものです。平成二十九年（二〇一七）五月三日現在も現行憲法です。公布以来足かけ七一年、施行期間は七〇年におよびますが、一度も一文字も改正されたことがありません。発議されたこともありません。

日本における憲法の長期継続使用は、他国とことなる、めずらしい特色です。

日本とは反対に、頻繁《ひんぱん》に憲法を改正する国がスイスです。他の国なら法律で規定する内容まで憲法にもりこんでいること、通常の法律とおなじ手続きで改正できること、などの条件がかさなって、回数を算《かぞ》えることができなくなるほど憲法改正をおこなっています。

アメリカ合衆国憲法は一七八八年に成立した最初の近代憲法です。現在も使われています。しかし一七九一年の憲法修正を皮切りに一九九二年まで、十数回にわたり多くの条文を改正しています。

ドイツでは、戦後五九回の憲法改正をおこなっています。フランスでは一九四六年憲法、一九五八年憲法を制定して、五八年憲法を二四回改正しました。現在は一九五八年憲法に一七八九年の人権宣言と一九四六年憲法前文、二〇〇四年の環境憲章をくみあわせたものを憲法とみなしています。

すべての国々について言及できませんが、総じて各国とも必要に応じて憲法を改正しています。それにたいして我が国ではひとつの憲法を改正せずに使いつづける、類例《るいれい》をみない特色をしめしています。比較研究として興味深いことはもとより、この事実は、日本人の憲法観を考えるうえで重要な前提となります。なぜなら、これからのべる憲法観の歴史は、さしあたり護憲の勝利におわることが予想できるからです。

改正してはならない――護憲論

近代日本の憲法観の特徴は、護憲論の強さにあります。戦後社会において、日本国憲法を擁護する声が今にいたるまで強いことは皆さんもよくしるとおりです。また意外かもしれませんが、戦前日本においても護憲論は強かったのです。なぜなら戦前も戦後も憲法は国家の価値観を表現していたからです。

憲法に価値観をもりこむのは日本にかぎったことではありません。政治学者シェルドン・S・ウォリンは合衆国憲法を念頭におきながら、憲法は国家の価値観と密接にかかわる、もっとも政治的なことがらだとのべています。

事実、日本国憲法が採用した国民主権と民主主義は、人類普遍《ふへん》の原理です。憲法が日本国民に保障する基本的人権は、人類の多年にわたる努力の成果です。平和主義は、人間相互の関係を支配する崇高《すうこう》な理想です。これらの文言は日本国憲法からの引用です。

明治憲法も、偉大な明治大帝が国体にもとづいて、みずからさだめた欽定《きんてい》憲法であり、不磨《ふま》ノ大典《たいてん》とよばれました。明治天皇は明治神宮に祀《まつ》られて神格化した存在です。国体は日本の不変の本質です。不磨ノ大典とは磨《す》り減《へ》ることのない大法典という意味です。

つまり、日本国憲法も明治憲法も、価値の数々をそなえた憲法です。憲法が提示する価値が崇高であるほどに、護憲論は信仰と同等の強度をそなえることになります。

明治憲法の護憲論として昭和十八年に日本主義憲法学者井上孚麿《いのうえたかまろ》が著した「憲法恪循《かくじゅん》の一

路」を紹介します。日本主義は昭和戦前期の右翼思想です。

帝国憲法は……純一無雑《じゅんいつむざつ》の欽定憲法として成立したのである。この法理は……聊《いささ》かの紛更《ふんこう》も許されざるべきである。憲法の内容は大御心《おおみこころ》であり、憲法の条章は大御言葉《おおみことば》であり、憲法の権威は絶対尊厳《そんげん》の御稜威《みいつ》に外《ほか》ならぬ。臣子《しんし》の分《ぶん》としてかりそめにも憲法を批議《ひぎ》し、改正停止廃棄等を云為《うんい》する如《ごと》きことがあってはならぬ。

憲法は明治天皇のことばだから、臣民が改正を議論するのはゆるされない、と井上はのべています。

日本国憲法の護憲論として、昭和五十五年に日本社会党の指導者石橋政嗣《いしばしまさし》が著した『非武装中立論』から引用しましょう。

われわれは、憲法九条があるから非武装を貫くというだけではないのです。これこそが戦争を防止し、人類を破滅から救い出す唯一の道だと確信するからでもあるのです。……日本国民は世界に向かって、あらゆる国にさきがけて、これが実現のために全力をつくすことを誓ったのであります。それがどうして誤りでありましょう。誰がなんといおうと、いまさら撤退するわけにはいかないのです。

石橋がのべているのは、安全保障政策ではなく、憲法がかかげる非武装平和への確信であり、誓《ちか》いであり、決意です。憲法が提示する価値にたいする信仰告白です。

護憲論の強さに幻惑されて書題を『近代日本の護憲論』にするのは早計です。護憲論の強さは、憲法をながく使いつづける必要条件でしかありません。やはり十分条件の確認が必要です。つまり、改憲論の弱さについて確認する必要があります。

　憲法を改正しないのは、単純に憲法改正がむずかしかったからであって、憲法観の問題とは無関係だという意見があります。この意見がただしければ本書は無用の長物となりますので、検討しましょう。

改正できない——改憲論と硬性憲法

憲法改正の要件を、他の法律よりも厳重にした憲法を、硬性《こうせい》憲法といいます。反対語は軟性《なんせい》憲法で、他の法律とおなじ手続きで改正できる憲法のことです。明治憲法と日本国憲法は、いずれも硬性憲法です。それぞれの条文を紹介しましょう。明治憲法第七十三条はつぎのとおりです。

　将来此《こ》の憲法の条項を改正するの必要あるときは、勅命《ちょくめい》を以《もつ》て議案を帝国議会の議に付《ふ》すべし。此《こ》の場合に於《おい》て、両議院は各々《おのおの》其《そ》の総員三分の二以上出席するに非《あら》ざれば、議事を開くことを得《え》ず。出席議員三分の二以上の多数を得《う》るに非ざれば、改正の議決を為《な》すことを得ず。

日本国憲法の憲法改正条項である第九十六条はつぎのとおりです。

　この憲法の改正は、各議院の総議員の三分の二以上の賛成で、国会が、これを発議し、国民に提案してその承認を経《へ》なければならない。この承認には、特別の国民投票又は国会の定める選挙の際行《おこな》われる投票において、その過半数の賛成を必要とする。憲法改正について前項の承認を経たときは、天皇は、国民の名で、この憲法と一体を成《な》すものとして、直《ただ》ちにこれを公布する。

いずれも全議員の三分の二以上の出席と賛成をもとめます。通常の法律は、定足数《ていそくすう》の多数決で決定します。定足数とは議会をひらくことができる最低人数で、衆参両議院本会議の定足数は、総議員の三分の一です。そこでの過半数は全議員数の六分の一以上です。つまり、一般の法律はかなり少ない賛成でつくることが可能です。それにたいして、全議員三分の二以上の出席や賛成という条件はかなり厳しいことがわかります。

しかしながら、アメリカとフランスの事例を参照すると、硬性憲法による改正のむずかしさは、憲法改正ができなかった理由とはなりません。

さきに紹介したように、アメリカでは何度も憲法改正をおこなっています。しかし合衆国憲法は、我が国の場合よりも厳しい条件を課した硬性憲法です。上下両院三分の二にくわえて、全五〇州の四分の三の州議会が承認しなければなりません。こうした困難にもかかわらずアメリカでは憲法改正をなしとげてきたのです。

フランスでは、硬性憲法を革命によって破棄《はき》しあらたに憲法をつくりだす、という別の方法がとられました。その結果フランス革命以後の一〇〇年足らずの間に一三の憲法と一五以上の政治体制を経験した、と政治学者のデュベルジェはのべています。

デュベルジェの説明は、フランスと日本のちがいを際立たせます。日本は硬性憲法だったために、ふたつしか憲法をもたなかったのにたいして、フランスでは硬性憲法だったせいで、数多くの憲法をもつことになったとのべているからです。

アメリカには硬性憲法を改正する意志がありました。フランスには硬性憲法を破棄する意志がありました。我が国にはそのいずれの意志もなかったようです。つまり問題とすべきは硬性憲法かどうかではなく、硬性憲法をのりこえることができない我が国の改憲論の弱さではないでしょうか。

解釈変更ですませる——解釈改憲

近代日本の憲法観の歴史を、強い護憲論と弱い改憲論とが対立する思想史として描くならば、本書はまちがった結論にたどりつきます。憲法が軽視された事実を無視することになるからです。

戦前日本で護憲論がもっとも強烈に主張されたのは第二次大戦中でした。しかし戦中派の読者ならば、明治憲法が保障する臣民の権利が戦時体制のもとで骨抜きにされていたことを記憶しているはずです。

戦後日本では護憲派がほぼ一貫して非武装中立《ひぶそうちゅうりつ》をうったえています。しかし護憲派は自衛隊《じえいたい》創設とその拡充、個別的自衛権から集団的自衛権への拡大、日米同盟の機能強化によって、第九条が形無《かたな》しにされていることを実感しているはずです。

つまり言論の世界における護憲論の強さと、現実の世界における憲法の軽重が一致しないのです。この世界には、憲法に則して政治をおこなうべきだと考える人々のほかに、現実にあわせて憲法を柔軟に運用すべきだと考える人々がいます。しかも現実の政治を運営しているのは後者の人々であるようです。この本では、こうした考え方を解釈改憲とよび、解釈改憲を是とする人々を解釈改憲派とよびます。

解釈改憲派は、憲法よりも政治を、理念よりも現実を重視します。かれらにとって憲法はよりよい政治をおこなうための手段であり、国政運営の道具であって、目的でも価値でもありません。多大な労力を費やして硬性憲法の改正にいどむよりも、条文解釈の変更で所期の目的を達成すればよいと考えます。その結果、憲法を粗略《そりゃく》にあつかっているようにみえるのです。

憲法改正が実現しなかったもうひとつの理由として、解釈改憲派による政権運営をあげることができます。当面の利益を簡単にえられる解釈改憲と、長期にわたって多大な努力を要する憲法改正と、ふたつの選択肢を天秤にかけたとき、多くの政治家が費用対効果の高い解釈改憲をえらびました。その結果、護憲派との意図せざる共同戦線が成立し、改憲派の意志をくじいてきたのです。

近代日本の政治文化

意見の世界では護憲論が改憲論を圧倒し、現実の政治は護憲改憲両陣営から批難《ひなん》されながら解釈改憲派が担当する――みっつの憲法観がつくりだす政治文化は、近代日本固有のそれです。

遵法を説く原理原則論はいつの時代にも存在しますが、護憲論が強すぎるのは近代日本の特徴です。幕府の基本法である御成敗式目《ごせいばいしきもく》や武家諸法度《ぶけしょはっと》は頻繁に補足修正がくわえられました。こうした武家法の歴史に比較して、改憲論が弱すぎるのは近代日本の特徴です。律令制の形骸化と、公家法、武家法への移行は、現実政治の要求に柔軟に適応した結果おこったことです。法体系を状況にあわせて柔軟に変更するのが日本法制史の常態でした。解釈改憲が批難されるのは近代日本に固有の現象とみることができます。

なぜこうした政治文化が発生したのか、過去にさかのぼってその理由をあきらかにすることは、そのまま日本人にとって憲法とはなにかという問いにこたえる作業になります。

不磨ノ大典

大日本帝国憲法

大日本帝国憲法には構造上の欠陥がありました。条文どおりに運用できないこと、はじめから解釈改憲を余儀なくされたこと、護憲論が強くなると機能不全をおこすこと、のみっつです。

明治憲法の欠陥

この欠陥は、明治国家が天皇親政《てんのうしんせい》を支配の正統性にかかげたことにはじまります。天皇親政は、天皇がみずから政治をおこなうという意味です。憲法学や政治学のことばにおきかえれば、主権者としての天皇が直接権力を行使して国家を統治する、ということです。しかしこの場合、天皇の失政は明治国家そのものの失敗につながります。

そのため、実際には天皇にかわってほかの誰かが政治を代行しなければならなかったのです。ここに解釈改憲としての天皇超政《ちょうせい》が必要となります。天皇超政とは、政治を他者にまかせることで、天皇が政治の世界から超越した存在となることです。この考えをつきつめると、現在の象徴《しょうちょう》天皇制になります。

天皇超政は公《おおやけ》にはできません。天皇親政に反するからです。明治憲法は建前と本音、理念と実態、理想と現実が乖離《かいり》した憲法です。しかも、建前、理念、理想であり、ただしいものとして位置づけられた天皇親政と、本音、実態、現実ではあっても、不正なものとして位置づけられた天皇超政とを両立させなければなりません。

天皇親政と天皇超政の平衡《へいこう》関係を維持するうえで、もっとも注意しなければならないのは、解釈改憲によって憲法が形骸化《けいがいか》することではなくて、護憲論の擡頭《たいとう》によって解釈改憲が否定されないようにすることです。

理念としての天皇親政

王政復古《おうせいふっこ》の大号令によって誕生した国家を明治国家といいます。王政復古とは、神武《じんむ》天皇がみずから政治をおこなっていたころの日本にもどる、という意味です。古事記や日本書紀によれば、神武天皇は初代の天皇です。現在の歴史学では伝説上の存在とされていますが、幕末維新期には、実在した天皇と考えられていました。神武創業の昔にたちかえり天皇親政をとりもどす、王政復古の大号令はこうした決意と正統性の表明でした。

支配の正統性は、マックス・ヴェーバーの術語《じゅつご》です。支配と服従の関係が安定する条件は、それがなんらかのただしさに裏打ちされていることだとヴェーバーは考えました。そのただしさを供給するのが、支配の正統性です。

王政復古を断行して国威挽回《こくいばんかい》の基礎をきずく、神武創業にならって人々と公議《こうぎ》をつくし苦楽をともにする、と王政復古の大号令は明治天皇の叡慮《えいりよ》をしめしました。叡慮とは天皇の意志です。尽忠報国《じんちゆうほうこく》の誠《まこと》をもって奉公するよう人々に要請して、文書はおわります。天皇こそが公であり、人々が服従すべきただしい対象であることの宣言です。

明治憲法は第一条で、大日本帝国は万世一系《ばんせいいつけい》の天皇之《これ》を統治《とうち》す、と宣言しています。王政復古と天皇親政の理念が結実した条文です。明治国家は、天皇親政を支配の正統性とすることを、憲法にも明記していたのです。

明治国家はどうして天皇親政を支配の正統性としたのでしょうか。徳川幕府を否定するためです。江戸時代において徳川幕府は公儀《こうぎ》とよばれました。公のことを意味する普通名詞が、そのまま組織の名称でした。公には、ただしさが付着しています。その証拠に公正という熟語があります。公儀は、日本を統治する正統政府でした。

明治国家は、公儀を凌駕《りようが》する正統性を必要としました。公儀に刃向かうものは悪です。悪の軍事力はたんなる暴力です。仮に武力討幕派があらたな政権を樹立したとしても、支配を継続することはできません。勝てば官軍ではなく、官軍が正義を体現していたから勝ったのだと、人々に思わせなければなりません。天皇親政は、武力討幕派に正義を付与することばでした。

現在のわたしたちには、明治国家の切実さが理解できません。しかし明治の中頃でも明治国家の正統性は浸透していませんでした。明治後半から新聞記者として活躍した生方敏郎《うぶかたとしろう》は、文部省教育をうけた自分と年長者とで王政復古の理解がちがったと回想します。

生方は明治国家の価値観を受容して、王政復古をみます。そして王政復古を理解できない母親や近所のおばあさんを徳川時代の遺物と憐《あわ》れみます。ここで注目したいのは、年長者たちです。かれらにとって、明治国家は薩長武士の革命政権であり、明治維新は建前にすぎないのでした。

このような歴史の見方は、徳川幕府による政治宣伝の悪影響だと、生方は考えます。しかし生方は、自分が明治国家の政治宣伝に搦《から》め捕《と》られていることに無自覚です。だからおばあさんたちの方が同時代の情勢を冷徹《れいてつ》に観察していたことがわかりません。

この挿話は公儀の正統性が完全には払拭されていなかったことをしめしています。つまりそれだけ公儀の正統性は強固だったということです。東照神君すなわち徳川家康は、一五〇年にわたる戦国時代に終止符をうった英傑です。家康がひらいた公儀は、二五〇年にわたって太平の世の中を維持してきたのです。これらの事実が公儀の正統性の淵源《えんげん》です。

明治国家は東照神君をこえる神格を動員しなければなりません。東照神君が開創した公儀をこえる正統性をつくりださねばなりません。天皇親政はこうした条件をみたす、ほとんど唯一の解でした。

のちに、明治国家は天皇制国家とよばれるほど、天皇中心の国家建設を推進します。教育勅語を児童生徒に暗唱させたのはその一環です。全国の小学校に明治天皇の肖像画である御真影《ごしんえい》をくばり、祝日に拝ませたのもその一環です。これらは公儀の威光を払拭するための政治宣伝です。

実態としての天皇超政

現実の明治国家は、天皇親政の理念から程遠《ほどとお》い存在でした。近代日本の政治史は、天皇超政の方法を模索するこころみだったと要約できます。藩閥政治も政党政治も、昭和の軍部支配でさえも、天皇超政の変奏曲です。

明治維新は、大久保利通《おおくぼとしみち》を中心とする武力討幕派が決行した政治革命です。革命の首謀者が革命政権の指導者になることは、自然のなりゆきです。新政権はほどなくして有司専制《ゆうしせんせい》と批難されました。少数の政治家が政権を私物化しているという意味です。明治十一年（一八七八）の大久保暗殺後も、薩摩と長州の政治家が政府要職を占めました。これを薩長藩閥政府といいます。

天皇超政は政治の現実によってうみだされたものです。しかし同時に、論理上の要請でもありました。つまり、天皇親政を維持するためには天皇超政でなければならない、という一見すると矛盾した論理があったのです。

天皇親政は明治国家の正統性です。国家存立の基礎です。だからこそ、天皇親政は実行できないのです。天皇の失政はたんなる失敗ではなく、国家そのものの失敗と等しくなってしまうからです。

天皇の失敗は、明治天皇の父である孝明《こうめい》天皇に実例があります。攘夷《じょうい》実現をもとめて戊午《ぼご》の密勅《みっちょく》をくだしたかと思えば氷解《ひょうかい》の沙汰書《さたしょ》で前言を撤回し、長州藩の尊王攘夷論をうけいれたかと思えば文久三年（一八六三）八月十八日の政変で薩摩藩と会津藩が勝利すると反覆《はんぷく》の綸旨《りんじ》をだして攘夷運動を否定しました。たびかさなる翻意《ほんい》で孝明天皇の権威がくずれるのを藩閥政治家は目撃していました。

失敗しないように、天皇親政をおこなうことはできるでしょうか。不可能です。政治にはつぎのような性質があるからです。

政治とは、価値を権威的に配分する行為です。価値とは希少性があって、人々が欲するものです。食物も金品も価値です。役職や勲章も価値です。権威的配分とは、あたえるのもうばうのも相手の意志に関係なくおこなうことを意味します。

近代国家の政治では、この性質はいっそう顕著になります。全国民を対象とするからです。皮肉なことですが、それゆえに近代国家の政治は必然的に失敗します。価値をうばわれた国民は政府に反感をおぼえ、価値の配分からあぶれた国民は不満をおぼえるからです。

天皇親政は、全国民を対象とした価値の権威的配分を天皇が直接おこなう政治です。国民の不満をかうことが政治の宿命ですから、天皇親政の失敗はさけることができません。国家の正統性である天皇親政の失敗は、国家そのものの失敗です。ゆえに明治国家は天皇親政を実行することができません。明治国家は、正統性をまもるために天皇超政をおこなわねばなりません。明治国家はその出発点において重大な矛盾をかかえこんでいたのです。

明治国家の終焉は、天皇親政と天皇超政の平衡がうしなわれたときにおとずれます。昭和二十年（一九四五）八月、昭和《しょうわ》天皇がくだした聖断《せいだん》は、天皇親政の実現でした。聖断は昭和天皇の戦争責任問題をひきおこしました。国民が天皇の統治に疑念をもったときに明治国家は支配の正統性をうしないました。

天皇親政と天皇超政の平衡をこわし、明治憲法を破綻においこんだ遠因は、護憲論の擡頭です。これから明治憲法の護憲論である、不磨ノ大典の考えがどのように形作られていったのかをみていくこととしましょう。

近代日本の護憲論

近代日本の憲法観について最初にお話しするのは、明治憲法下の護憲論である不磨ノ大典論がどのようにできたのかという問題です。

すりへらない大法典

不磨は、すりへらない、変化することがないという意味です。大典は大法典、重要な法律です。よって、不磨ノ大典はかわることのない重要な法律という意味でしかありません。しかし、近代日本では明治憲法だけにこのことばを使います。すなわち、明治憲法について、いっさいの解釈変更、部分改正、全文改正をみとめず、憲法条文の忠実な履行と実現を要求する意味でもちいます。

この不磨ノ大典はみっつの要素からなっています。明治期の欽定憲法史観《きんていけんぽうしかん》、大正期の明治大帝論、昭和期の国体憲法学です。このみっつの意想がそろったときに、明治憲法は、偉大な明治大帝が、我が国の伝統である国体を参照しながら、みずからつくって国民にあたえた欽定憲法であるから勝手な解釈変更や憲法改正はゆるされない、という護憲論すなわち不磨ノ大典の考え方がうまれることになるのです。

不磨ノ大典を支持しひろめていくのは、明治大正期にあっては、政党政治家です。昭和戦前期には、右翼がとってかわります。担い手の変遷《へんせん》によって、不磨ノ大典はことなる役割をはたします。

政党政治家は明治大正期に不磨ノ大典を利用して、護憲をとなえながら、解釈改憲つまり政党政治の実現をねらいます。昭和の右翼は、不磨ノ大典を文字どおり実現することをもとめます。憲法そのままの政治をもとめます。その結果、明治憲法の機能不全をひきおこします。その詳細はこれからのべるとして、ここではさしあたり、不磨ノ大典には前半と後半とでことなる担い手がいたことをおぼえておいてください。

政党性悪説

明治大正期に不磨ノ大典論をひろめたのは政党政治家です。かれらは口では護憲をうったえていますが、本音はちがいます。かれらがめざすのは政党政治の実現であり、解釈改憲です。明治憲法はそもそも政党を度外視《どがいし》してつくった憲法ですから、議院内閣制も政党政治も念頭にありません。むしろ政党政治の実現を阻止するものでした。政党政治家は明治憲法のもとで政党政治を実現する論理として、不磨ノ大典を利用します。

政党政治家はなぜ不磨ノ大典を必要としたのでしょうか。明治国家にかぎらず、政治学や憲法学の伝統的な立場では、政党は悪事をなす集団であり、いかがわしいものと考えられてきたからです。政権をゆだねるなどもってのほかでした。

英語では政党を party といいます。部分的なものという意味です。党の正字は黨とつくります。白川静『字通』には炊爨《すいさん》や祀所《ししょ》をともにする祭祀《さいし》共同体とあります。ここから、なかまの意だけでなく、かたよるも派生します。公正中立の同義語で不偏不党《ふへんふとう》という四字熟語がありますが、これは偏と党がおなじ種類のことばであることをしめします。そういえば、悪党《あくとう》はいても善党はきいたことがありません。政党は、部分的でかたよっていて、わるいことをする集団とみなされていたことがわかります。この考えを政党性悪説となづけます。

近代の国家と憲法は、政党性悪説にたっています。そのため、欧米諸国の近代憲法は政党が存在しないかのようにつくられているのです。これらの国々ではたしかに政党政治がおこなわれていましたが、それはあくまで運用上の実態がそうだったというだけで、憲法上保証されていたわけではないのです。日本国憲法でも政党という字句はありません。

現在の国会では、議員は会派を単位として行動しています。実際には会派は政党と一致することが多いのですが、法律上、政党の存在をみとめていないので、政党とは別の集合として会派をつくるのです。政党政治を原則としているはずの日本国憲法であっても、政党を無視した構成となっているのです。これは政党性悪説をとる近代憲法の基本的な枠組みを日本国憲法も踏襲しているからです。

この観点にたてば、悪名高い黒田清隆《くろだきよたか》の超然主義《ちょうぜんしゅぎ》演説もちがった見方が可能となります。超然主義とは、政党の意見に左右されることなく超然とした態度で政治をおこなうべきだという主張です。黒田がもとめたのは至公至正、不偏不党の政治でした。近代国家の流儀にしたがって、教科書どおりの政党性悪説を確認しただけだったのです。

政党政治家と不磨ノ大典

政党性悪説という逆風のなかで、政党が国家運営の主体としてみとめられるには、政党と政党政治のそれぞれに正統性が必要でした。

政党の正当化は、公党論によってなされました。政党は、一部の人間の私利私欲を実現するための私党ではない、天下万民の国利民福《こくりみんぷく》の増進に寄与する公党である——公党論とはこのような議論です。

政党政治を正当化する論法には、理想主義憲政論、実用主義憲政論、不磨ノ大典論のみっつがありました。このうち、前二者はこれまでの日本近代史研究で議論されてきたことですが、最後の不磨ノ大典論は本書があらたにつけくわえるものです。

理想主義憲政論とは、英国の二大政党制と議院内閣制を理想ないし模範とみなして、その実現をめざすものです。現在のわたしたちにとってはわかりやすい議論ですが、君臨《くんりん》すれども統治せずとの英国政治の原則が、天皇親政の否定とうけとられるため、正当化の議論としては逆効果をうむことになります。よって、理想主義憲政論だけで政党政治を正当化することは得策ではありませんでした。

実用主義憲政論は、先行する欧米立憲主義を受容、模倣《もほう》、追随《ついずい》することで、日本も欧米先進国と同等の強国になるべきだという議論です。ここでは立憲政治は議会政治であり、議会政治は政党政治である、と大雑把《おおざっぱ》にまとめられます。事実の問題として欧米諸国の立憲政治は政党政治だったからです。ただ、この議論を採用した場合、ナチスやソ連などの新興国の擡頭によって簡単に立論の根拠がゆらぐことになります。また、より根本的な問題として、議会政治であっても政党政治ではない政治体制が存在する点も指摘できます。三権分立制です。実用主義憲政論の弱点が露見しなかったのは、時勢の問題だったとしかいいようがありません。

最後に、不磨ノ大典です。明治憲法は、万機公論《ばんきこうろん》に決すべしとの五箇条《ごかじょう》の御誓文《ごせいもん》を実現したものである、議会政治の導入と実現は明治天皇の意志である、と政党政治家は主張しました。この論法なら政党も政党政治もまとめて正当化することができます。言論弾圧《げんろんだんあつ》の多い近代日本にあって、もっとも安全に政党政治を正当化する議論でした。政党には政府以上の熱心さで、不磨ノ大典を宣伝する切実な理由があったのです。

もちろん短所もそなえています。明治憲法を絶対視する姿勢が強くなりすぎると、憲法条文にはどこにも書いていないという理由で、政党政治が否定される可能性が生ずるのです。この問題は昭和戦中期に現実のものとなります。

なお、立憲主義の担い手であるべき政党政治家が、立憲主義に反する存在である天皇制国家に加担《かたん》するはずがない、ときめつけるのは早計です。今後紹介していく事例からわかるように、政党政治家は不磨ノ大典を正当化の論法として多用しているからです。

それぞれの正当化の論法は、多くの場合、適宜まぜあわせて使います。それぞれの議論の短所はほかの論法の長所でおぎないながら、全体として政党政治のただしさを主張するわけです。政党政治家は政党政治を実現するために不磨ノ大典を利用したのです。護憲論である不磨ノ大典を、解釈改憲にほかならない政党政治の実現のために利用したのです。

欽定憲法史観

戦前日本の政治神話

不磨ノ大典の構成要素のひとつである欽定憲法史観《きんていけんぽうしかん》は明治期にうまれた考え方です。明治天皇がみずから憲法を制定した、国民は喜んで憲法をうけいれた、とする歴史観です。

欽定憲法史観に即した歴史叙述の一例として、昭和十八年（一九四三）の第六期国定教科書『初等科国史』下から、明治憲法制定にかんする叙述を紹介します。

天皇は、皇祖皇宗《こうそこうそう》の御遺訓《ごいくん》に基づき、国をお統《す》べになる根本のおきてを定めようと、かねてお考えになり、政府に憲法制定の準備をお命じになりました。明治十五年、伊藤博文《いとうひろぶみ》は、天皇の仰《おお》せを受けて憲法の取調べに当り、やがて、皇室典範《こうしつてんぱん》と帝国憲法との起草に取りかかって、明治二十一年に、草案を作りあげました。天皇は、枢密院《すうみついん》に、草案の審議をお命じになり、終始会議に臨御《りんぎょ》あらせられ、したしく審議をお統べになりました。かくて翌二十二年に、御みずから、皇室典範及び大日本帝国憲法をお定めになり、めでたい紀元節の日に、憲法を御発布になりました。

この日、天皇は、まず皇祖皇宗に、したしく典憲制定の御旨をおつげになったのち、皇后とともに、宮中正殿にお出ましになり、皇族、大臣、外国の使節を始め、文武百官、府県会議長をお召しになって、おごそかに式をお挙げになりました。盛儀《せいぎ》が終ると、青山練兵場の観兵式に臨御あらせられました。民草《たみくさ》は、御道筋《おんみちすじ》を埋めて、大御代《おおみよ》の御栄えをことほぎ、身にあまる光栄に打ちふるえて、ただ感涙にむせぶばかりでした。奉祝《ほうしゅく》の声は、山を越え野を渡って、津々浦々《つつうらうら》に満ち満ちたのであります。

この史料ではほとんどの主語が天皇です。憲法制定を天皇の事績として書いています。実は戦前の歴史教科書では、近代史の文章のほとんどの主語が天皇です。現在の教科書で、主語が政府であるのとは対照的です。明治維新も、日清日露戦争も、条約改正も、天皇がおこなったこととして書いています。欽定憲法史観は、天皇を主人公にすえた日本近代史叙述の一環です。この文脈において、欽定憲法とは文字どおり天皇がみずからつくった憲法という意味でした。欽定憲法史観は、明治憲法が不磨ノ大典となる最初の一歩です。

欽定憲法史観は、現在の歴史学ではなりたたない議論です。明治憲法制定過程の実際の指導者は伊藤博文です。現代の歴史学における欽定憲法とは、伊藤博文が作成し、天皇の名で発布された憲法、という意味です。欽定憲法史観は、歴史認識として、客観的なただしさをそなえていません。

戦前の日本国民も、伊藤が憲法起草の主導者であり、欽定憲法史観が建前であることを諒解《りょうかい》していました。つまり、ただしい歴史認識といってもそのただしさは政治上の要請によることを理解していたのです。こうした政治的にただしい歴史認識を、批判をこめて虚偽意識《きょぎいしき》あるいは政治神話と表現します。欽定憲法史観は戦前日本の政治神話です。あとで言及する明治大帝論も国体憲法学も、戦前日本の政治神話です。

人々は、公の場所では欽定憲法史観を真実としてとりあつかいました。その結果、欽定憲法史観は不磨ノ大典の構成要素となって、近代日本の憲法観に重要な影響をおよぼしました。だからこそ、政治神話にすぎない欽定憲法史観について検討する必要があるのです。

藩閥政府と欽定憲法史観

憲法を制定したのは藩閥政府です。欽定憲法史観をつくったのも藩閥政府です。藩閥政府には欽定憲法史観が必要でした。明治二十年（一八八七）、第一次伊藤博文内閣と民権派のあいだに対立の前史があったからです。

明治二十年は伊藤博文による憲法草案起草作業が秘密裡《ひみつり》におこなわれた年です。とはいえ国会開設の勅諭《ちょくゆ》が明治二十三年の国会開設を約束していましたので、議員選挙の実施、関連法令の

図１　伊藤博文（国立国会図書館所蔵）

整備とその周知期間、などの政治日程から逆算すると、明治二十年に草案を起草することは想像できました。そこで民権派は、憲法制定に参画する最後の好機をのがすまいとして、三大事件《さんだいじけん》建白運動《けんぱくうんどう》と大同団結運動《だいどうだんけつうんどう》を展開しました。

第一次伊藤内閣は保安条例をもって応戦しました。民権派の東京追放と違反者の投獄《とうごく》という前代未聞の実力行使によって、民権派と伊藤の関係は決裂《けつれつ》しました。傷ついたのは民権派だけではありません。伊藤も傷つきました。事実、伊藤は保安条例施行後まもなく辞意をもらしました。

このような政治情況のもとでは、伊藤が起草した憲法がうけいれられる可能性は小さくなります。憲法を無事に発布し定着させるのはただでさえ困難な事業であるのに、起草者がきらわれものでは前途多難は必至です。ここで欽定憲法の必要性が生じます。憲法は明治天皇がみずからつくったものであるとの仮構《かこう》が必要になります。あたかも伊藤博文の草案起草作業などなかったかのような欽定憲法史観が必要になります。

天皇親政の建前から、明治憲法が欽定憲法となることは大枠としてはきまっていました。それでも明治二十年の民権派の行動に確認できるように、当時の人々は名義は欽定憲法であってもなんらかのかたちで国民代表が関与する機会があたえられて当然だと考えていました。君主と議会の共同作業で制定する憲法である国約《こくやく》憲法をもとめたのです。明治二十年の民権派弾圧はこうした国約憲法の芽を摘《つ》んだだけでなく、欽定憲法を徹底した欽定憲法とすることとなったのです。

憲法発布の儀式は欽定憲法を印象づけるための意匠《いしょう》をちりばめたものとなりました。

明治二十二年二月十一日

たとえば紀元節親祭です。二月十一日は、神武《じんむ》天皇が奈良橿原宮《かしはらのみや》で即位した正月朔日を太陽暦に換算したものです。国家の紀元として措定された日に憲法発布をかさねたのは明治天皇でした。あたらしい明治宮殿内にもうけられた賢所《かしこどころ》で、明治天皇はみずから告文《こくもん》をよみあげて祭をおこないました。代拝の伝統にてらして、異例の事態です。

ついで天皇は憲法発布式に臨み、参列した閣僚、府県会議長、外国使臣にたいして、憲法発布の勅語《ちょくご》をよみあげ、黒田清隆《くろだきよたか》総理大臣に憲法典をさずけました。憲法発布式で発声したのは天皇ひとりでした。

天皇がみずから告文や勅語をよみあげて諸臣にきかせたのは、天皇みずから憲法をつくったことを印象づけるうえで、従来どおりの代読方式では不十分だったからです。よみあげた文面も異例のものでした。ことごとく天皇を主語としたからです。

告文は、「皇《すめら》朕《わ》れ謹《つつし》み畏《かしこ》み皇祖《こうそ》皇宗《こうそう》の神霊《しんれい》に誥《つ》げ白《もう》さく」とはじまります。古式ゆかしい祝《の》詞《と》のような文章です。しかし、冒頭の「皇朕れ」はこの告文を起草する際にあらたにつくった造語でした。天皇には上位者にたいする一人称がなかったからです。

不磨ノ大典の初出となった憲法発布の勅語も、「朕《ちん》、国家の隆昌《りゅうしょう》と臣民《しんみん》の慶福《けいふく》とを以《もっ》て衷心《ちゅうしん》の欣栄《きんえい》とし、朕が祖宗《そそう》に承《う》くるの大権《たいけん》に依《よ》り、現在及将来の臣民に対し、此《こ》の不磨の大典を宣布《せんぷ》す」とはじまって天皇の一人称である朕《ちん》を主語とする文章でした。また、憲法の上諭《じょうゆ》も主語は朕です。上諭とは法律の前文です。

憲法発布にあたり公開したみっつの重要文書のすべてにおいて天皇を主語とすることで、政府は憲法が天皇の欽定によるものだと強調したのです。しかし伊藤博文のつぎの発言をよむと、そのこころみが度をこしていたことがわかります。

今般《こんぱん》発布せられたる憲法は云《い》うまでもなく欽定憲法なり。蓋《けだ》し欽定とは諸君の熟知せらるる如《ごと》く、天子《てんし》親《みずか》ら定め賜《たも》うの辞《じ》にして、天子の特許して一国の臣民に贈与し玉《たも》うの義なり。故に此《この》憲法は全く　天皇陛下の仁恵《じんけい》に由《よ》り、臣民に贈与し玉《たま》いしものなるを恒《つね》に諸君の心に銘して記憶せられんことを冀望《きぼう》す。（『伊藤博文傳』）

この演説をきかされた府県会議長たちは、本音と建前のいたばさみになったことでしょう。それでも本音は口にできませんでした。藩閥政府は、憲法条文にたいする自由な議論はみとめましたが、欽定憲法の形式について批判したものは処分する方針をとっていたからです。実際に、今回発布された憲法は伊藤ら大臣が勝手につくったものであるから承服できないと断言した神代復《じんだいふっ》古請願《こせいがん》運動は弾圧されました。

政党政治家と欽定憲法史観

明治四十一年二月十一日の『読売新聞』社説をよむと、紀元節は三大節で一番さびしい祝日だったことがわかります。元日や明治天皇の誕生日を祝う十一月三日の天長節とくらべて、紀元節は祝日としての実態にとぼしかったのです。

藩閥政府は、憲法発布記念日として紀元節を祝っていません。初期議会の運営で苦労していて、祝賀行事をもよおす余裕がなかったからです。それどころか、藩閥政府内ではたびたび憲法中止論が提起されるほどでした。

明治二十三年に議会がはじまってから日清戦争開戦までの期間を初期議会とよびます。政府と、自由党と改進党からなる民党《みんとう》が、はげしく対立しました。官民軋轢《かんみんあつれき》です。藩閥政府が提出した海軍予算を衆議院に盤踞《ばんきょ》する民党がことごとく否決し、他方では民党が提出した地租減税法案を藩閥の支配下にある貴族院が否決し、結果として双方ののぞむところをまったく実現できないまま膠《こう》着《ちゃく》状態がつづきました。

この間民党は議会権限を十分に活用して政府と対決しました。近代国家は議会がみとめた法律と予算によって運営されます。近代国家の一種である明治国家もまた、内閣が強大な権限をもっていても、議会が法律と予算をみとめなければ機能しない国家でした。この原則を規定したのが明治憲法です。

かつて国約憲法の実現をめざした民権派にとって、欽定憲法の制定は敗北を意味しました。しかし、内閣に抗する手立てを保証したのがほかならぬ明治憲法だったため、民権派は憲法を逆手にとって藩閥政府を攻撃する戦法に方向転換しました。明治二十四年の『自由党報』にははやくも、憲法は神聖《しんせい》でありどのような場合でも違反してはならないと論じた文章がかかげられました。民権派にとって欽定憲法史観の受容は敗北感を希釈《きしやく》する効果がありました。民権派は勤王を自任していましたので、天皇がつくった憲法をおしいただくのは恥ではないからです。純然たる欽定憲法であるほど敗北感はなくなりますから、民権派は伊藤が憲法の起草者であることを積極的に否定しました。

伊藤が憲法について発言するたびに、憲法公の新義解、憲法佯護《ようご》と民権派は揶揄《やゆ》しました。新義解とは伊藤が自分の都合で自著『憲法義解』をねじ曲げたことをさしています。また佯はいつわるの意味で、伊藤の憲法擁護はにせものだと主張したのです。

憲法から伊藤をけしさろうとしたのは民権派だけではありませんでした。伊藤が憲法制定の手柄を自慢すれば、伊藤公ほどの大政治家が手柄を自慢するのはよせと徳富《とくとみ》蘇峰《そほう》が釘をさします。

枢密院だった建物を天皇から下賜されて、伊藤がこれを自慢すれば、こうした建物は国民共有財産とすべきだと三宅雪嶺《みやけせつれい》が批判します。

政府攻撃の論理

山県有朋《やまがたありとも》首相のもとで第一議会をのりきった藩閥政府は、松方正義《まつかたまさよし》首相に交替してのぞんだ第二議会で、予算を否決されます。松方の窮境《きゅうきょう》をみかねて、おなじ薩摩出身の西徳二郎《にしとくじろう》が憲法中止を提案しました。欽定憲法だから天皇の意志で中止できるという意見でしたが、松方内閣は、憲法にもとづいて衆議院を解散し、第二回総選挙にうってでました。国政に協力しない民党をこらしめるのが目的でした。民党は、藩閥は輿論《よろん》や憲法、立憲政体の敵である、と反論して全面対決の姿勢をあきらかにしました。

第二回総選挙は民党候補者にたいするはげしい選挙干渉をともなうものでした。民党は欽定憲法の強調につきすすみます。衆議院で、自由党の河野広中《こうのひろなか》は欽定憲法史観にのっとって政府の選挙干渉を攻撃しました。

> 海外各国の立憲政体は、変乱の間に起ったと云うことであります。然《しか》るに、我邦《わがくに》は之に反して和気藹然《わきあいぜん》の間に此《この》立憲政体の成り立ちましたのは、偏《ひとえ》に我聖天子《わがせいてんし》の賜《たまもの》であると信じて居る次第であります。扨《さて》、恐れ多くも、我此《わがこの》聖天子の至大の賜を空《むな》しくし、彼《か》の和気藹然の間に成り立ちたる立憲政体も思わざりき今日此の総選挙に於ては、鮮血を流し、此惨状《このさんじょう》を見るに至ったと云うことは、総て言語に絶えたる次第で、深く遺憾《いかん》に堪《た》えぬ次第であります。

改進党の島田三郎《しまださぶろう》も、天皇と国民のあいだで平和のうちに授受された欽定憲法を政府が血で汚したと糾弾《きゅうだん》しました。河野と島田は、内閣を弾劾《だんがい》する上奏案への賛成をもとめて衆議院議員にうったえました。

河野と島田の意見が自分たちの利益のために憲法と天皇を利用したことはあきらかです。激化民権事件といわれる一連の暴力沙汰に言及しないからです。これは主に自由党員がおこしたものでした。憲法発布にいたる数年間に暴力の季節があったことについて河野は口をつぐんでいます。激化民権事件のひとつである福島事件の首謀者として八年間も獄中にいたにもかかわらずです。また憲法発布当日は森有礼《もりありのり》文部大臣が暗殺された日でした。決して平和な一日ではなかったのですが、森の暗殺もなかったかのようです。

この問題は反対派の議員からも指摘されました。当時は多くの自由党員が激化事件を武勇伝として自慢していましたから、河野の発言に欺瞞《ぎまん》を感じたのでしょう。結局、上奏案は僅差《きんさ》で敗れました。天皇の政治利用について、議員たちは慎重な判断をくだしたわけです。同時に、虚偽をふくんだ河野らの主張に賛同できるほど厚顔無恥でなかったこともしめします。

大隈重信の国民読本

恥ずかしさは時間の経過とともに薄れます。明治憲法を国民の大教科書、我が国の宝物と激賞し、天皇陛下の恩賜《おんし》である憲法を遵奉《じゅんぽう》すべきだとのべる大隈重信《おおくましげのぶ》の文章をよむとき、その思いは強くなります。

大隈重信は立憲改進党の創設者です。板垣退助《いたがきたいすけ》とならんで政党政治発展の一翼をになった人物です。その大隈が明治末から大正初期にかけて、熱心にとりくんだのが国民向けの啓蒙書である国民読本の執筆でした。文部省の国定教科書に対抗したのです。

国民読本で大隈が語る憲法制定史は、欽定憲法史観そのものです。憲法制定のきっかけは、大隈による即時立憲制移行の建言をめぐっておこった明治十四年の政変でした。大隈が敗れて伊藤の天下となって、伊藤による憲法制定作業がはじまったのです。大隈は憲法制定の実情をしる当事者でした。それでも大隈は国民に欽定憲法史観を説いたのです。しかも大隈は明治天皇の偉大さを『国民二十訓』でつぎのように強調しました。

先帝の御恩は誠に此の太陽のようなもので、また水道の源泉のようなものである。其の恩の最も大きく現われたものは憲法である。明治天皇は此の憲法という御褒美《ごほうび》を我々に下さったのである。お老爺《じい》さんにも、お婆《ばあ》さんにも、皆さんにも、我々にも、国民一般へ同様に下さったのである。之を守るなら家が栄える。国が栄える、身体も強くなるという大切なものを下さったのである。いろいろのありがたい事の源は此の憲法である。日本人は、かようなありがたい憲法を持っているが、之を持たぬ国民ほど哀れなものはない。

明治天皇は、戦前の日本国民にとって神格をそなえた明治大帝でした。次節では、その詳細を議論していきます。

明治大帝論

明治大帝論とは、明治天皇を偉大な君主として神格化する意想です。不磨ノ大典を構成する第二の要素です。

虚像の効用

明治大帝論の実例をふたつ紹介しましょう。立場が全くことなるふたりの人物が明治天皇の偉大さについてのべています。

明治神宮の宮司で在郷軍人会会長もつとめた一戸《いちのへ》兵衛《ひょうえ》は、小学生全集の一冊として『明治大帝』を書いています。一冊一円の円本《えんぽん》が流行していたときに三五銭という低価格で販売されました。一戸は、明治大帝の業績は神武《じんむ》天皇による建国より偉大だとのべます。明治大帝の治世に日本が世界の五大国のひとつに成長したからです。その成長を可能としたのは憲法政治であり、日本は明治大帝によって完成したと一戸は賛美しました。

また社会主義者の荒畑寒村《あらはたかんそん》も、戦後にあらわした『寒村自伝』に、明治天皇の姿を仰ぎ見たときの衝撃を記しています。明治二十八年（一八九五）秋、広島大本営から東京へ還幸《かんこう》する明治天皇を奉迎したときのことです。

私は不動の姿勢で最敬礼をしながら、ソッと上眼づかいに仰ぎ見た瞬間、全身が電流にふれたような感激におそわれた。見よ、いま眼前を過ぎ行く菊花の紋章燦然《さんぜん》たる車窓には、畏くもご起立のまま奉迎の少国民の赤誠《せきせい》にご挙手の礼を賜える至尊のお姿が、咫尺《しせき》の間に拝されたではないか。私はただちにふたたび頭を垂れて、ただ溢れる涙をのみこむばかりであった。そして帰りには靴ずれに悩む足をひきずりながら、幾度となくその感激を反芻《はんすう》したのである。

在郷軍人会会長、明治神宮宮司の一戸が明治大帝を礼賛するのは当然ですが、社会主義者の荒畑が戦後になっても明治大帝の偉大さを語るのは、興味深い現象です。しかしことは荒畑の個性に還元できない問題です。なぜなら、明治大帝論を受容する裾野は左右両翼をおおうひろさをもっていたからです。たとえば国家社会主義者の高畠素之《たかばたけもとゆき》は、明治神宮に籠もりながら『資本論』の校正作業をしました。高畠のなかでは明治大帝とマルクスが矛盾なく同居していたのです。

北一輝《きたいっき》は自宅の仏壇に明治天皇の銅像をかざり、その部屋を神仏間となづけました。この部屋で、北は法華経をとなえて三昧境《さんまいきょう》に達し数々の霊告をうけました。もっとも多くの霊告をさずけたのが明治大帝でした。興味深いことにその内容のほとんどが国家改造を思いとどまれと命ずるものです。「国憲国法ヲ犯ス者ハ、朕、固ク禁ズ。大権ノ発動ヲ待テ。汝《なんじ》、一歩誤ルナ」という具合です。『霊告日記』編者で北一輝研究の第一人者、松本健一《まつもとけんいち》は、同書を北の著作中でもっともくだらない本と評しました。しかし、日本国家改造法案に憲法停止をもりこんだ北にして、不磨ノ大典を犯すことへの逡巡がこうしたかたちで吐露されたとよめば、これ以上に興味深い書籍はありません。国家改造とは、終極において明治大帝をこえる瀆神《とくしん》の行為であることがよくわかるからです。

明治大帝論の裾野を確認する最後の事例として、森川淳「キリスト追放」を紹介しましょう。森川の祖父はキリスト教徒で、床の間に磔刑像を、長押《なげし》には御真影《ごしんえい》をかざっていました。太平洋戦争開戦後に東条英機《とうじょうひでき》を批判する祖父は、しかし、明治大帝への尊崇の念はきえなかったそうです。森川は祖父の心情をつぎのように分析します。

明治初年生まれの彼の意識にとってその青春は「明治天皇さん」とともにあったのだろう。それは尊崇というよりは、ともに手を取り合って、若い国をつくり上げてきた……という親近感を多分にふくんだものでもあったにちがいない。（『二つの昭和　いま語りつぐ戦争と教育』）

ここではキリストと明治大帝が同居しています。これも一個人の特殊な現象ではありません。無教会派キリスト教の指導者としてもしられる矢内原忠雄《やないはらただお》は、戦前に公表した論文で、明治天皇は日本民族意識の中心として崇められていると記しました。ところが、戦後になっても矢内原は、明治天皇を宗教的責任感の持ち主と評しています。また、教育勅語を実践道徳としておおむね周到、適切と評価し、勅語中の明治天皇に威厳と同時に謙遜を感じとっています。矢内原は戦後も明治天皇に敬意を抱いていたとみてよいでしょう。以上のことから、明治大帝論は信教や思想とは別の次元に浸透し、共存していたものと解することができるでしょう。

国民にひろく定着した明治大帝論は、欽定憲法史観を強化します。明治天皇の神格化は、明治憲法の権威を高めるからです。大正期の憲法論は、欽定憲法史観に明治大帝論がくわわって、不磨ノ大典への道程を一歩すすめることになります。ここでは明治大帝論がどのようにして定着していったかを確認していきましょう。

明治天皇にはみっつの側面があります。第一に、睦仁《むつひと》という名前をもつひとりの人間としての明治天皇です。第二に、憲法が規定する制度としての天皇です。第三に、戦前の日本人によってつくられ共有されてきた心象としての天皇です。

これまでの明治天皇研究は、第一と第二の側面に注目してきました。虚像《きよぞう》としての明治天皇像を排除し、制度上の役割や一個人としての姿の解明を歴史学の任務としてきたのです。従来の研究によって明治天皇の理解が深まったことはいうまでもありません。

明治大帝論は、虚像としての明治天皇像にあらためて着目します。戦前日本のただしい歴史認識、政治神話だったからです。欽定憲法史観と同様に、戦前の日本人はあたかも事実であるかのように、明治大帝を賞賛しました。明治大帝の賜として憲法を尊重しました。明治大帝論が憲法尊重の動機となった事実を検討することは、近代日本の憲法観を考えるうえで欠かすことはできません。

御真影

明治天皇研究で虚像の部分を排除できない理由として、明治天皇の肖像すなわち御真影の問題があります。

図2をみてください。明治二十一年に全国の小学校にたいして下賜《かし》された御真影です。各小学校では奉安殿《ほうあんでん》という施設におさめ、祝祭日の行事の時に披露しました。また、新聞雑誌でも使われました。戦前の日本人にとって明治天皇はこの御真影の姿です。ところが御真影は文字どおりのそれではありませんでした。つぎのような工程で作成されたものだったからです。

明治二十一年一月十四日、芝公園弥生社行幸の際に、大蔵省印刷局雇《やとい》のキヨソーネが顔だけを短時間で素描し、体の部分は大礼服を着たキヨソーネを写真に撮り、合成して全身像を作画しました。その絵を写真家の丸木利陽《まるきりよう》が撮影して、複製したものが御真影です。

御真影は肖像写真ではなく肖像画です。明治天皇が写真撮影をきらったからでした。現在明治天皇の写真はわずか数枚しかのこっていません。そのうちの一枚を紹介しましょう。明治六年十月八日、宮内省の依頼で、内田九一《くいち》が撮影したものです。最初の御真影として、地方官庁や軍隊に下付されました。

御真影は明治二十一年当時の肖像ですから、一五年の加齢が二枚の肖像にちがいをもたらすのは当然のことです。しかしすべての肖像画は美化がともないます。御真影にどの程度の美化がほどこされたか、今となっては確認する術はありませんが、厳密な意味で明治天皇の真姿とみなすことはできません。少なくとも体の部分はキヨソーネですから、ここに虚像がふくまれているといえます。明治天皇研究において虚像としての明治天皇像を無視するわけにいかないのは、このような事情があるからです。

図２　明治天皇御真影（キヨソーネ画）（宮内庁所蔵）

図３　明治天皇写真（内田九一撮影）（宮内庁所蔵）

崩　御

明治天皇は明治時代の末期にすでに特別な存在でした。明治四十五年七月三十日、天皇の崩御《ほうぎょ》は人々の心に喪失と不安をもたらしました。たとえば徳冨蘆花《とくとみろか》は、明治天皇が自分の人生を半分もっていってしまったと嘆きました。

明治天皇の崩御に動揺したのは大人だけではありません。のちにドイツ文学の研究者となる手塚富雄は、習字の日付に明治四十何年と書くことは、自分たちの永遠のさだめであるように思っていたのに、天皇の崩御によって、ことばにならない気持ちと向き合うしかなかったと回想しています。

崩御によって生じた人々の感情を文学作品に昇華《しょうか》させたのが夏目漱石《なつめそうせき》の『こころ』です。主人公が先生とよぶ人物は明治天皇崩御と乃木希典《のぎまれすけ》自決とにうながされるように自死を選択します。この作品の成立に崩御にまつわる感情の共有は不可欠の条件でした。

明治をいきた日本国民は、明治天皇に自分自身の人生をかさねあわせていました。だからこそ、人々は大きな喪失感を抱えてしまったのです。人々は心の空白を埋めるためにさまざまな物をつくりだしました。これは国家の側が明治天皇を神格化するためにつくった側面もありますが、国民の側もそれを必要としていたという面も見逃せません。

大喪《たいそう》がすんで人々の感情がおちつくと、ほどなくして明治天皇を追懐《ついかい》するためのさまざまな営みがうまれます。明治神宮の造営、『明治天皇紀』の編纂、聖蹟の指定です。いずれも明治大帝論の定着をうながす装置として機能しますので、確認していきましょう。

明治神宮

明治神宮は大正九年十一月一日に完成しました。神様として明治天皇と昭憲《しょうけん》皇太后を祀るので、神宮といいます。ある人物が尊崇される様子を神格化と形容することがあります。これはあくまでも比喩です。しかし、明治天皇は明治神宮に祀られることで、文字どおりの神格化をはたしたのです。

明治大帝論との関係で注目すべきは、明治神宮外苑です。外苑は山手線の内側、中央線信濃町駅の南にひろがる空間です。山手線原宿駅最寄りの明治神宮内苑が純然たる神社なのにたいして、外苑は東京市民の運動公園としてつくられました。

明治神宮外苑には聖徳《せいとく》記念絵画館があります。その外観は現在の国会議事堂によく似ています。しかし議事堂は昭和十一年（一九三六）の建設で、絵画館は大正十五年の建物ですから、意匠の元祖は後者です。八〇枚の和洋画で明治天皇の生涯をふりかえる施設です。一枚あたり約三メートル四方の巨大さなので、八〇枚かざるのも精一杯なのです。

実例をあげると邨田丹陵《むらたたんりょう》作「大政奉還」が有名です。京都二条城黒書院の様子です。左側奥に座るのが徳川慶喜《とくがわよしのぶ》です。諸臣にたいして大政奉還を表明している瞬間を描いています。邨田は明治五年うまれの日本画家です。大政奉還を目撃することはできません。綿密な取材にもとづいているとはいえ、この絵は想像図です。

図４　大政奉還（邨田丹陵画）（聖徳記念絵画館所蔵）

図5　大政奉還（二世五世田芳柳画）（宮内庁所蔵）

視点は高く、天井にちかい位置に設定されています。奥にいる慶喜は小さく、手前の人物が大きく描かれています。広角レンズで撮影した写真のように、肉眼でみた場合よりも遠近感を誇張した構図です。これによって、黒書院が巨大な空間であるかのような錯覚が生じるのです。これは巨大な幕府がたおれる瞬間を、より劇的にみせる効果をねらったものと考えられます。

その効果のほどは、『明治天皇紀附図』八一枚の一枚として二世五世田《ごせだ》芳柳《ほうりゅう》が描いた「大政奉還」と比較すればあきらかです。芳柳が描いたのは二条城大広間につどう、わずか六名の人物です。薩摩の小松帯刀《こまつたてわき》、安芸の辻将曹《つじしょうそう》、土佐の後藤《ごとう》象二郎《しょうじろう》と福岡孝弟《ふくおかたかちか》が、慶喜に大政奉還を進言する様子です。

芳柳の作品は、『明治天皇紀』の挿絵であると同時に、絵画館にかざる壁画の下絵としての性格もかねそなえていました。考証図作製の目的にしたがったためか、芳柳の作品は絵画としての完成度よりも、資料としての正確さを重視したようにみえます。つまり、芳柳作「大政奉還」は、丹陵作「大政奉還」にくらべて地味なのです。

芳柳の下絵よりも、大胆で劇的な構図となった絵画はほかにも多数あります。そのすべてをとりあげることはできませんが、明治天皇の偉大さを印象づける作為について、現代のわたしたちも用心しなければなりません。日本近代史にかんする資料集や図録でしばしば紹介される、憲法発布式や日本海海戦などの絵画は、聖徳記念絵画館のものだからです。

明治天皇紀

『明治天皇紀』は明治天皇個人の記録ではなく、明治史全体を叙述した歴史書です。現在、吉川弘文館から全一二冊索引一冊が公刊されています。人物索引と事項索引が充実していて明治史大百科事典の趣です。

編纂事業の総責任者は金子堅太郎《かねこけんたろう》です。伊藤博文の部下として、井上毅《いのうえこわし》、伊東巳代治《いとうみよじ》とともに憲法起草作業に従事した人物です。天皇紀編纂の総責任者として、憲法起草者のいきのこりとして、金子は明治史の語り部となって余生をすごします。嘉永六年（一八五三）うまれの金子が王政復古の大号令（一八六八年）について、当事者のように語るのをみると年寄りの昔話には用心すべきことがわかります。

金子は月刊『キング』の附録『明治大帝』で、枢密院《すうみついん》での憲法草案審議中のできごとを披露しています。昭宮猷仁親王《あきのみやみちひと》の訃報に接した明治天皇は、枢密院議長伊藤博文による議事中断の申し出を拒絶して、憲法草案の審議をつづけたという挿話です。

陛下は、皇子の薨去《こうきょ》は皇室の私事である。憲法会議は、国家の公事である、公事の前に私事はないというような有難《ありがた》い思召《おぼしめし》があった為、議事の一片《ひとかた》づきする迄、玉座《ぎょくざ》を御立ち遊ばされなかったものと拝察して居る。

此《かく》の如《ごと》き、聖天子が、世界のいずれの国にあるであろうか。大帝は、御親子の御情愛に在らせられては、特におこまやかと承って居る、それにも拘《かかわ》らず、平然として、会議の終結を見る迄、入御《じゅぎょ》遊ばされなかった此の一事は、大帝が、いかに国家の重要なる政務を尊重し給うかを推しまいらせるのに、絶好の御高徳であると考える。

私は、今も尚《なお》、当時のこと共を回想するごとに、潸然《さんぜん》として涙下るを覚える。憲法は、実に、明治大帝の制定し給うところ、而《しか》して、そのここに至る迄には、此《こ》ういうような貴重な物語がひそんで居るということも、国民として誰もが承知しておかねばならない。そして、いよいよ深くますます尊き叡慮のほどを讃仰《さんぎょう》すべきであると考える。

金子は機会あるごとにこの逸話を披露しました。金子はその場にいた人物なので読者聴衆は真実としてうけとめたでしょう。しかし、この挿話は、天皇とわたしたちの常識のちがいによる錯《さく》誤《ご》によって、感動秘話となっているのです。

明治天皇は今すぐにでも幼い我が子のもとへ行きたかったにちがいない、それを我慢して審議をつづけたのだ、というのはわたしたちの常識による推理です。他方で明治天皇は死の穢《けが》れをさけなければなりません。葬儀にも埋葬にも一年祭にも、侍従を遣《つか》わして代拝させています。明治天皇は訃報をきいて席をたっても向かうさきがなかったのです。

また皇子の薨去は午後二時三〇分でした。日比谷の養親のもとから赤坂仮御所の枢密院まで馬を奔らせてしらせなければなりません。枢密院会議の終了は午後三時でした。この時刻と地理上の事実は、明治天皇が訃報をきいてから席に留まった時間が三〇分をこえなかったことをしめしています。

また、金子はこの一件が憲法会議の場であったとのべますが、実際には会計法審議中のできごとでした。金子は、明治天皇は憲法会議に一度も欠席しなかったとのべますが、現実には風邪で午前中の会議を休んだことがあります。議長の伊藤は天皇欠席でも構わず会議を進行したため、それをきいた天皇が慌てて午後から出席しました。これらの事実は『明治天皇紀』に記載されたものです。こうした事実をしりながら、金子は情報を都合よく操作して、天皇は一日も休むことなく憲法制定作業に精励したとのべたのです。

聖　蹟

政府は、明治天皇が行幸などで立ち寄った場所を聖なる場所として保存しました。これが聖蹟です。やがて全国に散在する聖蹟を記録する事業に発展しました。聖蹟には、民間有志がつくったものもあります。

その一例が聖蹟桜ヶ丘の旧多摩《たま》聖蹟記念館です。聖蹟桜ヶ丘は明治天皇の御狩り場でした。この地に田中光顕《たなかみつあき》が設立したのが多摩聖蹟記念館です。明治天皇と維新の志士にゆかりの品々を展示した私設博物館です。田中は土佐出身で宮内大臣をつとめた人物です。

田中は維新史料編纂会副会長をつとめながら、茨城県水戸を第二の故郷と称してこの地に常陽明治記念館を設立します。明治維新の原動力は尊王攘夷思想であり、水戸学はその原点であると考えたからです。

田中は維新史料編纂会の資料収集事業をつうじて水戸学と桜田門外の変の評価をかえていきました。明治期にあって井伊直弼《いいなおすけ》は日本開国の恩人でした。田中は私費を投じて『桜田義挙録』などの書籍を出版配布し、水戸学のただしさを世の中にうったえました。その結果、井伊直弼は幕末を代表する悪徳政治家になったのです。

田中の活動は、水戸の人々にもうけいれられました。明治維新の発祥地となることは、水戸藩がうけた佐幕派、朝敵の汚名を雪ぐ、このうえない地域振興となるからです。

憲政擁護運動

明治大帝論の宣伝役は、政党政治家です。その代表は、大正期に憲政の神様といわれた犬養毅《いぬかいつよし》と尾崎行雄《おざきゆきお》です。かれらはことあるごとに明治大帝に言及します。それも憲政擁護《けんせいようご》運動のときにです。

図6　尾崎行雄（左）と犬養毅（犬養木堂記念館所蔵）

まずは犬養毅です。大正二年二月十一日の紀元節、憲法発布二五年を記念する会で、犬養は、「憲法不磨の大典はこれ先帝《せんてい》の賜《たま》物《もの》なり、発布以来二十有五年にして未《いま》だ完備に到らざるは、先帝に対し奉《たてまつ》りて恐《きょう》懼《く》の至りなり」と演説しました。

記念会は憲法発布勅語の朗読と、天皇皇后への万歳三唱ではじまるものでした。本来の趣旨は第三次桂《かつら》太郎《たろう》内閣の糾弾《きゅうだん》でした。明治天皇の御霊《みたま》に泣いてわびながら桂の横暴を世間にうったえる集会となるはずでした。ところが桂内閣が瓦解《がかい》して祝勝記念会となったのです。第一次憲政擁護運動の勝利でした。

このような場で犬養は憲法を不磨ノ大典とよび、明治天皇の欽定になるものだとのべたのでした。憲政擁護運動は戦前日本の数少ない民主化運動と考えられてきました。ここで憲政とは理想主義のそれとして考えられてきました。ところが当事者の犬養は、理想主義の憲政論だけでなく不磨ノ大典も加味して発言していたのです。

事実、犬養の想定する立憲政治とは天皇のもとの平等政治でした。だから閥族打破をとなえたのです。閥族とは長州閥、薩摩閥、官僚閥のことです。犬養にとって、閥族を一掃し、天皇と国民だけの国家をつくることが憲政擁護運動だったのです。

天皇のもとの平等論は江戸時代の身分制度の延長線上にいきていた犬養毅からすれば急進的な社会改革論です。かつての身分制度では数え切れない身分が存在しこれが壁となって天皇と国民を隔《へだ》てていました。その隔たりと壁を一掃《いっそう》すれば国民は天皇のもとで平等になる、これが犬養の構想です。

こうした平等観、立憲政治観は犬養ひとりのそれではありません。あとで紹介するように昭和の右翼もおなじことを主張するからです。政党政治が右翼の攻撃に反撃できなかった理由のひとつは、両者が見解をおなじくしていたことにあります。

尾崎行雄にうつりましょう。尾崎も憲政の神様とよばれた憲政擁護運動の指導者です。大正のはじめとおわり、二度の憲政擁護運動にはさまれた期間に、尾崎は、憲法を制定して人民に権利をさずけた恩人として明治大帝を賞揚しました。

尾崎は明治二十年末の保安条例で、東京から追放された経験をもちます。明治憲法が欽定憲法ではないことをしっています。しかしあえて欽定憲法史観をうけいれて、憲法上の諸権利を明治大帝の賜だといいはります。そうすれば、臣民の権利は藩閥政治家にも手出しできないものとなるからです。

立憲政治の必要性も、尾崎にかかれば『立憲勤王論』になります。立憲政治は勤王であるとの議論です。天皇と国民の意志を一体化するのが建国の理想であり、それを実現するうえでもっとも有効な方法が立憲政治だと尾崎は主張します。万機公論《ばんきこうろん》に決すべしと宣言した五箇条の御誓文を具現化するのが立憲政治であり、明治憲法だというのです。

普通選挙運動

普通選挙運動でも、明治大帝論は効果を発揮しました。普通選挙とは成人男子全員に無条件で参政権を付与する選挙制度です。当時は納税額で参政権を制限していました。制限選挙です。第二次憲政擁護運動は普通選挙の実現を要求する運動でした。その際にも明治大帝の遺訓を実現する途として、普通選挙を正当化します。

たとえば、普選運動家の水野石渓《みずのせっけい》は自著『普選運動血涙史』を書きはじめるにあたり、五箇条の御誓文を引用して、万機公論の実現は明治大帝の詔《みことのり》であり、普通選挙こそ真の万機公論を実現する制度だと主張しました。

普選運動や労働運動は紀元節の二月十一日におこなわれました。五箇条の御誓文と明治憲法を実現する運動として普選運動を展開したのです。労働運動も憲法上の臣民の権利を実現する運動でした。警察の弾圧をまぬがれる効果と、世論の賛同をえやすくなる効果とを期待できる策です。普選運動や労働運動と、天皇制は隣接していたのです。

その証拠として、第二回全国普選デーにおいて、普通選挙に反対するものを非国民とする決議が採択された事実をあげておきましょう。昭和になってから、戦争に協力しない人間を非国民といいました。非国民という罵倒は天皇制国家の息苦しさを象徴することばですが、護憲運動のさなか普通選挙反対論者にたいして使われたのです。

憲政会《けんせいかい》所属の代議士、斎藤隆夫《さいとうたかお》の言説も紹介しましょう。斎藤隆夫は日中戦争を批判する反軍演説をおこなったことから、戦前を代表する自由主義政治家といわれます。また憲法書を執筆する理論派でした。しかし斎藤も、明治大帝の遺訓をふりかざし、普通選挙反対派にたいして、嵩《かさ》に懸《か》かる物言いをします。左は衆議院での発言です。

普通選挙は立憲政治の帰結である。……我が国体の精華《せいか》、帝国憲法の大精神と云うものは、普通選挙の実行を待って愈々益々《いよいよますます》其光輝を発揚《はつよう》するものである。……万機公論に決すると云うことは、維新改革の大精神であると共に、帝国憲法を貫通する所の大原則であります。……現時の政治組織と云うものが、果して明治大帝の此御趣意に副《そ》うものであるや否《いな》や、反対論者は退いて一考するが宜《よろ》しいのである。

最後に、憲政会党首の加藤高明《かとうたかあき》による明治大帝論の利用事例を紹介しましょう。憲政会は先進的政策をかかげたと評価される政党です。第二次憲政擁護運動の結果、憲政会が主体となって護憲三派内閣を形成し、加藤が首相となります。この内閣のもと普通選挙法案が成立します。

大正十四年一月の議会で、法案の趣旨を説明した加藤は、憲法を制定した明治天皇の意図は、国民を政治に参画させ国家の発展をともにささえることにあったとの推察をしめしました。そして普通選挙制は憲法政治の総仕上げであるとのべました。民主化運動を先導した憲政会の党首が、明治大帝論に依拠して普通選挙を正当化したのです。

こうして明治大帝論は憲政擁護運動、普通選挙運動とともに政党政治家によって喧伝されました。政党政治家はあくまで説得の方便として明治大帝の権威をかりているのですが、注釈抜きにかれらの発言や文章に接したとき、かれらの底意をくみとってくれるかどうかは聴衆や読者にゆだねられています。

明治節

明治天皇を記念する装置は昭和にもつくられます。明治節《めいじせつ》です。明治天皇の誕生日である十一月三日を国家の記念日とするものです。昭和二年に新設しました。明治節の設定が昭和二年をまつ理由はつぎのとおりです。

天皇の誕生日は天長節《てんちょうせつ》という国家の祝日です。明治時代には十一月三日でした。大正時代には大正天皇の誕生日八月三十一日が天長節です。明治天皇崩御の日七月三十日が明治天皇祭となります。昭和改元で、天長節は四月二十九日、大正天皇祭が十二月二十五日となり、明治天皇祭はなくなります。明治天皇を記念する日がなくなってしまうのです。そこで明治天皇の誕生日をあらたに国家の祝日として設定しようと考えたのです。昭和元年はわずか六日で昭和二年にあらたまります。明治節新設が昭和二年であった事情はこのようなものでした。

ちなみに現在は、天皇誕生日は十二月二十三日、昭和天皇の誕生日四月二十九日は昭和の日、明治天皇の誕生日十一月三日は文化の日、としてそれぞれのこっています。大正天皇にかんする記念日はのこっていません。

昭和二年十一月三日、朝刊各紙はそれぞれに最初の明治節の到来を告げ、各地の催事を紹介しました。神宮外苑《じんぐうがいえん》でおこなわれた運動競技大会は盛況でした。神宮参拝者は昼五〇万人、夜三〇万人を数えました。

大日本雄弁会講談社《だいにっぽんゆうべんかいこうだんしゃ》は、月刊誌『キング』十一月号に『明治大帝』を付録しました。明治天皇の側近奉仕者で存命だったもののほぼ全員からの寄稿、聴き取り調査によって作製した本です。明治天皇の降誕《こうたん》から崩御までの逸事《いつじ》を網羅採録《もうらさいろく》して、本誌より厚い冊子となりました。一四〇万部を完売しました。本邦出版史上初の快挙でした。

いかにも天皇制国家、戦前日本の出版事情です。しかし新聞をめくり、一年後の昭和三年十一月三日の紙面をよむと事情と心証がかわってきます。実は新聞各紙は一年後にも、初の明治節、と見出しをつけているからです。昨年は諒闇《りょうあん》中だったので今年が最初の明治節となったと説明されても合点がいきません。一年前のおなじ新聞で、はじめての明治節を祝っているからです。

昭和二年は諒闇の年です。大正十五年十二月二十五日に大正天皇が崩御して、元号が昭和元年にあらたまって年があけると昭和二年です。府立中学校の生徒たちは、一年間、制服に黒い腕章をつけて学校に通いました。宮中でも元日の四方拝《しほうはい》、紀元節、四月二十九日の天長節を略儀ですませています。明治節も宮中では祝っていません。侍従次長河井弥八《かわいやはち》は、諒闇なので明治神宮には参拝しない旨を日記に記しています。

昭和二年の明治節は暦の上でははじめてのそれですが、催事にうかれてよい日ではありませんでした。にもかかわらず、神宮外苑で第四回明治神宮運動競技大会がひらかれました。一、二の大会評議員から中止説が提起されましたが、明治神宮側が諒闇中でも差し支えないと説明したため、開催の運びとなりました。大会参加選手と観覧者の多くは神宮にも参拝しました。その結果が昼夜合計八〇万人です。初詣がなかった昭和二年の明治神宮にとって、軽視できる参拝者数ではありません。かれらは幾《いく》ばくかの賽銭《さいせん》を投ずるからです。

他の催事では明白に商いが絡んでいます。銀座の松屋呉服店では東京日日新聞社主催で明治節制定記念展覧会を開催しましたが、七五三祝い着の販売促進をかねていました。神田明神下の伊勢丹呉服店では奉祝子供大会がひらかれましたが、冬物衣料の大見切売出しの場でもありました。

明治節は、商人にとって集客の口実でした。

講談社の『明治大帝』が、社長野間清治《のませいじ》のいうように社運を賭けた事業だったことはまちがいないにしても、同社発行『少年倶楽部』明治節記念号の一万人当選大懸賞とあわせてみれば販売戦略の一環であったことは疑いようがありません。忠君愛国に商魂をかけあわせた便乗商法は、翌年の即位大礼に関連して七大記念出版事業を展開する際にもみることができます。

田中義一《たなかぎいち》首相と政友会内閣も明治節に便乗しました。明治節を小祭から大祭に変更し四大節に格上げし、『明治大帝』に首相、内相、文相が序文を寄せました。さらに田中義一は昭和二年十一月三日の首相談話で、国民とともに第一回明治節を祝うのは無上の光栄だとのべました。

一年の諒闇は長すぎたようです。帝国臣民は、明治大帝の御聖徳《ごせいとく》を口実に、大正天皇の諒闇を一時休止して、『明治大帝』を購求し神宮競技大会に歓呼しました。こぞって昭和二年の明治節を祝った帝国臣民は、昭和三年の明治節をはじめてのそれとして祝って恥じません。昭和三年十一月十日に昭和天皇の即位大礼を祝ったのは、こうした臣民たちでした。政党政治家と同様に、国民も強《したた》かだったのです。

最後に文部省唱歌「明治節」を紹介しましょう。昭和二年の作、作詞堀沢周安《ほりさわちかやす》、作曲杉江《すぎえ》秀《ひいづ》です。なお歌詞にみえる御憲と詔勅は、明治憲法と教育勅語をさします。

一、アジアの東《ひがし》日《ひ》出《い》ずる処《ところ》　聖《ひじり》の君《きみ》の現《あらわ》れまして

古《ふる》き天地《あめつち》とざせる霧《きり》を　大御光《おおみひかり》に隈《くま》なくはらい
教《おしえ》あまねく道明《あき》らけく　治《おさ》め給える御代《みよ》尊《とうと》

二、恵《めぐみ》の波《なみ》は八州《やしま》に余《あま》り　御稜威《みいつ》の風は海原《うなばら》越《こ》えて
神の依《よ》させる御業《みわざ》を弘《ひろ》め　民の栄《さか》行《ゆ》く力を展《の》ばし
外《と》つ国国《くにぐに》の史《ふみ》にも著《しる》く　留め給える御名《みな》畏《かしこ》

三、秋の空すみ菊の香《か》高き　今日のよき日を皆ことほぎて
定めましける御憲《みのり》を崇《あが》め　諭《さと》しましける詔勅《みこと》を守り
代々木の森の代々《よよ》長《とこし》えに　仰ぎまつらん大帝《おおみかど》

明治大帝論にもっとも感化された人物は昭和天皇であったかもしれません。昭和五十二年八月、新聞記者の質問に、昭和天皇はつぎのようにこたえているからです。

昭和天皇と明治大帝論

記者　人間宣言の冒頭に明治天皇の「五箇条御誓文《ごかじょうのごせいもん》」があり、陛下のご希望で入れたと聞いておりますが。

天皇　そのことについてはですね、それが実はあの時の詔勅の一番の目的なんです。神格とかそういうことは二の問題であった。……民主主義を採用したのは、明治大帝の思召しである。しかも神に誓われた。そうして「五箇条御誓文」を発して、それがもととなっ

て明治憲法ができたんで、民主主義というものは決して輸入のものではないということを示す必要が大いにあったと思います。（『昭和天皇発言録』）

昭和天皇に明治大帝論を講じたのは、三上参次《みかみさんじ》です。『明治天皇紀』編纂執筆の責任者をつとめた東大教授です。昭和天皇が大正天皇の摂政をつとめていた時期から、三上は明治天皇の御聖徳にかんする講義とよばれる一連の進講をおこないました。明治大帝の偉大さを説明する講義であることは題目がしめしています。

三上の説明によれば、征韓論をめぐる政府分裂の危機は、聖断そのよろしきをえて沈静化した事例です。陪聴《ばいちょう》した宮内大臣牧野伸顕《くないだいじんまきののぶあき》は、こうした講義は昭和天皇にとって有益であるから今後もつづけた方がよいとの所感を大正十三年一月の日記に認《したた》めています。昭和天皇に明治大帝の再来を期待する気持ちは、牧野ひとりの願望ではなく、宮中関係者ひいては政府関係者の共有するところでした。

第一次世界大戦と前後して欧州諸国の王朝が没落し、アメリカとソ連が擡頭しつつありました。アメリカの民主主義もソ連の社会主義も、天皇親政をかかげる日本にとっては脅威でした。折悪しく、大正天皇は病気がちでした。このことは当時においても周知の事実でした。天皇制をめぐる内外の条件が、明治大帝論を必要としたのです。

昭和天皇を明治大帝に比肩する君主として大成させたい、という牧野ら宮中側近の願望は、践《せん》祚《そ》によっていよいよ強くなります。昭和二年三月七日、大喪《たいそう》の礼《れい》から一ヵ月後に、牧野ら側近が昭和天皇の進講にえらんだのは、三上参次による、大正天皇の御教育にかんする明治大帝の宸憂《しんゆう》でした。

大正天皇をうしなってまもない今こそ進講する効果があると前置きして、大正天皇の病歴と生育の遅れについて、三上は詳細にのべました。多くの皇族と宮中官僚とが陪聴するなかで、亡父を軽侮《けいぶ》するようにうけとれる進講を、昭和天皇はきいたのです。昭和天皇の大成をねがう側近たちの善意は、いささか暴走していたように思えます。

昭和天皇は憲法の講義もうけています。担当したのは清水澄《しみずとおる》です。明治天皇を君主の理想像に近いものと考え、昭和天皇が、明治天皇を模範として、明治天皇に近づくことを望んでいた、と清水虎雄は父親を回想します。清水澄が理想とした明治天皇は、親政をおこなう天皇です。憲法第一章に書いてあることがらは、天皇が親《みず》からおこなうべきだと憲法が明言している、と清水は考えたからです。

ただし、清水はすべての大権を天皇自身が行使するのは現実にそぐわないとも考えました。そこで、議会の解散権と大臣官僚の任免権を重視し、このふたつの大権を天皇が行使することで立法と行政とを天皇が統御できるとのべました。解散権も任免権も、議員や官僚の役職をうばう権力です。議員と官僚は天皇に服従せざるをえなくなり、結果として立法と行政を支配することができる、と清水は考えたのでした。

清水の教えを昭和天皇は実践します。田中義一首相の内務官僚更迭《こうてつ》に疑義を呈したのです。また議会開会の詔勅について事前に文面を奏上するよう、田中首相にもとめてこれを実現させました。選挙制度改革について比例代表制を検討するよう田中首相に提案しました。これは直前に清水が進講したことを参考にしたのです。

田中と昭和天皇の関係は張作霖《ちょうさくりん》爆死事件の処理をめぐって決裂しました。昭和天皇は田中にたいして不信感を表明し、田中は辞職しました。昭和天皇は任免権を行使したわけです。昭和天皇は明治大帝のようにふるまったのです。

昭和天皇への進講は成功をおさめたようにみえます。しかし代償は大きなものでした。辞職してまもなく、持病を悪化させて、田中が亡くなったからです。天皇からの叱責と不信任は、田中の精神をうちのめしました。天皇親政を建前とする明治国家において天皇からの不信任は国家そのものからの否定だからです。

田中義一の死去をきっかけに昭和天皇は発言をひかえるようになります。立憲君主としての行動抑制が昭和戦中期には別の意味をもつことになりますが、詳細はあとでのべることにします。

国体憲法学

国体と国体論

　不磨ノ大典の第三の要素として、国体憲法学についてお話しします。昭和初期に国体憲法学が登場することで、明治憲法は一字一句かえてはならない不磨ノ大典であると考えられるようになります。

　国体憲法学を議論するまえに国体について確認しましょう。国体とは国家の本質です。とくに日本国家の本質です。本質ですから建国以来一貫してかわらない性質が想定されます。天壌無窮《てんじょうむきゅう》、万古不易《ばんこふえき》といった永続不変をあらわす形容が多用されます。また劣弱な性質ではなく優勝な性質だけがもとめられます。文部省が発行した『国体の本義』は、天皇が日本の統治者であることを国体と定義しました。国体とは日本の本質を建国以来永遠にかわらない天皇統治にもとめる議論です。

しかしながら、多数の国体論を虚心坦懐《きょしんたんかい》によみすすめていけば、時の経過とともに国体論の内容が変遷していることがわかります。国体論でかわらなかったのは、国体は不変だという定義だけです。

国体論の変遷とは天皇論から国民論へのそれです。明治初期において、国体論は天皇主権論でした。明治後半に、国民の忠君愛国がくわわります。天皇主権を国民がささえてきたという議論です。国体論は、天皇主権と国民による忠君愛国の二本立てになります。大正昭和初期には君民一体つまり天皇と国民が一心同体であることが国体だとされます。昭和戦中期には、国体とは国民共同体のことだとされ、天皇はその中心に位置づけられます。この段階にいたると、国体論は国民論に転化しています。

己を欺き人を欺く語

国体憲法学とは、憲法と国体を同一視する意想です。国体は建国以来存在することになっていますから、憲法も不文法のかたちで同時に存在したと主張します。不文法とは文字にあらわされていない法のことです。憲法発布とは、明治天皇が不文法だった憲法を文章に書きあらわしたものと解します。

このような国体憲法学の考え方が、憲法を不磨ノ大典とみなすうえで重要な役割をはたすことはあきらかです。憲法は、永遠にかわらない国体と一体化することで、かえてはならないものとなります。なお当然のことながら、国体憲法学も、欽定憲法史観や明治大帝論とおなじく、戦前日本にとってのただしい歴史認識であり、ことなる価値観をもつ人間からみれば政治神話にすぎません。歴史上の事実ではなく、政治上の願望をのべたものです。

明治憲法が日本建国当初から存在していたはずがありません。憲法は明治二十二年（一八八九）二月十一日に発布されたものであり、それ以前に憲法は存在しません。ここでいう憲法は近代憲法学の原則に準拠した法典をさします。十七条の憲法などはふくみません。近代憲法学が欧州由来であるのとおなじく、憲法は舶来品《はくらいひん》です。

一例をあげます。枢密院で憲法草案を審議する際、伊藤が枢密顧問たちにくばった説明資料には、明治憲法の各条文を作成するにあたり、参考にした外国憲法の条文が列挙されていました。たとえば明治憲法第三条「天皇は神聖《しんせい》にして侵《おか》すべからず」には、欧州の立憲君主国の憲法から該当する条文が参照事例として紹介してあります。一〇ヵ国ほどあげられたもののうち一例をあげると、オーストリアの憲法には「皇帝は神聖にして侵すべからず、又、責に任ぜず」と規定されていることがわかります。ほかの参照条文もほぼおなじ規定です。

欧州の憲法でも、君主を神聖なものと規定していたことがわかります。神聖とは、人間の世界に属していないことをしめすことばです。だから人間の法律は適用されません。責任を問われない、ということです。

明治憲法第三条は、天皇には法律上の責任を問うことができないとさだめているのであって、現人神《あらひとがみ》だといったのではありません。そして天皇が無責任なのは、欧州憲法における君主無答責の原則を輸入したからです。明治憲法のほかの条文も、欧州の憲法を参照してつくられました。

憲法が舶来品であることは、憲法制定当時には自明のことでした。とくに保守派は伊藤が欧州の憲法を直訳して日本に移植することを警戒しました。そのため、明治十六年に欧州での調査をおえて帰朝した伊藤博文は、まず保守派を安心させなければなりませんでした。国体を基礎として憲法を起草すると明治天皇に報告したのもその一環です。保守派の政治家に国体を尊重する方針を説明して理解をえる努力もかさねました。それでも憲法が舶来品であったことは動かすことのできない事実です。

憲法施行後も保守派は国体と憲法をきりはなして考えていました。保守政治家のひとり、佐佐《さ さ》木高行《き たかゆき》は、国体と憲法が相反する事態になったならば憲法を廃止すべきだとのべました。桂太郎《かつらたろう》は、憲法を中止してでも日清戦後経営にあたるべきだとのべました。保守派にとって憲法は国家運営の手段であり、道具です。山県有朋《やまがたありとも》のことばをかりれば、国家のための憲法であって、憲法のための国家ではないのです。役にたたない道具を大切にする理由はありません。愛着のない舶来品であれば、なおさらです。保守派にとって、日本の伝統をまもるためならば、舶来品の憲法を破棄するのは当然の選択です。

憲法起草者は、憲法をまもるために擬装《ぎ そう》をほどこしました。憲法は舶来品ではなく、日本の伝

統であるとのべたのです。井上毅《いのうえこわし》は、

我が国の憲法は、欧羅巴《ヨーロッパ》の憲法の写しにあらずして、即ち、遠つ御祖《おんそ》の不文憲法の、今日に発達したるものなり。（『梧陰存稿《ごいんぞんこう》』）

と主張しました。もちろん不文憲法の事実はありません。西園寺公望《さいおんじきんもち》はこの文章を戯論《ぎろん》と一蹴したうえで「欺己欺人語」つまり己《おのれ》を欺《あざむ》き人《ひと》を欺く語だと批難しました。

明治憲法が諸外国の憲法を参照していることを誰よりもわかっていたのは、憲法起草者のひとりだった井上毅です。井上が御雇外国人を通じて諸外国の憲法制度を勉強した事実は、國學院大学がまとめた『井上毅伝』史料編や『近代日本法制史料集』全二〇巻にあきらかです。それでも井上は、憲法をまもるために、憲法は日本の伝統であると強弁したのです。近年の歴史学ではこのような言説を伝統の再創造とよんでいます。

にわかには信じがたいことですが、井上の戯論は時間をかけて定着していきました。総理大臣大隈重信《おおくましげのぶ》の大正四年（一九一五）のことばをあげておきましょう。大隈も己を欺き人を欺く語を弄したことがわかります。

憲法の精神は、実に我国初より沈潜《ちんせん》流行し来《きた》って止《や》まざるものであって、忽然《こつぜん》明治二十二年を期し、憲法の煥発《かんぱつ》に遇《あ》ってから、夏雲の晴天に湧《わ》くが如《ごと》くに現出したものでは無い。憲法という文字は西洋から来たけれども、憲法其者《そのもの》の精神は不文律《ふぶんりつ》となって、皇祖皇宗《こうそこうそう》より約三千年来流伝《るでん》して已《や》まざるもので、それが偶《たま》ま成文律《せいぶんりつ》と為《な》ったという迄である。(『国体の精髄』)

国体憲法学は、右翼による国体明徴《こくたいめいちょう》運動で不動のものとなります。昭和十年(一九三五)のできごとです。しかし、国体憲法学の形成と定着に貢献したのは、立憲主義の憲法学者と政党政治家です。順をおって確認しましょう。

穂積憲法学

国体憲法学を論ずるにあたり、穂積八束《ほづみやつか》の憲法学からはじめます。穂積は国体にもとづく憲法解釈を標榜したからです。

穂積憲法学の創始には藩閥政府が関与しています。穂積八束は、帝国大学ではじめて憲法学の教授をつとめた人物です。穂積を推挙したのは井上毅です。穏当な憲法学説をつくりだすことが、藩閥政府にとっても、憲法の定着にとっても、必要だったからです。

現在でも東京大学法学部は多数の国家公務員を輩出していますが、明治期の帝国大学では卒業生のほぼ全員が官僚か学者となっていましたから、ここで教える憲法学説は将来の国家運営を左右する可能性が大きいのです。

のちに対立する美濃部達吉《みのべたつきち》も、学生時代には穂積の憲法学講座で学びました。ほかに選択肢がなかったからでもありますが、穂積八束が憲法学教授として多くの学生に影響をおよぼす立場にいたことはたしかです。

穂積憲法学の特質は国体にもとづく憲法解釈にあります。しかし、穂積憲法学を国体憲法学の完成形態とみなすことはできません。穂積がいう国体の意味内容が、わたしたちのしる国体とずれているからです。

穂積によれば、国体とは主権の所在です。何人の人間が主権をもっているかで国家体制を分類するものです。たとえば、主権者がひとりの場合は君主国体、複数人が主権者である場合は貴族国体、国民多数が主権者である場合は共和国体となづけます。

この議論にしたがえば、明治憲法下の日本は天皇主権をさだめているので、君主国体です。ドイツ国法学の用語である国家体制 Staatsform に、江戸時代から使われていた国体を訳語としてあてたのです。穂積のいう国体で憲法解釈をおこなうと、明治憲法はますます舶来品となってしまいます。

ただし、穂積自身にとって、穂積憲法学は日本の独自性を論証するものでした。穂積によれば、日本は天皇主権によって、純粋な君主国体を維持している唯一の国家です。だから日本の国体は、世界に類例をみない万邦無比の、もっともすぐれた存在です。ここで穂積の目的は、国家体制の分類ではなくて、天皇主権の保守にかわります。穂積の異質な国体論は、天皇主権論に帰着することによって、明治期の国体論の文脈におさまってきます。穂積憲法学は、明治中期の国体論に対応した憲法学となります。

国体が天皇主権である場合、穂積憲法学は天皇親政の憲法学としてあらわれてきます。天皇が主権者であるためには、憲法が規定する天皇大権を、天皇みずから行使しなければなりません。これを大権政治《たいけんせいじ》といいます。

大権政治は独裁政治ではありません。三権分立制による立憲政体です。主権の所在で国体がきまるのにたいして、主権の運用方法できまるのが政体です。政体は、三権分立制の有無によって、専制政体と立憲政体に分岐します。穂積によれば日本は君主国体で立憲政体の国家です。明治憲法が、行政司法立法の三権をわかつからです。

のちの議論との関係で注目すべきは、穂積が、政党政治を専制政体とみなしていた事実です。政党政治すなわち議院内閣制は、ひとつの政党が立法と行政を支配する制度です。議院内閣制は三権分立を破壊します。よって政党政治は立憲政体の敵です。また、政党が国家運営の主役となるのが政党政治ですから、天皇主権をおびやかします。政党政治は君主国体の敵です。だから穂積は、日本の君主国体と立憲政体をまもるために政党政治に反対します。穂積の反政党政治論は、議会政治と政党政治のあいだに楔《くさび》をうちこむものだったのです。この議論が立憲政治と議会政治と政党政治とをひとくくりにする実用主義憲政論に痛手をあたえるのは、昭和のできごとです。

以上、穂積憲法学が明治期の国体論に対応した、明治期の国体憲法学であったことを論じました。しかし穂積憲法学における天皇主権としての国体は、明治憲法とは無関係に存在できるものでした。天皇主権が憲法以前に存在していたからです。国体と憲法を密接不可分の関係とみなすためには、国体の定義も憲法学の論法もかわらなければなりません。

美濃部憲法学

国体憲法学の発展を語るうえで、美濃部達吉の憲法学は欠かせません。しかし、従来の日本憲法史では、美濃部は憲法学から国体論を排除することで立憲主義の憲法学説を樹立した人物として評価されています。一見、国体憲法学とは無縁の人です。

しかし美濃部は、国体論を排除していません。美濃部にとって国体は、憲法を解釈する際の重要な前提のひとつでした。美濃部の立憲主義は国体論を基礎とすることで強固な地盤をえました。欧米由来の立憲主義が日本の伝統と合致することを論証したからです。

美濃部が論壇に登場したのは明治四十五年です。『憲法講話』を上梓した美濃部は、穂積憲法学の国体論に異議をとなえました。穂積の後継者、上杉慎吉《うえすぎしんきち》もくわわって、国体論争とよばれる意見の応酬《おうしゅう》がありました。

美濃部は、穂積上杉憲法学の国体論にたいして、教育勅語にしめされた国体論を対置しました。美濃部によれば、天皇主権の歴史的事実にくわえて、国民が天皇を支持してきた忠君愛国の倫理的事実が、国体を構成します。美濃部は自分の国体論を、普通の国体とよびました。そして主権の所在を意味する穂積らの国体論を、普通とはことなる国体論として排除したのです。

普通の国体という表現には、明治末期に定着していた、という但し書きをつける必要があります。国体論に国民の要素がくわわったのは、憲法発布勅語や教育勅語の理念が定着したことによるからです。美濃部の国体論は明治末期の国体論を反映したものです。
美濃部は、歴史と理論によって憲法条文の不足をおぎなうことで正当な解釈をえることができると考え、実践しました。この方法論は通常、明治憲法の解釈にあたって欧米の立憲主義をおぎなう趣旨に解します。しかし欧米の立憲主義をそのまま移植した場合、天皇親政と抵触《ていしょく》します。理想主義憲政論の弱点がここでも露呈します。そこで美濃部は、
御親政と言うのは敢《あえ》て天皇御自身に凡《すべ》ての政治を御専行あらせらるるというのではなく、常に輔弼《ほひつ》の大臣が有って、其の輔弼に依って政治を行わせられたのである。是《これ》が実に我が国体の存する所で、之に依って国体の尊厳が維持せらるるのであります。（『憲法講話』）
とのべて、臣下が天皇統治を補佐してきた歴史を国体とみなして条文解釈に動員しました。国体を引証することで、天皇親政を規定する明治憲法から、政党政治の必要性をひきだすことができます。美濃部はつぎのように論をすすめて政党内閣を正当化します。
明治憲法下で天皇を補佐するのは国務大臣です。大臣の意見が対立していては統治に支障をきたします。大臣は事前に意見を調整したうえで矛盾のない、一組の政策を提示しなければなりません。調整の現場が閣議です。国務大臣はひとつの内閣として一体となって天皇を補佐します。ここに内閣の連帯責任が生じます。一蓮托生の運命をわかちあう以上、意見をおなじくする大臣

で内閣を組織するのが理にかないます。政治上の意見をおなじくする政治家は結局ひとつの政党に属するはずなので、内閣は議会の多数を占める政党から組織するのが自然の勢いです。

こうして美濃部は、天皇親政をまもるために政党政治を導入しなければならないと結論しました。解釈改憲というほかない結論です。明治憲法は政党政治を排除していたからです。天皇主権は国民の忠君愛国によってささえられてきたとする、あたらしい国体論と、文字の不足をおぎないながら解釈をすすめるあたらしい方法論とがなければ、みちびくことができない結論です。国体を援引することで、美濃部の立憲主義は日本の伝統に深く根をはりました。この作業を通じて、美濃部は、憲法と国体とが密接不可分の関係にある憲法学説をつくりだしました。美濃部憲法学は政党政治の発展に寄与した立憲主義憲法学であると同時に、国体憲法学の発展に寄与した憲法学でもあったのです。

政党政治と国体憲法学

政党政治家は、国体憲法学の普及に貢献しました。政党政治の正当化に役立つと考えたからです。

普通選挙を推進した憲政会は、普通選挙によって国体の精華を発揮するのだとのべました。憲政会が中心となった護憲三派内閣が、普通選挙法と同時に治安維持法を制定したのは当然のなりゆきでした。治安維持法は国体をまもるための、はじめての法律だったからです。一見相反するふたつの法律は国体でつながっていました。

憲政常道期の二大政党が、他党排撃の道具として国体論を使ったことはよくしられています。ここでは、これまで国体論と無縁だと思われてきた浜口雄幸《はまぐちおさち》内閣と国体論の関係を指摘しておきましょう。

浜口雄幸の民政党内閣を、戦前民主主義の頂点と評価することがあります。民政党は憲政会の後継団体です。つまり普通選挙を推進する政党です。浜口内閣は、平和主義の幣原《しではら》外交と、金解禁と緊縮予算による財政再建をめざした井上財政とを、採用しました。またロンドン海軍軍縮条約問題では、海軍軍令部の反対をおしきって軍縮に合意しました。なにより労働者保護の政策をうちだしました。こうした政策体系を高く評価したのです。

しかしながら、浜口内閣と浜口雄幸はわけて考えたほうがよさそうです。浜口には民主主義政治家としての側面のほかに、道徳政治家としての側面があったからです。そして、道徳政治家としての浜口は、同時代の国体論者が期待を寄せるほどの国家主義者だったのです。

浜口にとって、政治は最高の国民道徳でした。政治の目的は国民の精神を向上させ人格の完成にみちびくことにありました。昭和四年（一九二九）七月に組閣して、緊縮財政など重要政策を発表したのちの九月に、文部省が国体明徴を目的とする国民教化総動員を実施したことは、浜口の政治道徳が国体とわかちがたく結びついていたことをしめします。

十月、浜口は伊勢神宮の式年遷宮《しきねんせんぐう》、遷御《せんぎょ》の儀に、総理大臣としてはじめて参加しました。平成二十五年（二〇一三）に安倍晋三《あべしんぞう》首相が参加するまで、歴代総理で式年遷宮に供奉《ぐぶ》したのは浜口だけでした。

　翌昭和五年十月末から十一月初旬は、浜口にとって荘厳《そうごん》の秋《とき》と称すべき日々でした。一生の記念と自伝『随感録』に記しています。十月二十六日、浜口は日露戦勝二五年記念大観艦式に参加しました。総理大臣として昭和天皇とおなじ艦船にのり、拝謁し、天皇と会食したことを、光栄でありがたい極みであると書いています。

　十月三十日、教育勅語四〇年記念式典をはじめて政府主催でおこないました。浜口はみずからすすんで出席することを申入れて祝辞演説を披露しました。一〇年目は第二次山県内閣が第四次伊藤内閣にかわった直後でした。二〇年目は第二次桂内閣でした。三〇年目は原敬《はらたかし》内閣でした。いずれも、すこし前の時代であれば保守反動と評された内閣です。保守反動内閣でおこなわなかった教育勅語記念式典を民主主義内閣ではじめておこなったのです。浜口の祝辞は、総理大臣によるはじめてのラジオ演説となりました。そこで浜口は、享楽《きょうらく》と贅沢《ぜいたく》が若者を堕落《だらく》させ、国体に反する思想を抱くものを生じさせたと憂慮の念を開陳しました。

　十一月一日には明治神宮鎮座《ちんざ》一〇年記念式、二日は青年団令旨奉戴《りょうじほうたい》一〇周年記念式、三日の明治節には全国男女青年団親閲式《しんえつしき》に参列しました。宮城前広場にあつまった全国男女青年団三万四〇〇〇人を昭和天皇が親閲しました。一連の行事について浜口は、近頃こんな厳粛《げんしゅく》で爽快《そうかい》な数日をすごしたことはない、と述懐しました。浜口雄幸には、民主主義政治家という印象からはみでる一面があったことがわかります。

浜口は明治三年うまれです。高知県で林業をいとなむ生家をはなれて浜口家の婿養子となり、帝国大学を明治二十八年に卒業しました。大蔵官僚として職務に精励して次官にのぼりました。その後、桂太郎の立憲同志会結成に参加して、衆議院議員に転じて、明治うまれのはじめての総理大臣となりました。

浜口の人生は立身出世の成功例です。浜口の栄達は明治国家が準備したものです。浜口が自分の人生を肯定するとき、明治国家を肯定することになります。浜口の政治道徳が教育勅語や国体論を基礎とすることは、むしろ当然のなりゆきなのです。

浜口にとっては、欽定憲法史観も明治大帝論も国体憲法学も、己を欺き人を欺く語ではありません。道徳政治家として、天皇主権の明治憲法は、教育勅語がしめした国民道徳によって補強されて、はじめて完成するものだ、と確信していました。だから、つぎのように語ったのです。

千載不磨《せんざいふま》の大典たる帝国憲法と雖《いえど》も国民智徳の発達に待つにあらざれば充分に国家の進運を図《はか》り国民福利の増進に貢献することが出来ないのであります。……我が国の憲政は国民道徳と相表裏して始めて其の美を済《な》すことが出来ると申さなければなりません。(『随感録』)

不磨ノ大典と日本主義者

近代日本の正嫡

政党政治家は不磨ノ大典を解釈改憲に利用しました。その成果が憲政常道《けんせいじょうどう》です。大正十三年（一九二四）から昭和七年（一九三二）まで、普通選挙制のもと政友会と民政党による政権交代が実現しました。

しかし戦前の政党政治は五・一五事件以後とだえました。政党と有権者が暴力に屈したわけではありません。政友会と民政党は衆議院の議席の八割以上を寡占《かせん》しつづけました。有権者は政党に投票しつづけたのです。けれども政党内閣は復活しませんでした。世論がのぞまなかったからです。政党政治の正当性がなくなったからです。

政党政治の正当性を破壊したのは、ほかならぬ不磨ノ大典です。不磨ノ大典をもちいて政党政治を攻撃したのは日本主義者です。日本主義者は、昭和の政治社会に登場した不磨ノ大典のあたらしい担い手です。政党政治家とちがって、日本主義者の目的は護憲です。日本主義者は昭和初期に登場した右翼です。右翼と護憲は相いれないと考える読者が多いと思いますが、日本主義者は右翼である、その事実から必然的に護憲派となりました。なぜなら、欽定憲法史観、明治大帝論、国体憲法学からなる不磨ノ大典は、天皇と国体を尊崇する日本主義者にとっては真実だからです。

日本主義者は政党政治を否定しました。憲法が規定する三権分立をまもるためです。日本主義者にとって立憲政体とは三権分立制のことです。政党政治は英国の議院内閣制を模範《もはん》としましたから、明治憲法が規定する三権分立制を解釈改憲によって浸蝕《しんしょく》していきました。日本主義者は正常な立憲政治をとりもどすために、政党政治家が解釈改憲に利用した不磨ノ大典を、政党政治家からうばいかえします。

右翼は復古主義者《ふっこしゅぎしゃ》だというのが一般の理解です。しかし、かれらの言動を客観的に観察すると、日本主義者は復古主義者とはいえません。日本主義者が保守する国家は、明治憲法下の日本です。憲法を否定して封建《ほうけん》時代にもどろうとする日本主義者は、ほぼ存在しません。かれらの復古は明治維新より昔にさかのぼらないのです。

日本主義者は近代日本の正嫡《せいちゃく》です。明治維新後の日本で近代化とは西洋化です。日本主義者も西洋化した近代日本の文物をうけいれています。かれらの文章は口語文《こうごぶん》です。外出時は背広を着用します。明治期の右翼である国粋《こくすい》主義者が文語文《ぶんごぶん》を書き、着物を着ていたことと対照すると、両者がことなる世代に属したことはあきらかです。

日清戦争前後にうまれて昭和初期に壮年期をむかえた日本主義者は、明治憲法をはじめとする近代化の所産を所与の前提とした世代です。かれらにとって憲法は舶来品《はくらいひん》ではなく、日本古来の伝統でした。日本主義者は、明治国家が供給した価値観を、完全に受容して体現した存在です。明治国家による国民教化の成功例です。しかし日本主義者による不磨ノ大典の高唱が明治憲法の機能不全をひきおこすのです。

上杉慎吉

右翼がいつから護憲派になったのか、年月や日付を特定することはできません。しかし護憲右翼の元祖というべき人物をあげることはできます。上杉慎吉《うえすぎしんきち》です。理論と人脈の両面で、右翼と憲法を架橋《かきょう》する役割をはたしました。

上杉は、穂積八束《ほづみやつか》の後継者です。両者の学説をまとめて穂積上杉憲法学とよびます。天皇主権を国体とみなし、三権分立制を立憲政体の本質と考えます。しかし上杉には師匠とことなる点がありました。国体論において君民一体論を説き、普通選挙制の早期実現に賛成したことです。

上杉は昭和三年に『憲法読本』をあらわしました。昭和三年は、近代日本にとって特別な年でした。第一に、明治維新六〇年です。第二に、普通選挙実施の年です。第三に、昭和天皇の即位大礼がおこなわれる年です。

干支《えと》が一周してふたたび戊辰《ぼしん》にかえることで、近代日本は人間にたとえれば還暦《かんれき》をむかえます。新天皇即位と普通選挙実施は、あたらしい時代のはじまりを強く印象づけるものでした。上杉は、明治維新の完成として昭和維新を記念して『憲法読本』を書いたのです。明治憲法は明治大帝の賜であると欽定憲法史観を披露したのち、上杉はつぎのような国体憲法学を展開しました。

天皇と臣民とは同心一体、天皇なくして、臣民あり得《う》べからざるが如《ごと》く、臣民ありて、畏《かしこ》くも天皇あり、天皇即臣民なるは、実に我が国体の精華《せいか》である……ひとり我が大日本帝国に在《あ》りて、人民は天皇に帰一《きいつ》し、天皇に依りて人民の為めに人民に依る人民の政治が、天皇の政治として行わるるのである（『憲法読本』）

天皇主権の明確化が穂積憲法学の目的でしたが、上杉憲法学では天皇親政が民主主義と一体化しています。両者のちがいは、国体の定義が天皇主権から君民一体に変化したことによるものです。上杉の考えでは君民一体の国体を実現するには普通選挙が必要でした。同時に、君民一体を邪魔する政党を排除しなければならないと上杉は考えました。

上杉にとって真の立憲政体とは三権分立制です。明治憲法が三権分立を明記したからです。三権が抑制《よくせい》と均衡《きんこう》を保つときに、ただしい立憲政体ができます。反対に、議会多数派が行政を支配する議院内閣制は、三権分立制と憲法を破壊する行為です。議院内閣制は政党政治と同義語ですから、上杉は政党政治もみとめません。上杉は、明治憲法と立憲政体をまもるために、政党政治と議院内閣制を排撃《はいげき》します。

上杉の考え方は、日本主義者だけでなく、立憲主義者たちも共有しました。政党政治をもとめてきた立憲主義者たちの議会観が、三権分立のそれだったからです。そのため立憲主義者は、議院内閣制がひきおこす正常な議会の変化と議員の適応とを、腐敗堕落とかんちがいしました。かれらの政党内閣論は、三権分立制に議院内閣制を接《つ》ぎ木《き》したものであり、その論理の脆弱さが議院内閣制の現実にたえられなかったのです。

これから、立憲主義者と日本主義者が政党政治批判の共同戦線を張っているようにみえる事実をしめします。この連帯は、近代日本の政党政治にとって、悲劇です。しかもこの悲劇はわたしたちのものでもあります。日本国憲法は、三権分立制のもとに議院内閣制を採用しているからです。日本主義者の政党批判に賛同したくなるのは、かれらとわたしたちが三権分立の議会観を共有するからです。

政党政治の実態

日本主義者が批判の対象とした、政党政治の実態を確認しましょう。作業のはじめに注意しなければならないのは、憲政常道の理念と実態のちがいです。

通常、憲政常道は、議会多数派の党首が内閣を組織する慣例と定義します。この定義は、選挙結果による政権交代を暗黙の前提とします。つまり、選挙で多数をえた政党の党首が、首相に任命されて内閣を組織する、という手順を想定しています。選挙が組閣に先行し、選挙が政権交代の原動力です。

ところが、現実の憲政常道では、少数野党の党首が首相に任命され、政権交代後に総選挙をおこなって勝利をおさめて、与党が多数派となったのです。ここでは組閣が選挙に先行しています。選挙は政権交代の原動力ではなく、結果です。

さきに確認した憲政常道の定義は、日本の政治もこうあるべきだという願望を、事実の説明ととりちがえています。大正時代の憲政常道論が、選挙結果による政権交代をうったえたのは事実です。その代表例が吉野作造《よしのさくぞう》の民本主義《みんぽんしゅぎ》です。

吉野は、憲法上の制度ではなく、政治の慣習として政党政治を説明しました。明治憲法が議院内閣制を採用しなかったからです。三権分立制を採用した明治憲法では、衆議院の総選挙と首相任命は、法律上は無関係でした。吉野は、選挙結果にもとづく首相任命の慣習をうちたてようとしたのです。

しかし、現実の憲政常道は、明治憲法とも民本主義ともちがいます。二大政党が、選挙によらずに政権交代をかさねていたからです。こうした事態は日本主義者と民本主義者の双方から批判の対象となります。

首相奏薦

選挙ぬきの政権交代は、西園寺公望《さいおんじきんもち》の首相奏薦《そうせん》と、内務官僚更迭《こうてつ》による選挙対策とに、ささえられていました。田中義一《たなかぎいち》政友会内閣から浜口雄幸《はまぐちおさち》民政党内閣への政権交代を例に説明します。

昭和四年七月二日、田中内閣が総辞職しました。田中首相が張作霖《ちょうさくりん》爆死事件処理をめぐって昭和天皇から叱責《しっせき》をうけたからです。元老の西園寺公望は、昭和天皇の下問《かもん》にこたえて、民政党党首の浜口雄幸をつぎの総理大臣に推薦しました。これが首相奏薦です。

天皇親政をかかげる明治憲法下であっても、実態は天皇超政ですから、総理大臣が国政の最高責任者でした。総理大臣の人選は、天皇みずから任命大権を行使して決定すべきことがらですが、総理大臣が失政をおかした場合に、天皇が任命責任を問われる事態はさけなければなりません。そこで元老が次期首相の人選を代行しました。

元老は明治維新の功労者です。六〇年の歳月をへて西園寺公望だけがいきのこって最後の元老となりました。西園寺が浜口を奏薦したのは、円滑な議会運営をねがったからでした。二大政党の交代は、西園寺公望の一存で実現し、維持されていたのです。

浜口は昭和天皇から首相に任命されると、内閣組織を迅速に完了させました。民政党内閣の誕生です。政権交代に選挙は関係しません。十二月末に召集された第五七回帝国議会の議席は、二三七議席を有する政友会が野党で過半数第一党、与党民政党は一七三議席の第二党でした。浜口民政党内閣は少数与党内閣です。

議会の議決は多数決でおこないますから、少数与党内閣は存続できません。予算も法律もつくれないからです。昭和五年一月、浜口内閣は衆議院を解散しました。第一七回総選挙は二月二十日におこなわれました。

この間、浜口内閣は、選挙対策に万全を期しました。選挙に勝たなければ政権を手放すことになるからです。戦前の日本では、選挙対策とは内務官僚の更迭を意味しました。

内務官僚更迭

内務省は地方行政と警察を管掌しました。そのため選挙取締も内務省の管轄です。組閣当日の七月二日、浜口内閣は、内務省の内務次官、警保局長《けいほきょくちょう》、警視総監《けいしそうかん》をあらたに任命しました。警保局長は現在の警察庁長官にあたります。

五日、浜口内閣は府県知事の人事異動を閣議決定しました。現在の都道府県知事は公選ですが、戦前の知事は官選です。内務官僚が政府の任命で知事に就任します。この人事異動で、東京府知事をはじめとする三三名が交代しました。北海道庁長官も交代しました。知事を解任された二六名の内務官僚のうち、田中政友会内閣が任命した一二名が休職処分をうけました。

新任知事は、浜口内閣のかかげる選挙革正政界浄化《せんきょかくせいせいかいじょうか》の方針にしたがって、選挙取締をおこないます。浜口のいう革正が民政党勝利であり、浄化取締が政友会の立候補者に集中するのは、暗黙の了解でした。民政党の候補者は有利な選挙戦を展開できたのです。

総選挙の結果、民政党は過半数の二七三議席を獲得して、第一党となりました。政友会は議席を一七四に減らして第二党となりました。浜口民政党内閣は、ようやく議会多数派の党首が組織する内閣となりました。

以上が憲政常道の実態です。ほかの政権交代でも同様です。選挙結果によらない政権交代は憲政常道を歪めました。民意が問われる普通選挙の時代に、政界の黒幕である元老が二大政党制を維持する脆弱《ぜいじゃく》な慣習でした。たびかさなる内務官僚の更迭が、行政の公正さを傷つけたことはいうまでもありません。

政権争奪と党議拘束

政党政治家は選挙で有権者にうったえるより、西園寺の歓心をかおうと、静岡県の興津《おきつ》にある西園寺の別荘にかよいました。興津《おきつ》詣《もうで》です。政党政治家は熾烈《しれつ》な倒閣運動を展開しました。選挙の勝利よりも、政策のあら探しや与党関係者の汚職腐敗の曝露《ばくろ》に熱中しました。批難の応酬《おうしゅう》の結果、国民のまえには政民両党が政権争奪にあけくれているという悪印象だけがのこります。

そのいっぽうで議会の形骸化が進行しました。総選挙で多数派形成に成功した政府与党にとって、もっとも大切なことは、すみやかな政策の実現です。政府が提出した予算と法律に与党議員は反対しません。内閣の政策は与党の政策だからです。いっぽう野党議員にとって政府の予算と法案は、敵対する政党の政策です。野党議員には政府提案に賛成する利益がありません。こうして、与党と野党は自己の利益を最大化するために、党所属議員の言動を、与党は賛成に、野党は反対に統一する必要がうまれます。これが党議拘束です。党議拘束が常態化すると、勝敗は議席数であらかじめきまります。議員による自由な討論の原則は形骸化します。つまり政党政治は議会の危機をもたらします。当時の立憲主義者たちはそう考えました。日本主義者も同意見でした。

立憲主義者の政党政治批判

立憲主義者たちは政党政治の現況を批判しました。憲政の神様とよばれた犬養《いぬかい》毅《つよし》と尾崎行雄《おざきゆきお》ははやくから政権争奪と党議拘束について批判してきました。

大正九年、犬養と尾崎は、政友会の原敬内閣による普通選挙法案否決を念頭に政党批判を展開しました。犬養は現在の政党は政権争奪のせいでよりよい政治を実現する本来の使命を忘れているとのべ、尾崎も政権争奪にあけくれる現在の政党は国家の害であると論断しました。

かれらが思い描く、本来の政党とは自由討論の原則に準拠したそれでした。尾崎は護憲三派内閣を念頭におきながら、大正十四年の『政治読本』でこうのべています。

国民の総代が、一堂の内に集まり、予算法律その他の議案を審議し討論する意味は、各議員みな私心を去り、君国のため満腹の経綸《けいりん》を披瀝《ひれき》し、一に良心の命令に聴いて、最善最良の決定をなすにある。……会議の本質かくの如しとすれば、討論審議中、少数党より、道理と事実に適《かな》った意見が出た場合は、多数党の中からも国家のため之に賛成する者が現われて、少数党の主張が勝つこともあるべき筈《はず》だ。……真の政党は、かくすることに依て、益々その権威と信用とを高め、政党組織の意義を発揮する事になるのである。

美濃部達吉《みのべたつきち》は昭和六年の『中央公論』三月号に「議会制度の危機」を寄稿しました。当時は浜口民政党内閣で、前年十一月に浜口が東京駅で狙撃《そげき》されています。しかし美濃部が俎上《そじょう》にのせたのは、加害者佐郷屋留雄《さごうやとめお》ではなく、被害者である政党の落ち度でした。自由討論の原則に反した政党にも責任があるとのべたのです。

議会政治の主たる長所の一は、討論に依る政治たることに在ると曰《い》われて居たのであったが、党議に依って議員を束縛《そくばく》し、議員は其の議員としての職務に付いて、毫《ごう》も自分の独立の意見を働かす余地なく、一に党議の指図《さしず》に従って、発言し投票せねばならぬものとなっては、討論に依る政治は全然其の本来の意義を失ったものとならねばならない。

おなじく立憲主義の憲法学者として令名《れいめい》が高かった佐々木惣一《ささきそういち》も、自由討論の原則に反する党議拘束を批判しました。

日本主義者の政党政治批判

日本主義者も、政権争奪の過剰と党議拘束の横行を政党政治の腐敗として批判しました。

たとえば筑紫熊七《ちくしくましち》は、政権争奪によって天皇の恩恵が国民に行き届かなくなった、党議拘束が議員から政治にたいする誠意をうばった、と批難しました。

日本主義者が想定する議会も自由討論の原則に則っています。佐藤清勝《さとうせいしょう》を例にとりましょう。

我等《われら》は明治天皇が欽定し給《たま》いし憲法により、国民が議員を選挙し、是《こ》の議員が選挙民を代表し、正当にその職務を尽《つく》し、法律案及び予算案を審議《しんぎ》協賛《きょうさん》することを欲する。斯《か》くして、天皇が分与し給いたる参政権を正当に行使し、民意を暢達《ちょうたつ》し、民望を天聴《てんちょう》に達することを欲する。我が国憲法に規定する所是《こ》れ以外に存せぬのである。立憲政治の美是に存するのである。（『政党亡国論』）

日本主義者が政権争奪を批判するのは、天皇大権を侵害するからです。首相任命と内閣組織は明治憲法第十条の官吏任免大権によります。他方、議会多数派の力で内閣をたおす根拠を明治憲法に見出すことはできません。筑紫熊七は憲法への記載の有無で、議会政治と政党政治とをきりはなします。

帝国議会が我《わが》憲法に依りて附与せられた国家重要の機関たることは……極《ご》く明瞭であるが、憲法何《いず》れの条章にも政党の存在は規定して居ない。政党政治家が政党政治の否認を以て、直《ただち》に議会制度の破壊なりと呼号するのは、世を誣《し》うるの甚《はなは》だしきものである。（『政党解消論』）

明治憲法は、政党も政党政治も規定しません。筑紫の主張がこの事実の指摘にとどまるのであれば時代錯誤《じだいさくご》の超然主義者が復活しただけです。政党政治家は不磨ノ大典を援用《えんよう》しつつ、実用主義憲政論をちりばめて、政党政治を正当化すればことはすみます。しかし日本主義者は、時代錯誤の超然主義者ではなく、明治憲法をまもろうとする立憲主義者でした。だからこそ、政党政治家の論法にたいして以下のような痛恨の一撃をくわえることができたのです。

日本主義者は三権分立論をもちいて、不磨ノ大典と実用主義憲政論を分断します。具体的には議会政治と政党政治とを分断します。そして、実用主義憲政論と政党政治を否定します。大井一哲《おおいいってつ》『憲政を破壊する政党政治』はそれこそ副題に、三権分立の確保をかかげて、政党政治を不磨ノ大典に背《そむ》くものと断定しました。

万世不磨の大典たる帝国憲法中、最重要なる三権の分立を無視するものは、政党政治である……。……政党政治の下においては三権分立はあり得ない……。三権分立なければ憲法なしというも……決して過当《かとう》の言にあらずと信ずる。その結論として、政党は明治維新の大業を覆《くつが》えし、憲法政治を破壊するものといわざるを得ない。

日本主義者は、三権分立制の議会制度を、明治憲法が想定するただしい立憲政治と考え、政党政治をいつわりの立憲政治として断罪します。佐藤清勝や中谷武世《なかたにたけよ》は、政党政治家が立憲政治と政党政治を混同していると批判しました。山田武吉《やまだぶきち》は、政党政治は英米の自由主義と民主主義に由来する外来思想であるから、国体と合致せず欽定憲法の精神にも反するとのべます。蓑田胸喜《みのだむねき》は、ソ連やナチスの一党独裁も、憲政常道論も憲法違反であると断定しました。

政党政治家の実用主義憲政論には、議会政治と政党政治を、西欧政治の実態を根拠にして、同一視する安直さがひそんでいました。近代化と西欧化がおなじ意味だった明治期には有効な論法でしたが、国体憲法学によってたつ日本主義者には通用しません。三権分立の立憲政治を回復して、明治憲法を政党政治家の害悪から救うことが日本主義者の望みだったからです。

政党政治家の反論

多くの政党政治家は、右翼の主張に傾聴《けいちょう》する価値はないと慢心していました。そのため政党政治の危機を認識できませんでした。政党人きっての理論家である斎藤隆夫《さいとうたかお》も、日本主義者をあなどりました。日本主義者が不磨ノ大典を根拠とする政党政治批判を展開しても、矛盾もはなはだしい議論であってもう少し勉強せよと説教したほどです。

日本主義者はナチス流の独裁政治をめざして憲法政治や議会制度を否認している、と斎藤は早合点《はやがてん》していました。そのため昭和九年の時点でも、憲法政治は天皇政治である、議会制度以上に、君民一致の天皇政治を実現できる方法があるなら出してみろと、的外れな反論を展開しました。

しかし斎藤が日本主義者の言説を正確に理解したとして、有効な反論ができたかはわかりません。議会政治を肯定するところまでの議論の筋道が、おなじ不磨ノ大典に依拠したものだったからです。正当化の論法として、政党政治家が重宝してきた不磨ノ大典論がうばわれつつあったのです。

日本主義者の政党政治批判によって、政党政治の正当性は傷つきました。実用主義憲政論がなりたたなくなったからです。近代化と西洋化と強国化と、立憲政治と議会政治と政党政治とをひとくくりにしてきた議論が破綻しました。

公党の自戒と政党政治の自壊

時勢にたよった議論は、勢いをうしなったときに脆《もろ》いものです。元老である西園寺公望の一存で、憲政常道が維持されていただけに、なおさらです。西園寺は、五・一五事件の収拾を海軍出身の斎藤実《さいとうまこと》にゆだねました。これにより政党政治はとだえました。

しかし、当時の政友会と民政党は、事態が沈静すれば政権がもどってくると予想していました。立憲政治は政党政治であると、この時点でも信じていたからです。昭和七年以後の政友会と民政党は、それぞれに政権復帰の機会をうかがいました。

民政党は、斎藤実挙国一致《きよこくいっち》内閣の与党となることで、政権禅譲をまっていました。昭和七年の総選挙で三〇〇をこえる議席を獲得した政友会は、挙国一致内閣を閣外から支援すると称して、静観の構えでした。衆議院第一党が政権をとらなければ、予算も法律も成立しないことは、憲政の常道によらずとも、初期議会以来の明白な道理だったからです。

しかし、一年がたち二年がすぎても、政権は政党にもどりませんでした。昭和九年の岡田啓介《おかだけいすけ》内閣の誕生は、挙国一致内閣の継続を告げていました。このころから政民両党のあいだに、連立内閣の構想がもちあがります。政民連携運動《せいみんれんけいうんどう》です。

他方には政友会内部に倒閣運動がくすぶりはじめます。枢密院議長《すうみついんぎちょう》の一木喜徳郎《いちききとくろう》と、岡田内閣の法制局長官金森徳次郎《かなもりとくじろう》を辞職においこむ策動です。直接の標的となったのが、一木の弟子で金森の師であった、美濃部達吉です。美濃部にたいする攻撃が、天皇機関説事件に発展するのは昭和十年のことです。

政民連携運動も、天皇機関説事件も、政権復帰の機会をもたらしませんでした。それどころか、政権獲得をめざす運動のうわさがたつたびに、政党の信用はますます低落しました。政党はまったく反省していない、と世評がたったからです。

政民各党の執行部は、政権獲得の動向を抑え込みました。政権争奪批判が、政党批判にかわるのをふせぐためです。かれらは、政権の獲得をあきらめ、政党政治をすてることで政党の存続をはかりました。

政党存続策の中心は、公党としての再生です。政権争奪を放棄し、党議拘束を廃止して、政策集団にかわるのです。公党は三権分立に適合した政党論です。公党は政権をめざしません。党員の自由も保証します。党員は発言の自由をもちます。党員名簿もつくりません。出入り自由とします。政府提出法案にたいして自由な討論を通じてよりよい修正案を提示する、国家国民の役にたつ公党をめざす、と公称して政党は批判をかわします。

こうなると政党を組織する意味がないように思いますが、三権分立の議会では、政党は無意味化せざるをえないのです。事実、日常の米国議会は、議員が各自の判断で活動する自由討論の場であることを想起してください。

政党は世論に迎合して、品行方正な公党になり、政党政治を放棄していきのこります。五・一五事件後、政党政治が復活しなかったのは、政党が政権獲得を放棄したからです。

政友会と民政党は、昭和十一年と翌十二年の総選挙でも連勝して、政民両党あわせて八割五分以上の議席を寡占しました。総選挙の直後に、岡田啓介内閣が二・二六事件でたおれました。陸軍が内閣をたおしたのです。民政党は岡田内閣の閣外与党というべき立場でした。つぎの広田弘毅《ひろたこうき》内閣では、陸軍が閣僚人事に注文をつけました。政党出身者の入閣を拒否するとまでいいました。

陸軍対政党

昭和十二年一月の議会では、政党と陸軍が対決しました。政友会の浜田国松《はまだくにまつ》が陸軍大臣の寺内寿一《てらうちひさいち》を挑発し、いわゆる腹切り問答に発展しました。衆議院は停会しました。寺内陸相は解散総選挙を主張し、政党出身閣僚が反対して、閣内不一致におちいり、広田内閣は総辞職しました。首相に指名された宇垣一成《うがきかずしげ》は、陸軍の妨害で組閣に失敗しました。二月二日に誕生した林銑十郎《はやしせんじゅうろう》内閣は、政党との対決姿勢をあらわにし、政党出身者を閣僚にくわえませんでした。さらに予算成立直後に衆議院を解散しました。食い逃げ解散といいます。昭和十二年の総選挙は、民政党と政友会の勝利におわり、政民両党は林内閣に退陣を要求しました。五月三十一日、林内閣は総辞職しました。

二・二六事件以後の日本は暗黒時代だったと考える読者も多いと思いますが、昭和十二年の林内閣倒閣に成功した時点で、政党内閣が復活しても不思議ではなかったのです。しかし結果として政党内閣の実現にいたらなかったのは、政党政治の正当性が大いに毀損していたためであり、正当化の論法もうしなっていたからでした。反対に、陸軍と日本主義者には、政党内閣批判の道具立てができあがっていました。

元陸軍大将の田中国重《たなかくにしげ》が組織した明倫会《めいりんかい》では、政党内閣の復活を阻止すべく、昭和十一年十二月につぎのような論説を発表しています。

> 政党員は、政党政治を以て、我が立憲政治の本義なりと主張するも、是れ行政と立法とを政党の手を以て壟断せんとする、悪辣極《あくらつきわ》まる主張にして、我憲法明文の行政、立法及司法の三権分立の本義を根底より蹂躙《じゅうりん》せんとする、許すべからざる邪説《じゃせつ》とす。……又政党員は、政権なるものは、議会の多数党の手に帰するを憲政の常道なりと主張するも、我欽定憲法は何《なん》等《ら》之《これ》に関する明文なきのみならず、……大権事項に属する首相の任免権に容喙《ようかい》せんとするものにして、実に許すべからざる邪説とす。（『明倫会史』）

おなじく十二月二十一日、右翼団体を結集した時局協議会《じきょくきょうぎかい》が、東京麴町《こうじまち》で第一回会員総会をひらきました。そこでの決議は、政党政治は同胞相剋《どうほうそうこく》であり、憲政常道は政権授受の詐謀《さぼう》であり、違憲であるときめつけたうえで、日本主義こそが憲政確立の運動でなければならないとするものでした。

年があけて昭和十二年一月、松永材《まつながもとき》は『日本国体と日本政治』という小冊子で政党性悪説を展開しました。発行元の維新制度研究会は、憲法擁護と議会制度の確立をかかげる政治団体です。松村によれば、政党政治家の護憲運動は、誤憲《ごけん》運動です。なぜなら君主と人民が争うことでできた英国の政党政治を導入することで、国体を破壊しようとする暴挙だからというのです。

元陸軍中将の奥平俊蔵《おくだいらしゅんぞう》も憲法を曲解するものとして憲政常道論を批判しました。奥平も明治憲法は三権分立を採用していると考えていて、天皇政治を翼賛する一機関である議会と政府とのあいだに軽重のちがいがないことは、憲法を一瞥《いちべつ》すれば誰でも首肯《しゅこう》できることだとのべます。

不磨ノ大典論をうばわれ、実用主義憲政論を否定された政党側に、反論の手立てはありません。それどころか政党そのものが国体に反するものとして排除されかねない情勢でした。天皇は一視同仁で全国民をわけへだてなく大切にするのにたいして、政党は自党の利益に固執するようにみえるからです。そこで、政党は天皇の御心《みこころ》には適《かな》わない、との断案が生じます。神道思想家今泉定助《いまいずみさだすけ》の言です。

この考え方を徹底すれば、公党もふくめて政党が存立する余地がなくなります。かつて黒田清隆が超然主義演説をおこなったとき、政党結成は自然のなりゆきとして許容していたのですが、その最低限の共通理解さえ危うくなっていたのです。

政党が政権に返り咲くことはありませんでした。昭和十二年六月四日、内閣を組織したのは近《この》衛《え》文麿《ふみまろ》でした。政党と陸軍の双方が妥協できる人選でした。政民両党はそれぞれ一名を入閣させました。このような小成に安んずるほどに、政党政治家は自尊心をうしなっていたのです。

国体明徴運動

話を昭和十年にもどします。解釈改憲としての政党政治を否定したのち、日本主義者が攻撃の標的としたのは、美濃部達吉でした。天皇機関説事件です。美濃部学説批判を、日本主義者は国体明徴運動とよびました。

国体明徴とは、国体を明確にすることです。解釈改憲によって政党内閣を正当化した美濃部憲法学は、国体を不明瞭にするまちがった理論として断罪され、昭和の政治社会から抹殺されました。

美濃部の天皇機関説と政党政治論は、文字の不足をおぎなって憲法をよむ解釈改憲によってうまれました。日本の歴史と文化と伝統を引証し、欧米の立憲主義を参照しながら、美濃部は、天皇親政と反政党政治の明治憲法に、天皇超政と政党政治の解釈改憲をほどこしました。美濃部憲法学の否定は、天皇超政と政党政治と解釈改憲の否定でした。

これまでの憲法思想史では、穂積憲法学、美濃部憲法学、穂積憲法学の順で変遷したと考えます。明治期には穂積憲法学が正統学説として君臨していました。明治末年の国体論争で美濃部憲法学が穂積憲法学にとってかわり、立憲主義憲法学として時代の寵児となりました。天皇機関説事件で、美濃部憲法学にかわって穂積憲法学が復辟《ふくへき》します。たしかに天皇の役割でみれば、天皇主権説、天皇機関説、天皇主権説の変化です。日本主義者も天皇親政をもとめていて、一見すると、穂積憲法学とおなじ主張だからです。

しかし、日本主義者の憲法学は穂積憲法学とはちがいます。むしろ穂積を批判します。日本主義者の憲法学は新種です。どの点においてあたらしいかといえば、国体の定義と、国体と憲法の距離感においてです。

まずは国体の定義です。穂積憲法学では、国体とは天皇主権のことです。美濃部憲法学では天皇主権と忠君愛国です。日本主義者にとって国体は、君民一体もしくは国民共同体です。国体の説明が三者でちがうのです。

日本主義憲法学者山崎又次郎《やまさきまたじろう》は、国民性にもとづく国家全体としての政治的決定を国体として定義します。国体憲法学ということばの考案者であり、国体科学者である里見岸雄《さとみきしお》によれば国体とは、民族を窮極《きゆうきよく》的に結合させる歴史的社会的根拠です。

かれらの国体論では、国民共同体が国体論の中心を占めます。天皇主権論は後景に退きます。以前、国体論が天皇論から国民論に変遷するとのべたのは、このことです。

日本主義者が穂積説に満足できないのは、国体論に国民が書き込まれていないからです。穂積の天皇主権説では、国民は統治の対象でしかありません。君民一体論もしくは国民共同体論にたつ日本主義者にとって、天皇主権は事実上の国民主権であり、天皇親政は天皇のもとの民主政治です。日本主義者が美濃部憲法学に不満を抱くのは、美濃部の主張が天皇超政と政党政治にかたよりすぎて、天皇が後景に退いてしまっているからです。

国体と憲法の関係では、日本主義者は、国体と憲法を同一視します。国体は憲法であり憲法は国体です。つまり純然たる国体憲法学です。穂積憲法学では、国体にもとづく憲法解釈とはいいながら、天皇主権の強調でしかありません。美濃部憲法学では、国体は憲法の外にあって憲法解釈上重視すべき不文法です。日本主義者にとって、穂積憲法学も美濃部憲法学も満足のいくものではありません。中谷武世は、国体を、国家にかんするすべての基礎とみなします。だから日本の憲法学、国法学、国家学は、国体学でなければならないと中谷は断案をくだします。つまり、憲法学は国体憲法学となります。

国体憲法学の完成

憲法を舶来品とみなす人間にとって国体と憲法は無関係なので、日本主義者の議論は通用しません。ところが日本主義者にとって、明治憲法は建国の昔から存在したものでした。

山崎又次郎は、明治憲法は我が国の建国当初よりの憲法的原則を成文化したものにすぎない、と己《おのれ》を欺《あざむ》き人《ひと》を欺《あざむ》く語《ご》を連ねました。山崎のいう建国当初から存在した憲法的原則が、不文法としての国体です。明治二十二年の憲法発布は不文法の成文法化です。これは一憲法学者の意見ではありません。在郷軍人会本部が編纂した『大日本帝国憲法の解釈に関する見解』でも、組織の公式見解として同様の意見をのべているからです。

建国以来今日まで、日本は君民一体の国体を保持してきた、そして未来永劫《えいごう》、明治憲法のもとで、日本は君民一体の国家として存在しつづける——日本主義者の国体憲法学が描くのはこうした歴史観であり、国家観です。こうして不変の本質である国体と一体化した明治憲法は不磨ノ大典となります。

日本主義者の解釈改憲批判

美濃部憲法学にも国体憲法学としての性質があります。国体を、万世一系の天皇による統治と、それをささえた国民の忠君愛国からなるものととらえ、どちらも日本建国以来の歴史に根ざした観念として定義していました。このような内容をそなえた国体を、美濃部は、明治憲法を解釈するうえで重視すべき不文法と位置づけたのです。

しかし日本主義者は、国体と憲法を別個の存在とみなすこと自体を、批判しました。そして、美濃部が天皇機関説と政党政治論を主張したのは、国体を無視して、西欧の憲法学説を模倣したからであると、難詰しました。

美濃部にたいしてもっとも激しい批判をおこなったのが蓑田胸喜でした。日本の憲法は国体の表現であり国体を擁護するものである、明治天皇が欽定した憲法条文そのものに絶対の権威と価値がある、と蓑田は考えました。このような確信をもつ蓑田にとって、美濃部の解釈改憲はゆるしがたい暴挙でした。憲法条文に文字をおぎなって解釈をほどこす行為そのものが、憲法と国体の変革を企図するものだと蓑田は考えたからです。

明倫会の田中国重も憲法解釈を否定します。しかも政府にたいして、憲法解釈の停止を要求しました。田中によれば、神聖なる欽定憲法に解釈をふす行為は、大権干犯《たいけんかんぱん》であり、憲法の権威を毀損《きそん》するものです。解釈しなければただしく理解できないとすれば、憲法に不備不足があることになるからだ、というのです。

制動力としての日本主義者

解釈改憲を峻拒《しゅんきょ》して憲法解釈も否定して、明治憲法のもとに三権分立制を実現した場合、三権の対立を誰が調停するのでしょうか。山崎又次郎や大井一哲ら日本主義者はここで思考を停止します。憲法のままに解すればよい、国体を参照すればよいとの下中彌三郎《しもなかやさぶろう》の回答は楽観にすぎます。こたえは実行不可能な天皇親政しかないのです。

日本主義者は、美濃部憲法学を否定し、解釈改憲と政党政治を否定しました。しかし、不磨ノ大典を実現せよというかれらの主張は、天皇親政と天皇超政の平衡をみだすものであり、実現不可能です。そのため日本主義者は、あらゆる改革にたいする反対者、制動力となることはできても、みずから提案し推進する勢力となることはできないのです。

不磨ノ大典の公定

国体明徴運動は、美濃部の処分と政府による国体明徴声明によって、一応の決着となりました。美濃部は著書発禁と議員辞職とひきかえに起訴猶予処分となりました。

岡田内閣は国体明徴について二度、声明を発表しました。八月の声明が微温であると日本主義者から批難されたためです。十月の声明で、天皇が統治権の主体であること、天皇機関説は誤りであることを明言したうえで、国体研究の充実を約束しこれを履行しました。昭和十二年発行の『国体の本義』はその成果であり、我が国の法はすべて国体の表現であると明記して国体憲法学を公定しました。

副読本として解説叢書も刊行しました。文部省の国民精神文化研究所の所員が執筆を担当しました。昭和十四年公刊の大串兎代夫《おおぐしとよお》『帝国憲法と臣民の翼賛《よくさん》』はその一冊です。大串は、欽定憲法史観と明治大帝論と国体憲法学を説明して、明治憲法が不磨ノ大典であるとのべました。

我が国の憲法の特質は、肇国《ちょうこく》以来の御統治の精神をそのままに顕彰して制定せられたものであること、欽定憲法であること及び永久不磨の大典であることに存するのである。……欽定憲法の語は、神聖なる天皇の統治権に依って定められた憲法であり、何人もこれに遵《したが》う憲法であるとの意味を包含《ほうがん》して居るのであって、一言にして言えば神聖憲法である。……神聖憲法であればこそ、始めて又真に字義通り永久不磨の大典であるのである。我が国に於ては、永久の国体に基づかず、神聖なる天皇の統治権の発動に由らずしては寸時たりとも国法たり得ないのである。

大串はナチス法学の研究者です。革新派です。しかし勤め先の方針にしたがって文章を書く立場にあります。この事実は宮仕《みやづか》えの悲哀とともに、表立って不磨ノ大典を否定できない革新派の行く末を暗示します。

国体明徴声明は、天皇超政の担い手である内閣の立場を弱めました。国政の中心としての権威をうしなった内閣のもとで、革新派による高度国防国家建設がすすめられます。

高度国防国家

近代日本の改憲論

戦争のできる日本へ

昭和戦前期の日本に革新派が登場します。かれらは長期持久戦、総力戦を遂行できる高度国防国家へと日本をつくりかえようとします。高度国防国家の建設は明治憲法の改正を要請します。革新派がめざす国民動員、統制経済、国務統帥一元化は、既存の法体系と権力機構では実現できないからです。

第一の国民動員は、法律と権力の行使によって、政府が国民の意志に反して強制するそれです。これは憲法第二章が規定する臣民の権利義務を制限することになります。

第二の統制経済は、官僚主導統制経済です。官僚が物資生産計画をたて、企業に命令して実行させます。これは憲法第二十七条が保障する所有権と、営業の自由を制限することになります。

第三の国務統帥一元化とは、政府と陸海軍を、政治と軍事を一体化するものです。国務は政府の活動、統帥は陸海軍の作戦立案です。明治憲法第十一条統帥権独立を根拠として、陸海軍は大元帥である天皇に直属するため、政府は統帥に容喙《ようかい》できません。国務統帥一元化は統帥権独立の改廃をめざします。長期持久戦と総力戦の遂行にあたって、政治と軍事は密接に連携しなければならないからです。

結果として、高度国防国家は失敗します。憲法を改正できないからです。不磨ノ大典を主張する日本主義者の批判にさらされた結果、憲法に違反しないように原案を修正して、高度国防国家は当初の計画とは別のものとなりました。これが戦時体制です。戦時体制のもとでは高度国防国家の建設はもとより、陸海軍を凌駕する権力の創出もままなりません。ただ、戦争の継続だけが可能となります。戦時体制の議論は後述します。ここでは高度国防国家と革新派が敗退する様子をのべていきます。

革新派

革新派は、第一次世界大戦後に登場した世代の総称です。第一次大戦がもたらした戦争形態の変化と共和制民主主義の擡頭《たいとう》に対応して、日本もかわらなければ列強との競争にいきのこれないと考えた人々です。

第一次大戦は短期決戦から長期持久戦へと戦争をかえました。参戦諸国は、武器弾薬生産に労働力と物資と資本とを集中する体制をととのえました。戦争は国家の軍事力と経済力を総動員しておこなう事業となったのです。

第一次大戦はソ連とアメリカの擡頭をもたらしました。ロシア革命の結果誕生したソ連は社会主義による経済成長をかかげて人々を魅惑しました。連合国の勝利を決定したアメリカの豊富な物財も人々をひきつけました。米ソ両国が大戦後の世界を牽引することは明白でした。そして両国は君主制との敵対を建国の来歴とする共和制民主主義国家でした。

このように戦後世界は変化しました。戦争形態の変化、アメリカ民主主義、ソ連社会主義、を日本でもとりいれていくべきだとの気運がうまれました。この考えを共有した一群の人々が革新派です。革新派研究の提唱者である伊藤隆によれば、革新派とは、右翼から左翼まで網羅する、あたらしい日本をもとめる人々であり、大正八年（一九一九）から昭和三十年（一九五五）まで、日本政治の推進力でした。

革新派は、革新官僚、社会大衆党、陸軍中堅層にわかれます。いずれも政治社会の構成員としては若く、少数でした。そのためかれらのもつ権限や権力は小さなものでした。そして革新官僚には官僚制と議会制が、社会大衆党には多数決の原則と圧倒的多数をほこる既成政党が、陸軍中堅層には統帥権の独立と派閥対立が、それぞれの活動を制約する条件として課されていました。そして政治社会の一構成員として、他の同格か格上の政治勢力と競争する立場にありました。以下では社会大衆党と革新官僚に課された制約条件を確認しましょう。陸軍中堅層については、戦時体制の項でのべます。

社会大衆党

社会大衆党は、戦前の社会民主主義政党として最多議席を獲得した政党です。昭和七年に社会民衆党と全国労農大衆党が合併して誕生しました。反ファシズム、反共産主義をかかげ、議会制のもとで労働者の権利をまもる社会政策の実現をめざした合法無産政党です。社会大衆党が昭和十二年総選挙で三七議席を獲得したことを、戦前民主化と社会民主主義の頂点と評価するのは理のあることです。

しかし衆議院四六四議席中の三七議席は、多数決を基本とする議会では無意味な数字です。社会大衆党は、議院法の規定でようやく単独で法案を提出できる資格をえただけです。法案成立の見込みはありません。かれらが既成政党として敵視する政友会と民政党が議場の八割五分を占めていたからです。三七議席は大躍進の成果であると同時に、社会大衆党の弱さをしめしていたのです。

社会大衆党は社会政策に理解をしめす近衛文麿をたよりました。また、議場の外に援軍をもとめました。陸軍中堅層と革新官僚です。社会大衆党はかれらの代弁者をかってでることで議場に存在感をしめしました。広義国防をかかげる社会大衆党は、やがて国家社会主義政党と見分けがつかなくなります。

革新官僚

形容矛盾

革新官僚は、国家の中枢で政策形成にかかわった唯一の革新派です。革新派の推進力とは、革新官僚の政策形成能力といいかえることができます。しかしかれらの施策の多くは失敗におわりました。革新政策、年齢と職階、言行と悪評、のすべてが革新官僚の活動を制約する条件としてはたらいたからです。

しかし制約条件として第一にあげるべきは、かれらが革新官僚だったことそれ自体です。革新と官僚は本来むすびつかないからです。

マックス・ヴェーバーや辻清明の研究から、官僚の資質のよい面をあげれば、合理的分業と階統制、法令にもとづく権限行使、専門化と公平さを思いつきます。規律、正確、能率、恒常、をあげてもよいでしょう。同時に官僚のわるい面をあげれば、お役所仕事という悪口に集約できます。ここから、実情を無視した法規万能の形式主義、先例踏襲と画一主義による事《こと》なかれ体質、縄張根性と縦割り行政、秘密主義と官尊民卑からでる傲慢さなどが派生します。

官僚の長所と短所は、いずれも、官僚が法規や先例に拘束されることからきたものです。つまり官僚は変化を拒否する本質をそなえた保守的な存在です。いいかえれば官僚は本質からして、革新とはもっとも縁遠い存在です。革新官僚とは形容矛盾の存在なのです。

正当性なき改憲論

革新官僚を制約する条件の第二は、革新政策と不磨ノ大典の扞格齟齬《かんかくそご》です。

革新官僚の多くは東京帝国大学法科大学の出身です。在学中にうけた社会主義の影響から資本主義の自由放任経済は限界に達していると考え、社会主義の計画経済をとりいれ、官僚の合理的で計画的な指導のもとに産業を発展させようと考えました。官僚主導統制経済です。

岸信介《きしのぶすけ》は、戦後は安保改定を推進した保守政治家としてしられていますが、戦中は革新官僚として統制経済を指導していました。戦後公職追放をとかれた岸信介が社会党にはいろうとした事実は、革新官僚と社会主義のちかさを象徴します。岸の社会党入党が実現していたならば、右翼少年に刺殺された委員長は浅沼稲次郎《あさぬまいねじろう》ではなく岸信介だったかもしれません。時が遷って民主党政権の首相は鳩山由紀夫《はとやまゆきお》ではなく、岸の孫である安倍晋三《あべしんぞう》だったかもしれません。

革新官僚だった正木千冬《まさきちふゆ》によれば、革新官僚が推進した統制経済は社会主義とも国家社会主義とも紙一重でした。資本主義経済に親しんだ人々からみれば、革新官僚は左翼でありアカでした。アカとは社会主義者をあらわす当時の隠語です。社会主義者が赤い旗をかかげていたからです。アカの嫌疑は、終始、革新官僚の活動を制約しました。

高度国防国家建設は、憲法第二章が規定する臣民の権利義務にたいする制限、侵害をともないます。とくに所有権制限は、私有財産制度の否認を処罰の対象とした治安維持法に違反するおそれがありました。革新官僚は治安維持法におびえながら統制経済を運営したのです。

革新政策を実現するには、憲法改正が必要でした。しかし革新官僚は問題の大きさを自覚していなかったようにみえます。不磨ノ大典を改正する大義名分をどのようにつくりだすのか、議論した形跡がないからです。事実、革新官僚は、憲法改正に失敗しました。改憲の正当性をみつけだすことができなかったからです。

この失敗の構図は、共産主義者の転向とおなじです。吉本隆明の転向論によれば、共産主義者は、マルクスの文献をよみあさって史的唯物論《してきゆいぶつろん》を理解すればすべての問題は解決できると妄信した結果、真剣に考えたことのなかった故郷や家といった日本の伝統と現実に躓《つまず》き、転向しました。

革新官僚も憲法に足下をすくわれました。革新官僚は海外の最新流行をとりいれれば日本の問題が解決できるという、近代日本の知識人に共通する甘さをもっていました。その甘さは常に日本の現実に敗れます。革新官僚が敗れた日本の現実こそ不磨ノ大典です。

若さは弱さ

制約条件の第三は、かれらの年齢と職階です。一般に人物研究で年齢は重要な要素です。官僚研究では、とくに重視しなければなりません。官僚の職階は年齢と対応するからです。いわゆる年功序列です。

革新官僚が世間の注目をあつめたのは、おおよそ昭和十年前後です。この時、かれらは三〇代半ばで、各省庁の課長職にありました。中央省庁の課長は法案起草の担当者です。しかし法律案や予算案は、大臣の決裁や議会の承認といった多くの関門をへなければなりません。関門の数だけ修正と妥協をかさねます。従来の革新派研究はこの単純な事実を軽視したため、課長級の官僚が日本の行く末を決定できたかのように錯覚したのです。

奥村喜和男《おくむらきわお》はもっとも有名な革新官僚です。明治三十三年（一九〇〇）うまれで、昭和十年（一九三五）に三五歳です。終戦の年、昭和二十年に四五歳です。昭和四十四年に六九歳で死去しています。美濃部洋次《みのべようじ》は奥村と同年のうまれです。昭和二十八年に五三歳で死去しました。毛里英於菟《もうりひでおと》と迫水久常《さこみずひさつね》は明治三十五年うまれで、終戦時に四三歳です。毛里は昭和二十二年に四五歳で死去し、迫水は昭和五十二年に七五歳で死去しました。

革新官僚の年長者で、商工次官、商工大臣まで出世した岸信介は明治二十九年うまれで終戦時に四九歳です。昭和六十二年に九一歳で死去しました。岸の片腕として商工次官をつとめた椎名《しいな》悦三郎《えつさぶろう》は明治三十一年うまれで終戦時は四七歳です。昭和五十四年に八一歳で死去しました。

革新官僚は終戦時に五〇歳にとどかない年齢の人々だったのです。革新官僚は、官僚制の一員として、大臣や次官の職務命令にしたがう義務がありました。そして革新官僚の上司には、あなどることのできない能力の持ち主がそろっていました。

たとえば商工次官を歴任した吉野信次《よしのしんじ》、村瀬直養《むらせなおかい》です。吉野信次は吉野作造の弟です。岸信介をして、現代につづく商工業政策の基礎をつくったといわしめた人です。大規模小売店舗の規制など、それこそ小泉改革まで存続していた商業規制を整備した人物です。

村瀬は日中戦争時の物資動員計画を軌道にのせた人物です。第一次近衛内閣の統制三法のうち、輸出入等にかんする臨時措置にかんする法律を起草したのが村瀬でした。これにもとづく商工省令によって、実際の物資統制がおこなわれました。村瀬は法制局で参事官や部長をつとめた経験から、地味でも実効性の高い法律を起案する術に長《た》けていたのです。在任期間も長く、日中戦争期の商工行政は村瀬によって廻っていました。また『資本論』を原文で読破した数少ない日本人でもありました。それだけに統制経済の危うさについても理解があったのでしょう。村瀬は岸の商工次官就任をこばんだことでもしられています。

大蔵次官、大蔵大臣を歴任した賀屋興宣《かやおきのり》と石渡荘太郎《いしわたそうたろう》も重要人物です。賀屋と石渡は、青木一男とともに、大蔵省の三羽烏《さんばがらす》とよばれた俊秀でした。賀屋は戦時期の予算編成を統括していました。石渡は、大蔵省在職中から税制の権威としてしられていました。青木は理財の専門家で、迫水に外国為替管理法の起案を命じた人物です。同法により外国との商取引を大蔵省が管理することとなり、輸出入の統制が可能となったのです。

これらの人々は革新官僚の上司として、下僚である革新官僚の浮ついた政策提言をはねのける実力と実績がありました。吉野や賀屋は、革新官僚と目されることが多かったのですが、次官大臣としての実際の施策は、戦時経済の現実に即したものであり、革新政策を矯正する役割をはたしていました。吉野は慎重、臆病と譏《そし》られ、賀屋は革新政策ということばを使うことさえ拒否したほどです。また、村瀬直養は、第二次近衛内閣の法制局長官でありながら、大政翼賛会の合憲性について、最後まで慎重な姿勢をくずしませんでした。革新官僚はこうした手強い上司たちを説得しなければならなかったのです。

制約条件の第四は、かれらの言行と悪評です。革新官僚の型破りな言行は、既存の官僚機構では顰蹙《ひんしゅく》をかうものでした。

官僚失格

官僚とはどのような人々でしょうか。中肉中背、地味な背広、髪は七三分け、眼鏡をかけて、理路整然と話す非のうちどころのない秀才、政治家をあやつる匿名《とくめい》集団——官僚ときいて想起するのはこのような人々でしょう。

革新官僚はわたしたちが思い描く官僚とはちがいます。革新官僚は有名人でした。匿名で不特定の存在ではなく、顔と名前がしられていました。岸信介はめったにない妖相異相でしられていました。毛里英於菟はひろい額に長髪のオールバックで、哲学者のようでした。美濃部洋次は田舎の中年男性のような風采《ふうさい》だったと、当時をしる人がのべています。美濃部と迫水久常は、新聞に顔と名前が出ない日はないといわれました。革新官僚は新聞雑誌の寵児《ちようじ》だったのです。

日常の勤務態度もかわっています。椎名悦三郎は、稟議書《りんぎしよ》への捺印を課長室の給仕にまかせていました。奥村喜和男も部下に印鑑をあずけて捺印させていました。勤務時間中は課長室で職務とは関係のない原稿を書いていたようです。毛里英於菟はタップシューズを履いて大蔵省の廊下を踏みならしていました。給料はもらったその夜にダンスと麻雀で蕩尽《とうじん》しました。美濃部洋次は箝口令《かんこうれい》を無視して新聞記者と談笑しました。

物事の考え方も風変わりです。革新官僚は、周到や緻密とはほど遠い思考様式の持ち主です。椎名悦三郎は、省事を座右の銘とし、些末なことはすてて本質をとらえるのがよいと考えていました。稚気愛すべきところがあるといわれた奥村喜和男は、電力国家管理法案を宝塚歌劇を鑑賞しながら考えました。迫水久常は奥村のいうことは牽強付会でこじつけが多かったと回想しつつも、奥村流論理構成法はとても参考になったとのべています。

革新官僚はその言行からして、同僚から不評をかっていたと予想できます。

奥村喜和男は、新聞記者の有竹修二《ありたけしゆうじ》からみても、一くせも二くせもある人物でした。つわものキワモノ奥村喜和男というあだ名には、同僚たちからの羨望と侮蔑がいりまじっています。新設官庁だった逓信省に入省して、革新官僚の花形と持《も》て囃《はや》されたのち、昭和十年に新設された内閣調査局の調査官となり、昭和十二年に企画院が新設されると企画院調査官となりました。企画院総裁の星野直樹にたいして、奥村には注意すべきだと忠告する者がいたほどですから、嫉妬の対象になっていたことがわかります。

美濃部洋次も綜合性、指導性、思弁性をそなえた人物だったために、同僚から疎まれました。綜合性は省庁の垣根をこわす思考だからです。美濃部の指導性は、他人を指導することを好み、他人からの指導を拒むものでしたから、反感をかいました。美濃部は思弁性を重視するあまり、実行性に乏しいと評されました。現場をきりもりする官僚からすれば、空理空論をもてあそぶ人でしかなかったのです。

それでいて、新聞雑誌で、日本の美濃部ともちあげられるほどの有名人でもあったので、嫉妬の対象でした。美濃部について告げ口に来るものがあったと岸信介は証言しています。迫水久常にいわせれば、身の振り方が実に下手でいつも泥をかぶったからでした。

毛里英於菟は天才的なひらめきの人といわれましたが、大蔵省から満洲国、企画院と渡り歩いて、ついに本省に復帰できませんでした。官僚は規則と先例にしたがう習性があります。ひらめきは必要ありません。創意工夫も要りません。お役所仕事の印象から遠いところにたつのが革新官僚です。

革新官僚は商工省や逓信省、満洲国や企画院といった新設官庁に盤踞《ばんきょ》しました。革新官僚の行動様式では、伝統ある官庁ではすぐにはじき出されたはずです。企画院創設にあたり、各省庁から有能なものをあつめたことになっていますが、厄介払いの側面も少なからずあったと推測します。

なぜなら、官僚の人事評価は、失敗をゆるさない減点主義をとるからです。岸信介がいみじくも語るように、官僚の世界では欠点のないものが出世します。美点と欠点をあわせもつ官僚は、美点も欠点もない官僚におとります。前者には欠点があり後者には欠点がないからです。無謬《むびゅう》を標榜する官僚機構にとっては、まちがいをおかさない官僚がすぐれた官僚なのです。

岸は、自分たち革新官僚は純然たる官僚の域を逸脱していたので、その多くが政治家に転身したとのべています。岸本人も政治家に転身しました。椎名悦三郎も迫水久常も、戦後は自民党の政治家になりました。

革新官僚が官僚機構にとどまるとすれば、減点主義の人事評価と同僚の嫉妬にさらされながら、革新政策を実現するための援軍を官僚機構の外にもとめることとなります。そこで革新官僚が希望をたくすのが近衛文麿であり、後援を依頼するのが陸軍中堅層であり、側面支援を期待するのが社会大衆党なのでした。

しかし、これからのべる高度国防国家建設の失敗は、その原因の一端を近衛にもとめなければなりません。そして皮肉にも、近衛に裏切られたことをきっかけに、岸は官僚を辞め、政治家に転身して大臣に登りつめるのです。

国家総動員法と電力国家管理法

革新二法案

革新官僚による高度国防国家の建設は、昭和十三年（一九三八）四月に公布された国家総動員法と電力国家管理法で本格化します。いずれも官僚主導の統制経済を実現するための重要法案ですので、まとめて革新二法案とよびます。

国家総動員法は、戦争または事変に際し、国家の命令で人、物、金を戦争遂行のために統制、動員、運用することができるとさだめた法律です。

企画院にあつまった革新官僚たちが共同作業で起草しました。施行細則の多くを勅令にゆだねたことから、ナチスの授権法に比すべき悪法といわれました。委任立法だからです。立法権の自殺といわれました。

勅令は天皇の名で出す法令です。実際には政府がつくり枢密院の審査をへて成立します。議会の審議は不要です。法律の詳細を政府の一存で決定できるわけですから、議会の立法権を有名無実にする委任立法と考えられました。

電力国家管理法は、従来各電力会社がおこなってきた発送電と小売の事業を日本発送電会社で一元統制することで、豊富低廉な電力の供給をめざした法律です。

法案は、革新官僚の花形といわれた奥村喜和男《おくむらきわお》が立案しました。昭和十一年の広田内閣で電力国有化法案として提出して廃案になり、第一次近衛内閣で再提案しました。昭和十一年の奥村は、電力国有化は国家総動員の第一歩であると明言しています。

革新二法案は政府原案のまま成立しました。たった一ヵ月の審議でした。教科書風にいえば、議会の萎縮と革新官僚の勝利を象徴する事件でした。しかしこうした評価は実態を観察することで覆っていきます。

第一次近衛内閣

法案審議の前提条件をみっつ確認しましょう。一に第一次近衛内閣の国内協調、二に異例の戦時議会、三に憲法発布五〇年記念式典の開催です。最初にあげるべきは、この法案を提出したのが第一次近衛内閣だったという事実です。

近衛文麿《このえふみまろ》は人気のある総理大臣でした。粋な気配りができて聞き上手で、天性の政治家と評されました。明治二十四年（一八九一）うまれで首相就任時にまだ四〇代でした。しかも長身でしたから、女子学生にも人気がありました。

図7　近衛文麿（国立国会図書館所蔵）

近衛家は藤原氏のなかでも最上位の格式をもつ五摂家のひとつです。摂家とは摂政関白を輩出できた家柄です。そのため、首相となった近衛を近しいものは関白とよびました。父篤麿《あつまろ》が貴族院議長だったことから、文麿も若くして華族と貴族院の指導者として将来を嘱望されました。元老の西園寺も未来の首相候補として近衛に期待しました。

近衛は革新政策の理解者として、陸軍中堅層から、社会大衆党から、革新官僚から支持をあつめました。革新派は政治社会の若輩で末輩《まつばい》です。革新派は政策を実現してくれる国政指導者が必要でした。神輿《みこし》が必要でした。一方の近衛は股肱《ここう》と頼む部下をもちません。手足となって働くものを必要としていました。しかし、両者の利害は一対一の関係で対応していたわけではありません。

近衛は八方美人です。多くの政治勢力から支持されていることが近衛の政治資源でした。革新派だけでなく、保守勢力からも、政財界からも、在野勢力からも、人気がありました。大衆社会の指導者として、国民から、元老から、政党から、期待をあつめました。

つまり、革新派にとって近衛は唯一の希望だったのにたいして、近衛にとって革新派は支持基盤の一部でしかなかったのです。敵をつくらず多くの人々から支持をとりつけているその事実によって、近衛は昭和十年代の日本においてもっとも強力な政治家だったのです。そうでなければ三回も総理大臣にはなれません。

近衛は組閣にあたり、国内協調を基本方針にかかげました。昭和十一年からつづく政党と陸軍の対立のすえに誕生した内閣だったからです。近衛は政党出身者を閣僚にむかえました。革新派も入閣しました。陸軍の意向をくんで入閣させた人物もいます。周囲の反対で実現しませんでしたが、政治犯の釈放も計画しました。国内協調をかかげた第一次近衛内閣を政党も陸軍も革新派も歓迎しました。昭和十二年六月四日、近衛内閣は国内総与党化の情勢のもとで成立したのです。

前提条件の第二は、法案審議の場となった第七三議会が、南京占領後にひらかれたことに由来する特殊な事情です。異例と形容した所以です。

異例の戦時議会

昭和十二年七月七日に盧溝橋《ろこうきょう》事件がおきます。十一日に中国北部に師団を増派します。戦線が拡大します。第七一特別議会が追加予算を通します。第七二臨時議会で追加措置をとります。企画院をつくるのはこのころです。年末に政府は第七三通常議会を召集します。会期は三月二十六日までです。革新二法案が成立したのはこの第七三議会です。

近代日本には戦時議会における政治休戦の伝統があります。一度戦争がはじまれば政府と議会は一致団結して法案も予算も迅速に可決させます。対外戦争をしているときには国内の争いはすべて中断します。これを城内平和といいます。

日清戦争の第二次伊藤内閣、日露戦争の桂内閣、第一次世界大戦の第二次大隈内閣は、戦争終決まで長期にわたって政権を担当しました。そうでなければ一貫した戦争指導などできません。満洲事変でたおれた第二次若槻礼次郎《わかつきれいじろう》内閣を異常事態として除外すれば、日中戦争下の第一次近衛内閣と議会勢力は政治休戦の状態にあると想定しなければなりません。現実にそうでした。第七三議会は戦時議会の習慣にしたがって政府原案がすみやかに成立して当然の議会でした。

ところが、十二月十三日の南京陥落によって城内平和が乱れます。戦争早期終結の見通しがうまれ、戦後の見返りについて算盤をはじこうとする雰囲気が議場にただよいはじめたからです。

蔣介石《しょうかいせき》は重慶《じゅうけい》に拠点をうつしました。重慶には中華王朝の首都だった歴史がありません。日本におわれて南京をすてて、重慶に政権をうつした国民党政権は、中央政権から地方政権のひとつに転落したとみなす方が自然です。

南京陥落前後には勝利を祝う提灯行列がおこなわれました。出征部隊の一部が日本へのひきあげを開始しました。昭和十三年四月七日の徐州作戦で戦闘が再開するまで、事実上の休戦状態にありました。この状況をみて日本国民が考えることは戦争の終結です。

政党政治家はより敏感です。これまでの戦時議会での協力について、第一次近衛内閣から見返りをもとめる段階が訪れたと考えて、政府批判を解禁します。こうして第七三議会は戦時議会でありながら批判が噴出する、異例の戦時議会になります。

憲法五〇年記念式典

政党政治家の批判に拍車をかけたのは、会期中の二月十一日にひらかれた憲法五〇年記念式典でした。これが前提条件の第三です。昭和十三年(一九三八)は、発布の年である明治二十二年(一八八九)を一年目とかぞえた場合の五〇年目です。

民政党の代議士、斎藤隆夫は「戦時議会の感想」と題する一文を、党機関誌『民政』の戦時議会号に寄稿してつぎのように決意をのべました。

我国は飽くまでも明治大帝の欽定し給いし大日本帝国憲法を本とし、国民の総意を基調とする立憲君主政治、之《こ》れより外に政治のあるべき訳はありませぬ。……時恰《ときあたか》も本年は憲法発布五十年に当りまして、来《きた》る二月十一日の紀元節には、吾々《われわれ》の議会に於て此の祝典を挙行することになって居ります。吾々は此の機会に於て更《あらた》めて明治大帝の吾々臣民に降し賜いし勅語を拝読し、眷々《けんけん》之れを服膺《ふくよう》すると共に、誠心誠意以て憲法の大精神を発揚して国家憲政の為めに一大貢献を為さねばならぬと覚悟致して居ります。

記念の行事が議事堂で催されて、憲法尊重を命ずる天皇のことばがあって、政党政治家は決意をあらたにしました。年々歳々二月十一日はめぐってきますが、昭和十三年の二月十一日は特別でした。こうしたときに政府が提出したのが、革新二法案でした。

総動員法違憲論

国家総動員法案が憲法違反として論難された理由は、内閣に立法権を委任するからでした。政友会の深澤《ふかざわ》豊太郎《とよたろう》はその危険性を、立法府にたいする二・二六事件だと喝破しました。権力の奪取を企てるものだと批判したのです。

戦争早期終結の期待感と憲法五〇年の高揚感とがかさなって、第七三議会では政党政治家は一言申さねばならない雰囲気に包まれました。実際には一言ではすみません。斎藤隆夫は記念式典での天皇と近衛のことばを引用して、違憲法案の撤回をせまりました。斎藤は国家総動員法案は憲法と憲法の精神に反するものだと批判しました。政友会の牧野《まきの》良三《りょうぞう》も、政府にたいし憲法再読と法案撤回を要求しました。欽定憲法を再読すれば、明治天皇の制定の大志と周到な用意に気づき、法案を撤回せざるをえなくなるだろうと牧野はのべました。

憲法学者佐々木《ささき》惣一《そういち》も法案を憲法違反であると批難しました。やはり五〇年記念式典をひきあいに出して、明治憲法は明治大帝がくだした国家生活の根本規範であり、革新政策よりも尊重しなければならないとのべました。国家総動員法によって政府が憲法軽視の風潮を助長してはならないと釘をさしたのです。

違憲論者が広範な委任立法を立法権の侵害として問題視したのは当然のことですが、かれらが同時に主張した憲法第三十一条違反論については、少し解説を必要とします。

憲法第三十一条は、戦時または国家事変の場合において、臣民の権利は、天皇大権の施行を妨げることができない、と規定しています。戦争中は天皇大権で臣民の権利を制限できるという趣旨なので、非常大権とよばれました。

政党政治家は、国家総動員法が天皇の非常大権を侵害していると主張しました。また必要であれば、非常大権を発動して臣民の権利を停止すれば総動員は可能であり、総動員法は不要であるとものべました。

非常大権の発動は事実上の憲法停止です。発動後には、国民にたいする施策のひとつひとつが、憲法ではなく天皇の意思に根拠をもとめなければなりません。これは天皇親政の実現です。つまり、非常大権の発動は、天皇親政と天皇超政の平衡をくずす行為にほかならず、政府としては容認できません。政党政治家は実現不能だと知悉《ちしつ》したうえで、非常大権を発動せよとせまったのです。

電力法違憲論

政党政治家は、電力国家管理法案も厳しく論難しました。所有権侵害の疑いがあったからです。明治憲法第二十七条では、「日本臣民は其の所有権を侵さることなし、公益の為必要なる処分は法律の定むる所に依る」と規定していましたから、電力国家管理法案は違憲法案として批難をうけました。昭和十一年に電力国有化法案が廃案となったのは所有権侵害論にまけたからです。

法案再提出にあたり、奥村喜和男が考え出したのは私有公用の論理でした。電力国家管理法案の骨子は、電気事業者が所有する主要設備のうち、発電所と送電線を、強制的に日本発送電会社に出資させて、日本発送電会社の運営いっさいを政府の手に収めることにありました。対象設備の評価額は当時の金額で七億八〇〇〇万円で、現在の貨幣価値に換算すると、約二四兆円です。この設備を同等額の株式と等価交換することで、発送電設備の所有権は移転せずに、日本発送電会社は発電した電力の使用権を取得できます。同社は国営企業ですから、電力の使い途を国家が掌握できます。私有公用と称し、管理法と名乗る所以です。

電力国家管理法案が成立して、迷惑をこうむるのは電気事業者です。各社こぞって反対しました。その代表が小林一三《こばやしいちぞう》です。小林は阪急電鉄の創始者です。鉄道利用者を増やすために宝塚歌劇をつくりました。経営者としての手腕をかわれて東京電灯株式会社の社長でした。現在の東京電力にあたる会社です。奥村が宝塚歌劇をみながら電力国家管理法案を起案したのは数奇な巡り合わせです。

小林は『電力問題の背後』を公刊し、革新官僚がソ連の社会主義経済にかぶれた結果このような法案ができたのではないかとする憶測が、事業者団体である電気協会や商工会議所、経済連盟において流れているとしたうえで、所有権は不可侵だとさだめられているのに、会社の所有物を海のものとも山のものともわからない日本発送電株式会社の株券で取られていいのか、と読者に問いかけました。

『大阪毎日新聞』も社説に違憲論を展開しました。憲法の上諭に臣民の権利および財産の安全を保護する旨が明記されていることに注意をうながし、公益による処分が適切な補償もなく濫用されれば、安心して企業活動に専念できなくなると警告しました。

衆議院でも清野規矩雄《きよのきくお》が同趣旨の批判を展開しました。国民は憲法第二十七条のもとで安心して企業活動にいそしんできたのであって、公益処分の濫用は所有権にかんする国民の信念をくつがえし、その結果企業心をくじき産業を萎縮衰退させるおそれがある、おおよそ清野はこのようにのべて、公益処分を根拠とした政府の法案趣旨説明を批判しました。

革新二法案は、議場の内外ではげしい論難をうけました。しかし結局、二法案は無傷で貴衆両院を通過し、成立します。

近衛の強硬戦術

従来の研究では軍部の圧力で議会がおしきられたと説明するところですが、当時の政党や議会が聞き分けのよい人々の団体でなかったことは、近衛内閣成立の経緯からしても、革新二法案への口さがない違憲論からしても、あきらかです。

立案にあたった革新官僚の勝利とみなすこともできません。革新官僚は違憲論について正面から反論しなかったからです。革新二法案の成立は、革新派の成功譚ではなく、近衛の手腕と政党の打算による妥協の結果です。

まずは、近衛文麿の手腕について説明しましょう。本領のないインテリ、味のない五目飯、粘りがない、押しが弱い、決断力がないと酷評される近衛ですが、硬軟の戦術を巧みに使いわけて政党を揺さぶり、妥協をひきだしました。革新二法案の成立には近衛の卓越した手腕が欠かせなかったのです。

まずは強硬戦術からです。近衛は、新党結成と解散総選挙をちらつかせます。『文藝春秋』政界通信欄の筆者である城南隠士《じようなんいんし》は、政党は一通りの批判をすませたら、内閣の重要法案である、革新二法案を通過させるだろうと見立てました。もし革新二法案が廃案となれば、政府は解散総選挙にうってでると予想したからです。

国民的人気を博す近衛が新党を結成して、解散総選挙にうってでた場合、政友会と民政党は議席を減らす危険が生じます。さんざん法案を批判してきた手前、野党として近衛内閣と近衛新党と敵対せざるをえないからです。

近衛の懐柔戦術

近衛は新党構想を流布する一方で、民政党党首の町田忠治《まちだちゆうじ》にたいして禅譲《ぜんじよう》を仄《ほの》めかしました。政権争奪が批判の対象となって以来、政党は政権担当意欲を表明することさえ憚《はばか》るようになっていましたので、近衛の打診は願ってもない申し出でした。また、政治家たるもの総理大臣の椅子が手の届くところにあれば欲が出るものです。町田は民政党を法案賛成へとみちびきました。町田は、法案賛成は挙国一致を実現する真心からでた行動であり、公党としての責務であるとうったえました。

懐柔戦術のふたつめは、中国北部での戦後経営への参画にかんするものです。第七三議会では、革新二法案と同時並行で、北支那開発株式会社法案と中支那振興株式会社法案も審議していました。事変終了後の中国開発をになう会社です。政党はこれらの法案を政府が事変終了を予告したものととらえました。

五月、町田は民政党内に、大陸国策を枢軸とする革新的政策調査会を設置しました。その目的は、事変終了後の将来をみすえた基本政策の研究です。こうした研究は公党の責務であると町田はのべました。もちろん建前です。町田は中国北部開発への参画を要求したのです。三月に革新二法案に賛成した報酬を、五月に請求したのです。

憲法遵守の決意

議会で近衛が憲法遵守の決意を表明したことも懐柔戦術のひとつです。三月二日、議員から憲法遵守の信念について問われた近衛はつぎのように答弁しました。

我国の政治の衝《しょう》に当り、此国政の運用に致して参る根本の精神は、何処までも此憲法の条規に依って議会を尊重し、飽《あく》まで憲法の範囲内に於て之を行って参らなければならぬのであります

また近衛は、国家総動員法を日中戦争、当時の言い方で支那《しな》事変には適用しないと誓います。

国家総動員法は、戦時もしくは事変がおこったからといって、自動的に適用されるわけではありません。重要産業統制法とおなじように、当該事変に国家総動員法を適用する法律を議会で可決成立させてから、適用します。それまでは国家総動員法は休眠状態です。

憲法遵守や適用問題にかんする近衛の答弁は空証文だと軽視する研究者もいますが、議会人にとって議会答弁は重要です。大臣にとっても議会との約束ですから、これを破った場合には責任問題になります。政党としては重要な言質がとれたと解します。

政党は念を押すために付帯決議を要求します。近衛はこれを受諾しました。決議の内容はふたつです。一に日中戦争早期解決をはかること、二に法律運用に慎重を期すことです。二は近衛答弁の文章化を企図した作文です。一については、事変が解決してしまえば戦時だけに適用する国家総動員法は有名無実の法律になりますから、政党としては好都合です。

このように硬軟使いわけて近衛は政党を懐柔していきます。この結果、政党は革新二法案を無傷で可決成立させました。

内閣改造

近衛は約束をまもります。内閣改造に着手し、事変解決をめざします。四月一日に国家総動員法が公布されて、翌二日から改造工作に着手します。五月二十六日に改造します。

内閣改造の焦点は、池田成彬《いけだしげあき》の入閣でした。近衛は池田に大蔵大臣兼商工大臣の椅子を用意しました。池田は三井銀行の頭取です。財界人の代表です。大蔵大臣と商工大臣は国家総動員法の運用にもっとも深く関与する省庁の大臣です。国家総動員法の担当大臣に財界人をあてたのですから、世間はこれをみて、国家総動員法を慎重に運用する、近衛の意思表明とうけとりました。なお、池田の大臣就任では、政友会の前田米蔵《まえだよねぞう》が説得にあたっています。内閣改造に政友会幹部がかかわっていたのです。

近衛は外務大臣に宇垣一成をむかえました。わずか一年数ヵ月まえに陸軍の反対で組閣に失敗した人物を外務大臣にしたのです。宇垣は就任の条件に外交刷新をあげました。近衛は了承しました。第一次近衛声明を撤回してよいともつけくわえました。近衛は宇垣外務大臣に早期和平をゆだねたのです。

陸軍大臣に板垣征四郎《いたがきせいしろう》をむかえたのも事変解決のためです。板垣は石原莞爾《いしはらかんじ》とともに満洲事変を計画実行した、いわば主犯です。このことから、板垣の陸相就任はこれまで戦線拡大人事と誤解されました。しかし実際には早期和平実現のための人事です。

当時参謀本部第一部長の石原は日中戦争に反対していました。近衛は石原の和平論に加勢して陸軍省を押さえる人物として、石原の知己である板垣を連れてきたのです。この陸相人事は近衛の強力な政治指導ですすみました。

辞任を渋る杉山元《すぎやまはじめ》陸相を、参謀総長の閑院宮載仁《かんいんのみやことひと》親王に説得させたほどです。通常、陸相人事は内閣の運命を左右したといわれます。総理大臣といえども人選に関与できないとされたからです。ところが近衛は自分が希望するとおり陸相を更迭しています。近衛の政治指導をあなどることはできません。

この三名の人事を通じて近衛は日中戦争の早期解決をめざしました。つまり和平実現です。そのために近衛は改造直後に池田と宇垣に五相会議を提案しました。池田成彬は第一回五相会議で、日中戦争を十二月かぎりで終結させる方針を決定したと回想しています。近衛は、国家総動員法の付帯決議を履行したのです。

国家総動員法

政党が妥協するにも限度があります。国家総動員法が正真正銘の悪法であれば、いくら打算があっても政党は首を縦にふることはできなかったでしょう。しかし、国家総動員法そのものに妥協の条件がそなわっていたとすれば話はちがってきます。実のところ、国家総動員法には複数の安全弁がほどこされていたのです。確認していきましょう。

第一に、国家総動員法は発動に三段階を要します。第一段階は目前の戦争や事変にたいして法律を適用するかどうかの判断です。第二段階は各条項ごとの発動審議です。第三段階は勅令の制定です。法律が公布施行されたといっても、すぐには機能しません。

第二に、国家総動員法は戦時もしくは事変の時だけに適用される法律です。つまり戦争が早期におわる見込みがたつのであれば、成立させても実害が生じないと考えることができます。一方で法案成立に協力すれば見返りが期待できます。

第三に、国家総動員法は細目列挙主義です。総動員物資として個別具体の物品をひとつひとつあげて規定します。総動員業務として内容を個別具体的にあげます。これらはすべて、国家総動員法が省庁縦割りの産物だったことの証拠です。

総動員法の第二条と第三条に、総動員物資と業務の定義があります。それぞれ一から九まで細目がならんでいます。なぜ別々に列挙したのかといえば監督官庁がちがうからです。金融は大蔵省、物資は商工省、通信は逓信省、医師や医薬品は厚生省、食料は農林省、教育研究は文部省、さらに植民地がからむことがらでは拓務省を通さねばならず、武器弾薬なら陸軍省と海軍省も関与します。縦割り行政の産物といったのはこのためです。

別々に列挙された物資や人員の動員を実施するにあたって、別個の勅令をつくる必要がありまず。それぞれの物資と業務の監督官庁がちがうため、勅令を作成する省庁もちがいます。国家総動員法は、国策を総合するどころか、省庁割拠主義の寄せ木細工だったのです。議会政治家はその点を見透かしていました。勅令の制定には相当の時間を要するとわかったのです。

第四に、総動員法にかんする勅令は、通常の勅令とはことなり、総動員法が規定する総動員審議会での審議を必要とします。審議会構成員は三分の二以上を貴衆両院議員とすることが明記されています。両院同格の原則からして、審議会構成員の三分の一は衆議院議員です。これなら議会が政府を監視できます。少なくとも監視していると主張できます。

第五に、細目を勅令に委任する法律は国家総動員法にかぎった話ではありませんでした。およそすべての法律は施行細則を勅令にゆだねていたからです。たとえば衆議院議員選挙法も、投票所の設置方法や投票箱の規格などは勅令にゆだねていました。法律では国民の権利にかんする部分を規定すればよいのです。国家総動員法では罰則について明記しています。罰則をさだめることができるのは法律だけです。法律は国民代表たる議員の同意をえてつくられるからです。国家総動員法が罰則を列挙しているのは、立憲主義をまもった結果です。政党政治家としては人権擁護の責任をはたしたのです。

第六に、国家総動員法は政府の命令によって生じた企業や個人の損害はすべて補償することになっています。国家が自由に動かしてよいのは国有財産だけです。国家総動員法は一般の想像とはことなり、国家が国民の財物を強奪する法律ではありません。この補償規定があれば国民の権利はまもられるわけですから、政党政治家はここにも妥協の条件を見出すことができます。

最後に、国家総動員法と愛国心の関係です。この点について、政党は政府から重要な言質をとっていました。我が国の国民は有事の際には国家のために身命を惜しまないのだから、法律によって強制する必要はない、というのが政党側の主張でした。修身の授業で忠君愛国を説いてきた手前、政府としてはうけいれざるをえない主張です。

その結果、国民の自発的協力が優先、国家総動員法の発動は劣後、という運用方針が確認されました。この原則をまもるとすれば、忠良なる帝国臣民しか存在しないことになっている大日本帝国において、国家総動員法が発動する日は永遠にこないことになります。

意外の小成と近衛の退陣

国家総動員法はその厳めしい外観とは裏腹に、慎重な運用を幾重にも約束した法律でした。企画院による公式の国家総動員法解説でも、くどいほどに、自主性尊重と補償とに言及し、やむをえない場合にかぎって本法を発動すると、くりかえしています。たとえば国民徴用をさだめた第四条については、自由意思による就業が原則であり、労働力が不足する場合の窮極の措置として本条を発動するとのべています。

そのほか、物資の使用と取得の強制をさだめた第十条については、契約による使用取得の原則を確認し、目的を達することができない場合に本条を適用し、しかも補償金を払うとのべます。企業活動の統制を可能とする第十七条については、自主的統制を基調とし、政府方針に順応させるための規定として本条を位置づけています。

革新官僚がめざした官僚主導の統制経済は、法と権力をもちいて、人、物、金を自由に動員するものであったはずです。ところが国家総動員法は、国民と企業の自主的協力を主とし、国家による命令を従とした法律でした。しかも命令は補償と対になっていました。革新官僚は課された制約を受忍しなければなりませんでした。国家総動員法を革新官僚の勝利として位置づけることができないのは明白です。

国家総動員法にかんする勅令が、本格的に整備されるのは昭和十五年をまたねばなりません。いいかえればこの年まで国家総動員法は棚ざらしの状態でした。実際、第一次近衛改造内閣が日中戦争早期解決に成功していたら、国家総動員法は有名無実の法律として教科書の欄外に追いやられていたでしょう。前身法である重要産業統制法が浜口内閣の事績として、欄外の小さな文字で記載されているようにです。

しかし革新官僚にとって幸運なことに、近衛内閣は昭和十三年十一月に株式配当を制限するために総動員法第十一条を発動します。国家総動員法は小さな一歩をふみだします。小成といった所以です。

しかし革新官僚にとって不運なことに、和平交渉失敗と第十一条発動問題で、近衛は退陣します。議会との約束をふたつもやぶったため、政権維持の見通しをうしなったからです。近衛内閣あってこその革新官僚ですから、小成の代償としては大きすぎます。

事変拡大とともに株式市場は右肩上がりの上昇をつづけていました。国策に売りなし、です。軍需産業を中心に企業の業績は軒並み好調で、配当金を増額する動きがでていました。これにたいして、海軍出身の末次信正《すえつぐのぶまさ》内務大臣が、前線では兵士が命がけで戦っているのに、銃後では金持ちが楽をして利益をえるのはけしからん、という感情論をもちだして、配当金制限を主張したのです。

蔵商相の池田成彬は、猛反対しました。陸軍省情報部長の佐藤賢了《さとうけんりょう》が池田を批判する声明を発表したため、政治問題に発展しました。事態を収拾するため、大蔵省が妥協しました。その結果、配当金は年一割をこえないことを原則としながら、配当金の現状維持を容認することとなりました。新規配当のみ新制度の制約をうける、玉虫色の決着です。

しかし国家総動員法を発動したことにはちがいありません。近衛内閣の内閣書記官長風見《かざみ》章《あきら》にいわせれば、総動員法を日中戦争に適用しないのは議会における公約です。公約不履行は内閣の信用をそこなう黒星です。近衛としては帝国議会で議員にあわせる顔がありません。昭和十四年一月四日、近衛内閣は総辞職しました。

第十一条発動問題は、国家総動員法をはじめて発動した画期的な事件だったわりに、動機も結果も革新とはなんの関係もありませんでした。革新官僚は近衛という神輿をうしない、革新政策は停滞します。革新の機運が再燃するのは昭和十五年の六月のこと、近衛文麿の新体制運動がはじまるのをまたねばなりません。

近衛新体制

新体制運動

昭和十四年（一九三九）一月五日に発足した平沼騏一郎《ひらぬまきいちろう》内閣は、欧州情勢は複雑怪奇との名言をのこして八月に総辞職しました。防共協定を結んでともにソ連と敵対していたはずのドイツが、ソ連と不可侵協定を締結したからでした。阿部信行《あべのぶゆき》内閣が成立して、翌年一月十六日には米内光政《よないみつまさ》内閣にかわりました。

昭和十五年六月二十四日、近衛文麿《このえふみまろ》は枢密院《すうみついん》議長を辞して、一私人の資格で新体制運動にのりだすと声明しました。近衛新体制の目的は日中戦争の解決であると説明しました。ここに昭和十六年春までつづく政治改革運動がはじまりました。近衛が新体制の内容について明確にのべたわけではありません。しかし、近衛の声明に革新派が呼応しました。

新体制運動を加速させるため、陸軍中堅層は、米内内閣をたおしました。七月二十二日、近衛は総理大臣に就任しました。第二次近衛内閣の誕生です。新体制運動は、首相となった近衛のもとで官民一体となって推進する運動となります。

革新派がまず最初に考えたのは近衛新党です。新体制運動は近衛新党運動からはじまります。社会大衆党、昭和研究会、企画院がそれぞれ新体制運動の構想をねっています。

社会大衆党は少数政党です。国政指導者として近衛を必要としています。そのため近衛の意向を先読みして行動します。新体制への参加を最初に表明したのは社会大衆党でした。国民の意思を強力に集中表現し、国民の全努力を最大限度に発揮させる組織として、全国民を構成員とする、新政党の樹立を提案しました。

昭和研究会は近衛の私設頭脳集団です。人気を博した近衛のもとには参謀として自分を売り込もうとする学者、官僚、新聞記者がつどいました。いずれも革新派です。近衛はかれらの知恵をかりることで、ほかの政治家にたいして優位を保っていました。国務と統帥を一元化して高度国防国家を樹立すること、既成政党の解体と国民組織の再編をおこなうこと、行政立法の諸制度を改革することが、昭和研究会が構想した新体制の内容でした。

企画院は、第一次近衛内閣が国策総合のために新設した官庁です。革新官僚があつまりました。企画院案でも、国民組織とそれを指導する政治組織をつくることを新体制の目的としました。その際、政治組織には最高指導者のもとで政治推進力の母体となることが期待されました。政府、議会、陸海軍と、政策の立案実施にかんして緊密な連携をとることが、政治推進力の内容でした。新政党、政治組織、国民組織と表現はさまざまですが、要するに全国民を構成員とする巨大政党です。これを一国一党論といいます。この大政党が立案した政策は、全国民の支持をえている理屈です。党の権威はあらゆる国家機関を凌駕します。陸海軍にもまさります。政党が国家を支配する関係がうまれます。これはナチスやソ連ですでに実現していた政党と国家の関係です。

近衛の意図

数ある新体制構想のなかで、とりわけ世人の注目をあつめたのは矢部貞治《やべていじ》の『新体制早わかり』でした。矢部貞治は東京帝国大学法学部の教授です。政治学を講じ、衆民政を論じていました。帝大の教授とはいえ、私人にすぎない矢部が近衛新体制の構想をねることとなったのは、近衛から直接の依頼があったからでした。

新体制開始の声明をはさむ六月と七月に、矢部は近衛と面談し、近衛から運動の目的をきいています。近衛は、自分としては日中戦争を解決に導くような政治運動にのりだしたい、戦争終決には戦争指導の一元化と陸軍を圧倒する政治力とが必要であり、広範な国民輿論の支持をえた政治勢力を結成しなければならないとのべて、その具体案の作成を矢部に依頼しました。

近衛新体制がめざすのは憲法改正です。少なくとも解釈改憲をめざした運動です。近衛新体制が明治憲法体制の欠陥を補正するものだったことはあきらかです。天皇親政を建前とする明治憲法体制は、統治権者の天皇が行政司法立法の三権と陸海軍とに君臨し、すべてのことがらを決定する仕組みです。国務と統帥の一元化も天皇がおこないます。陸軍と海軍をまとめるのも天皇です。陸軍省と参謀本部をまとめるのも、海軍省と軍令部をまとめるのも、天皇です。分立する行政官庁をたばね、国策を総合するのも天皇です。

しかし、天皇親政は建前であって実行できません。失政の責任が天皇におよべば、天皇を正統性の根拠とする明治国家は瓦解します。実際の国政運営は天皇超政でした。天皇は、個別具体の政治過程から超越した立場にたつという意味です。この場合、憲法が規定する統治権者の役割を代行するなにかが必要です。国家のまとめ役が必要です。

明治期には、伊藤博文《いとうひろぶみ》や山県有朋《やまがたありとも》をはじめとする藩閥政治家がまとめ役でした。かれらはやがて元老とよばれます。元老は維新の元勲としての権威をもって国家機関をまとめました。しかしかれらの権威は再生産できません。

元老が退場したのちは政党政治がまとめ役となりました。ひとつの政党が行政と立法とを支配してほかの政治集団にたいして相対的な優位を保つことで、事実上のまとめ役となりました。しかし政党政治は、正当性をうしなって国政指導の地位から陥落しています。

五・一五事件後の国政は、挙国一致内閣が担当しました。政治社会の構成員から均等に閣僚をあつめたから挙国一致です。しかし挙国一致内閣はまとめ役として充分な機能を発揮しませんでした。各省庁の利害を調整する閣議は、割拠主義の現場となったからです。また閣議の決定事項は統帥にはおよびません。陸海軍は統帥権の独立を盾に作戦情報を閣議に提供しませんでした。国務と統帥が分裂した状態で、日本は日中戦争を戦っていました。

くわえて岡田啓介《おかだけいすけ》内閣では天皇機関説事件を収拾するために国体明徴声明を出し、天皇親政を明言してしまいました。この声明によって総理大臣と閣議の権威がそこなわれました。天皇親政を建前とした明治憲法には、総理大臣と閣議についての規定はありません。総理大臣が国政の最高指導者であったのは、本音としての天皇超政を政治社会の構成員が暗黙のうちに諒解していたからです。

国体明徴声明は、理想論と建前を言挙げすることで、天皇親政と天皇超政の平衡をくずしました。だれが、なにが、まとめ役をかってでるにせよ、天皇超政をになう国家の仕組みが正当性をうしないかけていたのです。明治憲法は機能不全を露呈していました。

くりかえしますが、近衛新体制は、あたらしい天皇超政の仕組みをつくりだすこころみでした。全国民を党員とする巨大政党が、まとめ役となって天皇の統治権を代行します。天皇が本来はたすべき役割を代行するのですから、近衛新党は比類ない権力をもたなければなりません。明治憲法の枠内でそのような権力をつくりだすことはできません。既存の国家体制の外にあたらしい権力を創造するほかありません。これは朝廷と幕府の関係に似ています。ここから近衛新体制は幕府であるという批判がうまれます。幕府論です。

明治国家は、徳川幕府の否定のうえになりたっています。だから天皇親政です。近衛新体制が幕府であれば、天皇親政の否定であり明治国家の転覆です。首謀者の近衛は逆賊、朝敵となります。近衛は幕府論に狼狽しました。近衛は憲法尊重の意向を表明しました。

幕府論

新体制が組織されても憲法はあくまで尊重して行く。憲法は千載不磨の大典である。従ってこれを変更するという事は全く考えられぬ。……新体制は勿論憲法に則り、飽《あ》くまでその運用によって持って行き度《た》いと思っている。（「予が想定する新体制」）

多くの頭脳集団をかかえながら、近衛が、矢部に新体制案の起草を依頼したのは、一国一党論ですすんでいる新体制運動を軌道修正するためであったと思われます。矢部の草案には但し書きとして一国一党論の否定が書きそえられました。こうして近衛新体制は政党なき国民運動へと方針転換します。

一国一党論を断念しても、近衛新体制は解決不能の問題に逢着します。憲法の機能不全を改善するためのあたらしい権力を、憲法の範囲内でつくることは不可能だからです。矢部貞治は、憲法と新体制の関係に思案をかさねましたが、結局幕府論になるとのべています。六月下旬にはじまった新体制運動は七月上旬に、はやくも、不磨ノ大典に躓《つまず》きました。

八月二十七日、近衛は昭和天皇に拝謁し、新体制について説明しました。昭和天皇は、首相が憲法改正をのぞむならば憲法第七十三条の手順をふんでほしいとのべました。その後内大臣の木《き》戸幸一《どこういち》にたいして、新体制の実現は難しいとの見通しをのべています。日本の歴史を顧みれば賛成と反対の二勢力が対立してきたのであり、議会は対立の処理方法として一理ある制度だとのべました。婉曲に一国一党論を批判したのです。

いっぽうで昭和天皇は、総理大臣が正規の手続きで憲法改正に着手するならば反対しない、とも表明しています。昭和天皇は明治大帝を崇拝していますから不磨ノ大典にふれてほしくないのですが、同時に、明治憲法第五十五条が規定する国務大臣の輔弼をも尊重しなければなりません。つまり昭和天皇は自分から率先して憲法改正にのりだすことはないが、総理大臣が憲法改正をおこなうと決定したならば尊重する、という立場でした。明治天皇とおなじく、昭和天皇も個人と制度の両側面をもっていたのです。

近衛新体制をめぐって政界の住人は不安をかくせません。元老西園寺公望《さいおんじきんもち》の秘書として情報収集にあたっていた原田熊雄《はらだくまお》は、面談のたびに、新体制はナチスではないか、ファッショではないか、ソビエトのまねをするのではないかと質問されて弁明に窮しています。昭和天皇をはじめとして、人々は、新体制が憲法の精神に抵触するのではないかと心配している、と記したのち、原田はこうのべています――これをどういう風に現実の問題として解決していくかについては、今日もっとも総理の苦心しているところである。

日本主義者の新体制批判

近衛新体制批判の急先鋒にたったのは、日本主義者たちです。その代表は井田磐楠《いだいわくす》です。新体制準備委員会の構成員で、翼賛会発足後は常任理事となりました。新体制を批判する人物がこうした役職についた理由は、近衛が首相となり新体制運動が一私人のものでなくなったためです。官製運動となったため、有識者をはばひろくあつめて議論をつくした、という体裁を取り繕わなければならなかったのです。井田は委員会に参加するまえから、新体制運動を共産主義者の策動だと疑っていました。よって、新体制に先立つ急務として、共産主義思想の一掃を当局に要請していました。井田の同志、小林順一郎《こばやしじゅんいちろう》も、新政治結社はあくまでも我が国独特なる国体の本義に則ったものでなければならないと主張しました。

ソ連はもとより、ドイツやイタリアの真似もゆるさない、日本の新体制は日本独自のものであるべきだ、と日本主義者は異口同音に主張します。曰く、皇道の衣を纏《まと》うたナチスであってはならない。曰く、ドイツ直輸入の全体主義的理念を放擲《ほうてき》し国体そのままの新体制を確立せよ。曰く、英米の個人主義でもなく独伊の全体主義でもなくソ連の独裁主義でもない日本の真体制を確立せよ。曰く、新体制運動の指導者は日本的革新のイデオロギーに透徹した人物でなければならない。

有名無名を問わずおなじ主張をしていますから、わるくいえば陳腐論ですが、よくいえば人口に膾炙《かいしゃ》した議論だったといえましょう。日本主義者がもとめた、日本独自の体制とはなんでしょうか。これまた異口同音に、臣道実践と天皇への帰一です。

日本主義者は孤立無援で戦っていたわけではありません。政友会の代議士、安藤正純《あんどうまさずみ》もおなじ趣旨のことをのべています。安藤は鳩山一郎《はとやまいちろう》の派閥に属していました。かつて、美濃部達吉《みのべたつきち》を攻撃したときと同様に、日本主義者と政友会が、新体制批判で合流します。

大政翼賛会

日本主義者からの批判をうけて、近衛は考えることをやめてしまいました。十月十一日の夜から翌日未明にかけて、近衛は有馬頼寧《ありまよりやす》とともに大政翼賛会の綱領や宣言文を起草しました。近衛は、文案をあれこれいじったあげくに面倒だからやめようといい、作業を中断してしまいました。開会式では、大政翼賛会に綱領はない、臣道実践につきる、とだけのべました。参列者一同呆気にとられた、と有馬は伝えています。十月十二日は近衛の誕生日でした。大政翼賛会についてうまく説明できれば最高の誕生日となったことでしょうが、近衛は問題そのものをなげだしてしまったのです。

憲法は機能不全におちいっている、だからあたらしい権力をつくりだす必要がある、これがそもそもの出発点でした。権力の源泉は巨大政党でした。全国民の輿論を背景に陸海軍を凌駕する権力をつくりだして日中戦争をおわらせる、これが近衛の構想でした。

幕府論が近衛の決意をにぶらせました。一国一党論が批判の対象となれば、党組織をやめました。だから大政翼賛会としたのです。それでもやまない違憲論にたいして、綱領の作成も断念しました。結果として大政翼賛会は臣道実践まで縮退しました。近衛の遁走は明白です。大政翼賛会には権力はおろか、存在意義すらなくなっていたからです。

近衛の退却戦は、しかし、これからが本番です。憲法の規定により、毎年年末に議会を招集しなければなりません。論戦は年明けです。大政翼賛会には予算が手当てされることとなっていましたので、予算支出の妥当性について法的根拠をしめしながら、近衛は説明しなければなりません。

翼賛会合憲論

きびしい質問が予想されるなか、政府は翼賛会合憲論の捻出を有識者に依頼しました。黒田覚《くろださとる》、大串兎代夫《おおぐしとよお》、宮澤俊義《みやざわとしよし》が受注しました。

黒田は京都帝国大学法学部の教授です。高度国防国家を推進する立場にありました。主著も『国防国家の理論』です。大串は文部省が設立した国民精神文化研究所の研究員です。ナチス法学の紹介に努めた人でもありました。つまり、大串はナチスを模範として高度国防国家をつくろうとした人です。宮澤は美濃部達吉の弟子で、東京帝国大学法学部の教授です。美濃部の受難ののち、政府からの依頼を断れない立場にありました。宮澤は大学の憲法講義も第七十六条からさかのぼって講義しました。時間切れを理由に第一章天皇は講義しませんでした。

黒田は、大政翼賛会の憲法問題とは、運動推進者もふくめた、国民一般にわだかまる憲法的疑惑の感情によるものだとしたうえで、つぎのようにのべました。

まずこの憲法的疑惑の感情の正体を見きわめる方が先決問題である。私はそれが　明治天皇が……欽定遊ばされた帝国憲法に対する国民の絶対的な信頼の感情と関連しているのを発見できると思う。……この憲法による従来の政治の方法が自由主義的であるとして排除され、これに代わるに国防国家的観念にもとづく新しい政治の方法が、大政翼賛運動によって開始されようとしている点に、なにか憲法に矛盾したものが存するのではないかという疑惑をいだかせるものがあるのではないか。（『国防国家の理論』）

新体制運動とは不磨ノ大典を蹂躙《じゅうりん》する悪行ではないか、明治大帝を否定する瀆神《とくしん》行為ではないか、国民が恐れているのはこの点である、と黒田は問題の本質をえぐりだしています。しかし黒田は解決策を提示できませんでした。あたりまえです。ひとりの学者の作文で国民の意識をかえることなど、できるはずがないからです。

黒田は、翼賛会合憲論を提示することもできませんでした。黒田が展開した国防国家の理論は、非常大権の発動を出発点としていました。非常大権によって、臣民の権利を停止することで、高度国防国家建設に必要な強制動員を可能とするあたらしい法体系をつくりあげるわけです。しかし、この立論は天皇親政と天皇超政の平衡をこわすものであって、そもそも実現不能でした。

黒田はただ、非常大権の精神をいかせといい、時代の要請に即した動態的把握によって憲法条文の真精神を探求せよといい、要するに柔軟な憲法解釈をもとめるばかりでした。不磨ノ大典が解釈改憲を否定していますから、黒田の回答は意味をなしません。

大串兎代夫は、時代に即した憲法の新解釈が必要だとのべました　翼賛会には明白な必要性があるが、合法性が曖昧であり、新解釈の提示によってその問題を解消しようというのです。しかし大串は新解釈の提示にはいたらず、使命をはたせませんでした。

宮澤俊義は、精神運動化と政党運動化を回避すれば、さしたる憲法問題はおこらないだろうと書きました。宮澤がまじめに作文したとは思えません。問題を棚上げしているからです。大政翼賛会が精神運動化した場合、憲法違反は免れますが、政治的には無力で無意味なものとなります。大政翼賛会が政党運動と化した場合、あたらしい政治権力をつくりだすことができますが、憲法違反を免れません。政府がもとめるのは、合憲で無意味な精神運動でもなく、違憲で有意義な政党運動でもない、合憲で有意義な翼賛運動の説明です。宮澤は政府の要求を充分に理解したうえで回答を拒否したのです。

政府は理論武装に失敗したまま議会開会をむかえました。翼賛会推進派も擁護論のくみたてに難儀しました。翼賛会事務総長の有馬頼寧は、憲法違反の疑いを払拭するよう努力する、とのべるのが精一杯でした。在野の革新派として翼賛会に参画した津久井龍雄《つくいたつお》は、革新の日本的方式ということにとらわれすぎて手も足もでないと嘆くばかりでした。

革新派にのこされた数少ない論法は、自由主義、民主主義的憲法解釈の修正によって、新体制に即した新解釈を提示することでした。京都帝国大学の谷口吉彦《たにぐちよしひこ》は、不磨ノ大典を前提としても、この論法は有効だと主張しました。

翼賛会違憲論

革新派が望みを託した自由主義解釈の修正に異議をとなえたのは、かつて自由主義憲法学者としてしられた、佐々木惣一《ささきそういち》でした。翼賛会違憲論をめぐって、佐々木は翼賛会事務総長の有馬頼寧と対談しています。

佐々木は憲法尊重の立場から、革新派に憲法軽視の疑いをかけます。明治憲法は自由主義憲法であり時代にあわないと革新派が主張している、と指摘して佐々木は革新派の憲法観を批判しました。有馬は否定しますが防戦一方です。

佐々木の肩をもつわけではありませんが、革新官僚の毛里英於菟《もうりひでおと》は、昭和十九年三月に細川護《ほそかわもり》貞《さだ》にたいして、国民の消費生活まで統制する方式が理想なので、列挙主義の自由を廃したあたらしい憲法をつくらねばならない、とのべています。

話をもとに戻しましょう。佐々木は追い撃ちをかけ、憲法と現実とが乖離《かいり》している場合には、憲法にあわせて現実を変更するべきだと主張します。この論法は戦後の護憲派が日本国憲法第九条を擁護する際に多用するものです。興味深いことに、おなじことを日本主義憲法学者の井上孚《いのうえたか》麿《まろ》がのべています。井上は国民精神文化研究所の研究員です。

帝国憲法の規定する政治体制に欠陥が存するのではなく、憲法所定の体制が欽定の思召のま

02 東京

払込取扱票

通常払込料金加入者負担

口座記号番号	金額	千	百	十	万	千	百	十	円
00100-5-244		※							

加入者名 株式会社 吉川弘文館

料金　備考

ご依頼人・通信欄

フリガナ

※お名前

郵便番号　電話

※ご住所

※

◆「本郷」購読を希望します

購読開始　号より

1年 1000円（6冊）　3年 2800円（18冊）
2年 2000円（12冊）　4年 3600円（24冊）

（ご希望の購読期間に○印をお付け下さい）

日附印

各票の※印欄は、ご依頼人において記載してください。

裏面の注意事項をお読みください。（ゆうちょ銀行）（承認番号東第53889号）

これより下部には何も記入しないでください。

切り取らないでお出しください。

記載事項を訂正した場合は、その箇所に訂正印を押してください。

振替払込請求書兼受領証

口座記号番号 00100-5-244　通常払込料金加入者負担

加入者名 株式会社 吉川弘文館

金額	千	百	十	万	千	百	十	円
	※							

ご依頼人 おなまえ ※ 様

料金　日附印

備考

この受領証は、大切に保管してください。

まに十分に遵奉せらるることなく恪循《かくじゅん》せらるることなかりしところに万悪の根源が存するのである。……承詔必謹という臣道の根本義よりしても、高度国防国家の樹立という当面の急務より見ても、欽定憲法に恪循し、欽定の聖旨を発揚するということをこそ、先ず第一に反省し、唱道し、実行すべきである。(『新体制憲法観』)

日本主義者は、革新派の憲法軽視を執拗に批判します。大日本生産党による、憲法擁護の檄《げき》を引用します。大日本生産党は右翼団体が大同団結して結成した団体で、檄は十一月にとばしたものです。

革新論者中には……永世不磨の大典たる我憲法の尊厳を侵犯し奉るが如き言議を敢えてする者あり。……明治天皇の御宣布あらせられたる欽定憲法は、我国体の具体的表現にして、帝国臣民たる者は、之に対して、永遠に奉遵の精神充実すべきは、臣道実践の第一要諦なり。

(『資料日本現代史』六)

板橋菊松《いたばしきくまつ》は、昭和十六年一月十八日、翼賛会本部が開催した憲法問題にかんする懇談会で、高度国防国家や大東亜新秩序の建設をもちだしても大政翼賛会の違憲性をごまかすことはできないとのべました。板橋は美濃部批判で名をあげた日本主義法学者でした。

日本主義者にとって、憲法尊重と臣道実践は、高度国防国家に優先します。こうなると、革新派がどれほど必要性をうったえても、日本主義者を説得することはできません。解釈改憲の余地もありません。

議会での翼賛会批判

翼賛会は議会で攻撃にさらされます。翼賛会にたいして補助金を支出する予算案に、憲法違反の疑義が生じていたからです。同時に、新体制運動が議会権限の縮小を計画していたことへの反感があったからです。

欽定憲法の第三章に規定された議会は欽定機関である、立法と予算の協賛を通じて国民の大政翼賛を媒介する唯一の存在であり、翼賛会成立後も議会はもっとも重要なる中枢的地位を占めねばならない、と鈴木《すずき》安蔵《やすぞう》は議会人の心理を代弁しました。

衆議院では、尾崎《おざき》行雄《ゆきお》や鳩山一郎の賛成をえて、川崎《かわさき》克《かつ》が質問演説をおこないました。賛同者には日本主義者の四王天《しおうてん》延孝《のぶたか》も連名しました。川崎は、失職中の斎藤《さいとう》隆夫《たかお》とも連絡をとっていました。

川崎は、明治憲法は明治大帝による不磨ノ大典であり、憲法違反は国体毀損であると断定したうえで、大政翼賛会違憲論を展開しました。川崎によれば、翼賛会の機構はナチスドイツやソ連共産党の機構にならったものであり、憲法の精神に抵触するのでした。川崎の質問演説は、通常どおり官報号外の議事速記録に掲載されただけでなく、『欽定憲法の神髄と大政翼賛会』と題する小冊子として販売されました。

貴族院では弁護士出身の岩田《いわた》宙造《ちゅうぞう》が翼賛会違憲論を展開し、政府を批判しました。憲法政治の根本原則は、統治機関や政治の権限、行使方法を憲法の規定のみにしたがっておこなうことである、ところが翼賛会は国家に大変革をくわえ、国民組織を根底から一新する目標をかかげているのに、憲法や法律に根拠をもたないことについて、政府は問題ないと説明しているが、まったく理解できない、と岩田は論難しました。

川崎や岩田の翼賛会批判は、議会と議員の既得権を擁護するための議論だったかもしれません。しかし不磨ノ大典をよりどころとすれば、正論となります。しかもこの時すでに、近衛はこうした批判にたいして反論する気力を喪失していました。

改組大政翼賛会

近衛内閣は、内閣改造をおこない、昭和十六年四月に翼賛会を改組しました。内閣改造の目的は、革新派と保守派のいれかえでした。内務大臣は安井英二《やすいえいじ》から平沼騏一郎にかわり、司法大臣は風見章《かざみあきら》から柳川平助《やながわへいすけ》にかわりました。

平沼内相のもとで、翼賛会は公事結社となりました。公事結社は政治活動をおこなうことができません。この決定によって、違憲問題は完全かつ最終的に解決しました。これにさきだち大審院判事の犬丸巌《いぬまるいわお》は『新体制下の憲法解説』で、高度国防国家樹立のためにはまず不磨ノ大典である欽定憲法を謹読せよとのべたあと、大政翼賛会は公事結社になるほかないと結論づけました。犬丸の主張は平沼の意向を代弁したものだったと思われます。なぜなら平沼は、検事総長や大審院長を歴任した司法官僚の重鎮だからです。

ついで、内閣は翼賛会の改組に着手し、事務局の革新派を一掃しました。事務総長には有馬頼寧にかえて石渡荘太郎《いしわたそうたろう》が就任しました。役員と幹部職員の辞表をまとめるよう近衛は命じましたが、有馬にたいして近衛はなんの説明もしませんでした。有馬も問い質さなかったと回想しています。この改組について有馬は自著のなかで、のたれ死にと形容しました。当初の目的から大きく軌道をはずれてしまった近衛新体制の末路をうまくあらわしています。

翼賛会の改組を主導したのは、新内務大臣で翼賛会副総裁をかねた平沼です。平沼は新体制運動を、陸軍や官僚にまぎれこんだ共産主義者による策謀であると考えました。大臣就任後、平沼は治安維持法違反の容疑で企画院の調査官一七名を検挙しました。平沼からみれば、企画院が立案した経済新体制確立要綱は、私有財産制を否認する共産主義の産物にほかならなかったからです。

平沼の翼賛会改組によって、違憲問題は解消しました。今後、翼賛会は内務省の行政補助団体として、戦時体制に大きな役割をはたします。その詳細は後述します。ここでは、新体制運動が翼賛会改組によって、完全に頓挫したことを確認しておきましょう。

新体制運動の目的は、戦争終決のための権力創出にありました。国民輿論を背景に、陸軍を凌駕する政治力を発揮する組織をつくることが運動の使命でした。しかし、幕府論と違憲論にさらされた近衛が批判をかわすために軌道修正をかさねて、その結果、憲法の範囲内におさまる翼賛会ができたとき、政治力も戦争終決も雲散霧消していました。つまり、新体制運動は失敗におわったのです。

新体制運動の失敗について、近衛の意志薄弱に原因をもとめることがあります。憲法にすぐふれる必要はないから、政治力創出だけに近衛が集注していれば、ある程度成功したのではないか、という後藤文夫《ごとうふみお》の発言がその例です。

しかし、近衛の撤退は、不磨ノ大典による、いわば構造上の問題であったことはあきらかです。革新派のうち誰ひとりとして新体制を正当化できなかったからです。改憲どころか解釈改憲もできなかった革新派は、戦時体制を運営する部品のひとつとして、官僚機構や団体組織に、くみこまれていくこととなります。

戦時体制

経済の崩壊

高度国防国家を建設する革新派のもくろみは、不磨ノ大典を根拠とする日本主義者や政党政治家の批判によって躓《つまず》きました。近衛新体制が改組大政翼賛会となったように、革新派が立案した政策の多くは、憲法に違反しないように修正され、それによって革新政策としての性格をうしないました。

そのいっぽうで、日中戦争、太平洋戦争へと戦争規模が拡大するなか、物資の欠乏は深刻さを増していきました。戦争継続のために、現在保有する資源をどこに配分するかが、政府の決定すべきもっとも重要な課題となりました。その結果、戦中の日本は好むと好まざるとにかかわらず、社会主義国家でおこなわれていた計画経済の方式をとりいれる必要にせまられました。

合憲性と必要性

政府は、合憲性と必要性を両立させる必要がありました。この要請にこたえたのが戦時体制です。日中戦争、太平洋戦争期に出現した我が国の戦時体制は、他国の場合とことなり、法体系のうえでは平時体制との区別をもちません。しかし、国家運営の実態において、法と権力の行使を迂回して、国民の愛国心に依拠することを特徴としており、法治国家や憲法政治の理念そのものを否定する側面をもっています。

戦時体制は、革新官僚が企図した高度国防国家とはことなるものです。革新官僚は法と権力によって強制動員する体制をつくろうとしましたが、戦時体制は、外見上は国民の愛国心による自発的協力体制をとっていて、この点がちがいます。そして、より重要なちがいとして、愛国心による自発的な協力を強制する仕組みの存在をあげなければなりません。

かつて、戦後日本の原型は戦時体制であるとする議論が流行しました。その議論の多くは、革新官僚の政策論と戦時体制の現実とを混同し、官僚が企業を統制する仕組みが存在したと誤解しています。しかし、実際の戦時体制では企業が自発的に官僚に協力することになっていたのです。官僚の統制が空理空論にすぎたため、これ以上の迷惑をこうむりたくないという一心から、企業側が協力して官民一体の体制をつくったからです。官僚は統制の大綱をしめし、具体的内容は業界にゆだねる、相互依存の関係です。

戦時体制の説明を、官民一体統制経済がひきおこした経済の崩壊からはじめるのは、戦時体制の特徴である下から内から自発的に、の原則が経済の分野からうまれてくるからです。

所有権と統制経済

憲法第二十七条と治安維持法は革新官僚の桎梏《しっこく》でした。統制経済の実現には所有権の制限が必要だからです。憲法違反、治安維持法違反を疑われる言動を慎むとすれば、統制は不完全におわります。

いっぽう、日本主義者は革新官僚を攻撃する強力無比の武器をもちました。所有権は、明治大帝が欽定憲法によって国民にさずけた権利のひとつです。所有権の侵害は、明治大帝の意思に反する行為として断罪の対象となります。高木《たかぎ》繁《しげる》は所有権を国体に次ぐ重要事と位置づけ、憲法改正によらない所有権制限は革命であり国家を破壊する行為だと論じました。

河村只雄《かわむらただお》、吉川永三郎《よしかわえいさぶろう》、中山幸《なかやまみゆき》といった所有権擁護論者は、明治大帝からの賜り物を政府や官僚の一存で変更できないとの論陣をはりました。かれらの論法は、昭和十六年ごろからあらわれた財産権奉還論や生産権奉還論にも、つねに優勢でした。

所有権は不磨ノ大典の一部であり、解釈改憲が禁じられた言論情況にあっては、第二十七条第二項の公益による処分を糸口にして、所有権制限論をくみたてることもできません。京都帝大の憲法学者大石義雄《おおいしよしお》は『帝国憲法と財産制』で、公益優先を口実とした所有権制限にたいして、釘をさしています。大石は、経済秩序も明治憲法によってきまるとのべます。憲法第二十七条を通じて、統制経済は不磨ノ大典の制約のもとにあったのです。

発展策から弥縫策へ

革新官僚にとって、いまひとつ大きな桎梏となったのが、日中戦争勃発による経済状況の激変でした。

日中戦争開始前の日本は、綿織物工業を主体とする軽工業国でした。海外から綿花を輸入し、綿織物を輸出します。輸出と輸入の差額が、日本が獲得する外貨です。革新官僚の高度国防国家建設は、統制経済による重工業化促進と経済発展との両立をめざすものです。石油や屑鉄、工業用機械を購入する原資は、綿織物輸出が稼ぎ出す外貨です。つまり、高度国防国家建設には国際平和と自由貿易が必要でした。

日中戦争開始後の日本は、戦争継続のため、外貨を石油と屑鉄の購入費用に傾注します。不要不急を名目に、綿花輸入は制限しました。原料が入手できなくなった綿織物工業は衰退し、日本は外貨獲得手段をうしないました。経済制裁もあいまって、そのほかの工業でも原材料輸入量は減少の一途をたどります。実体経済は昭和十二年（一九三七）を頂点に、下り坂に転じます。

経済状況の激変は、高度国防国家の建設を実現不可能にしました。革新官僚が主導して重工業化による経済発展を実現する構想は頓挫し、かわって、物価騰貴と資源不足による経済の縮小を少しでも日延べすることが統制経済の主目的となります。統制経済は、戦争を継続するための弥《び》縫策《ほうさく》へと矮小化《わいしょうか》します。

官僚主導統制経済の失敗

昭和十四年は官僚主導の統制経済が本格稼働をはじめた年でした。電力国家管理法により日本発送電会社が活動をはじめた年だからです。しかし、昭和十四年は官僚主導の統制経済が失敗した年でもありました。電力飢饉と米不足がおこったからです。

水力発電と火力発電しかなかった当時において、渇水と石炭の不足は、そのまま発電能力の低下をまねきました。同年八月、電力供給制限がはじまりました。豊富低廉な電力供給をうたった電力国家管理法の施行元年だというのに、とりかえしのつかない大失態です。

いっぽう、降水量の不足は米の不作を予見させ、長引く日中戦争が米の買い占めを誘発して米不足を助長しました。内務省が米騒動の再来を危惧するほど、米価騰貴は深刻でした。米価に連動してほかの物価も上昇しました。十月、政府は価格統制令などを発して、物価を九月十八日の水準に固定しようとしました。九・一八ストップ令です。

電力飢饉を解決し、電力国営を軌道にのせたのは、商工大臣の藤原銀次郎《ふじわらぎんじろう》でした。藤原は王子製紙社長を長年つとめて製紙王とよばれた経営者です。三井財閥の構成員でもありました。池田《いけだ》成彬《しげあき》、藤原銀次郎、小林一三《こばやしいちぞう》と、商工大臣に財界出身者があいついで就任するのが、統制経済を推進しているはずの、この時期の特徴です。

昭和十五年一月、米内内閣の商工大臣に就任した藤原は、炭鉱を支配する三井三菱両財閥に、石炭増産を懇請するいっぽう、産炭地である北海道から、時化《しけ》をものともせず、輸送を強行しました。藤原の回顧録をまとめた下田将美の表現をかりれば、カネで面《つら》を張って、艀《はしけ》と労働者をかきあつめたから実現できたのです。労働者の機微を熟知した藤原であればこその成功でした。

官僚主導統制経済は、労働力の再配置においても能力不足を露呈しました。昭和十四年の経済政策で懸案事項だったのは、綿織物工業の従事者を軍需産業へと移動させる、いわゆる転廃業問題でした。

国家総動員法にもとづいて、同年七月に公布施行した国民徴用令は、労働者の自由意思を尊重する建前だったため、革新官僚が想い描いたような労働力移転は実現しませんでした。綿織物工業の労働者はともかく、自営業者は小さくても一城の主ですから、社長を辞めて他社の一労働者になることは自尊心がゆるしません。綿花輸入の減少で不要不急産業に転落したからといって、事業者が簡単に工場や機械を手放すと考えるほうがおかしいのです。結局、美濃部洋次によると、昭和十六年の時点でも解決の目途がたちませんでした。

藤原銀次郎にいわせれば、革新官僚の立案はどれも机上の空論でした。議会答弁でも次官の岸や、椎名、美濃部が書いた答弁資料を握りつぶして自分の考えをのべました。会社経営の現実をよくしる経営者の立場から、官僚主導の統制経済を修正するためでした。

そのうえで藤原は、統制経済は夫婦《ふうふ》喧嘩《げんか》のようなものだと評しています。誰がやってもうまくいくはずがないから、官僚と財界が喧嘩しても仲直りしてなんとかやっていくほかないという意味です。この考え方が、のちに官民一体統制経済の母体となります。

経済新体制の蹉跌

昭和十五年、近衛新体制の一環として、革新官僚は経済新体制の立案をおこない、結果として敗北を喫しました。この敗北が明確な画期となって、革新官僚は官僚主導統制経済を断念し、官民一体統制経済に移行します。

経済新体制確立要綱の企画院原案を起草したのは美濃部洋次でした。各省持ち寄りの案を企画院審議室で検討する際には、奥村喜和男《おくむらきわお》、迫水久常《さこみずひさつね》、毛里英於菟《もうりひでおと》らが頻繁に出入りしていたと新聞記者石原俊輝は回想します。商工次官には岸信介《きしのぶすけ》が就任していましたから、経済新体制は、それこそ革新官僚総動員でつくりあげたものでした。

経済新体制の目的は、革新官僚が立案した総合計画による企業統制です。そのため企画院原案には、公益優先の実現と、利益追求第一主義の廃止がうたわれました。また、企業にたいして所有と経営の分離をもとめました。会社の所有権は従来どおり資本家にあることをみとめながら、会社の経営は官僚に従属させるための分離です。電力国家管理法の私有公用論を全企業に適用する主張です。

企画院原案にたいして、すぐさま財界から批判の声があがりました。前年の官僚主導統制経済の失敗もあって、企業経営者たちは辛辣《しんらつ》でした。

日清紡社長宮島清次郎《みやじませいじろう》は、公益優先の理念は根本的に誤りで、産業の活力源である私益を否定したら生産拡充は不可能だと断言しました。全産業を国家が管理するのは共産主義で、その非効率は近年設立した国策会社の業績低迷にあきらかだとのべました。

全国産業団体連合会のある理事は、政府は原則として指導と監督とを適正にやればよい、国策会社が非能率的なことは日本発送電会社がよい実例だとのべ、大日本精糖社長藤山愛一郎《ふじやまあいいちろう》は、企画院あたりがこうした理念の問題で社会を騒がすことはやめてほしいといい、革新官僚への憤懣《ふんまん》を隠そうともしません。なかでも三菱倉庫会長三橋信三《みつはししんぞう》はきわめて強い口調で革新官僚を批難しました。

> 経済の実体を知らない、三十代の課長、事務官が無定見で独乙《ドイツ》式の翻訳をやって果して旨く行くか何《ど》うか。私はこんな遣《や》り方《かた》では何《ど》うしても駄目だと思う。……遣ること総てが無定見で失敗だらけ、……私は自分の考えを有《あり》の侭《まま》に申上《もうしあげ》たが、自分の考えは間違って居ないと思う。（『都史資料集成』第十一巻）

企画院原案にたいして、商工大臣の小林一三も激しく怒《いか》り、工業倶楽部の集会で、官僚にアカがいる、経済新体制はアカである、と演説しました。さらに、政友会の小川平吉《おがわへいきち》に企画院原案を回覧し修正意見をもとめました。小川は企画院原案をアカ案と断じ、政府に撤回をはたらきかけました。

こうした小林の動向に、商工次官の岸が憤慨しました。両者の対立は決定的となり、小林は岸に辞職をせまりました。岸は近衛をたよりました。商工次官就任のときに、大臣は小林にたのむが本当は岸のことを大臣だと思っていると、近衛から激励されたからです。岸は近衛を自分の後ろ盾だと思っていたのです。

ところが岸から辞職の相談をうけた近衛は、大臣と次官が喧嘩した場合には次官に辞めてもらうほかないでしょうと、にべもない返事を返しただけでした。「政治家というのはこういうものか、俺はやはり若いのだなとしみじみと感じた」と岸は述懐するのですが、岸と近衛は五歳しか歳がちがいません。昭和十五年に岸は四四歳、近衛は四九歳でした。岸の若さに驚きますが、同時に近衛の老練さが際立つ挿話です。

近衛新体制とおなじく、経済新体制も、批判をうけて原案を後退させる方向で調整がなされました。十二月七日、政府は経済新体制確立要綱を閣議決定しましたが、所有と経営の分離をうたう文言は削除されていました。

かえって財界の主張がとりいれられました。すなわち、企業の創意と責任において自主的経営にあたらせること、企業は民営を原則とすること、の二点です。これをうけて、公益優先と対をなすことばとして職分奉公がもりこまれました。官僚が上からおしつける公益優先にたいして、財界が下からそれぞれの企業活動を通じて国家に貢献する職分奉公を対置することで私益を確保したのです。

経済新体制は、革新官僚主導による統制経済の仕組みをつくる最後の機会だったのですが、失敗におわりました。しかも、保守派の平沼内相と柳川法相の指揮で、企画院原案の作成に関与した調査官が治安維持法違反容疑で検挙起訴されるにおよんで、その敗北は決定的なものとなりました。

昭和十六年の企画院事件以後、革新官僚は官僚主導の統制経済を断念し、官民一体による統制経済へと軌道修正します。これにより、革新官僚の行政能力は高度国防国家建設ではなく、戦時体制維持のために浪費されます。実際、革新官僚は萎縮しました。

迫水久常は、大蔵省理財局企画課長として金融新体制の実現に邁進していましたが、事件後は低姿勢に徹します。金融新体制の実現は金融機関の協力によらねばなりません。迫水は金融機関の関係者たちに頭をさげて、同業連帯の精神を発揮して、日本銀行との資金関係が緊密になる方法を考えていただきたいとお願いしました。

企画院総務室第一課長をつとめていた毛里英於菟は、第二次近衛内閣の基本国策や新体制運動は日本民族の直観の産物であり、その実現は民族の政治力によるものだという精神論を展開して、日本主義を擬態しました。

美濃部洋次は昭和十七年の講話で、平沼前内相の皇道主義、万民輔翼論こそが真の経済道だと称賛しました。保身のための追従《ついしょう》とよむべきでしょう。迫水から身の振り方が下手だと評された美濃部でしたが、敗戦まで法網にかかることなく官歴を全うします。

美濃部がこれ以後にてがけた最重要法律が軍需会社法であり、かれの主著が七八六頁をほこる大冊『綿業輸出入リンク制度論』となったのは、戦時体制と革新官僚の関係を象徴します。軍需会社法は官民一体統制経済の極限の姿であり、綿業輸出入リンク制度は縮小経済の延命策だからです。そのいずれも、重工業化による経済発展をめざした高度国防国家の理念とかけはなれたものだからです。

官民一体統制経済

官僚が計画をたて、企業に一方的に命令するのではなく、業界団体も計画に参画し、統制に自発的に協力するのが官民一体統制経済です。こうした考え方は昭和十四年の段階で、ひろく共有されていました。この年もっとも多くの読者をえた経済書である、笠信太郎《りゅうしんたろう》『日本経済の再編成』が、官僚と企業、統制と利潤を一元化してあたらしい経済統制のなかに溶解しようと提言していたからです。笠は、昭和十四年における官僚主導統制経済の失敗を念頭において、経済界が自主をとりかえし、経済界が自主的に動かす経済に移行すべきだとのべました。そして、その実現のために経済界が統制をつかむべきだと主張しました。

昭和十五年、経済新体制の企画院原案があきらかとなったとき、財界から笠の提言を敷衍《ふえん》した意見があいつぎました。第一銀行頭取明石照男《あかしてるお》は、民間業者の責任と創意を尊重することで、業者が自発的に国策に協力できる経済新体制を要望しました。三菱重工業の常務取締役元良信太郎《もとらしんたろう》は、経済団体やその指導にあたる機関の運営には、実業人を採用するか、業界の意向をくんでほしいと提案しました。三菱銀行取締役会長加藤武男《かとうたけお》はこれまでの統制経済は官僚独善によってかえって生産活動に支障を来したとのべて、政府に猛省をうながしました。

昭和十七年、商工次官をつとめていた椎名悦三郎は、官民一体統制経済への移行を明言しました。官僚が自分たちの誤りをみとめた稀有の事例であり、同時に革新官僚の敗北宣言としてよめる重要な発言です。『戦時経済と物資調整』から引用します。

従来の我国経済統制のやり方は、国家権力による統制、所謂《いわゆる》、官治統制《かんちとうせい》が其の指導力を、為《な》していた。……然《しか》し乍《なが》ら、国家権力に依る統制は、一方に於て統制者との背離《はいり》に基く両者間の対立を生じ、統制者の意図が必ずしも実現せられないのみならず、他方に於て、統制者に於ける実際的知識経験の欠如の為、計画と実行の齟齬《そご》を生ずる等の欠陥を生ずるに至った。新しき経済統制に於ては、斯くの如き欠陥を除去することが、絶対に必要である。それには、国の行政機構の中に然るべき考慮が払われると共に、国民経済機構そのものを、官民協力体制に再編成せねばならない。

官民一体とはどのようなことか、美濃部洋次は籠屋《かごや》にたとえて、役所が前の方を担いでいれば、民間企業は後ろを担いでもらい、官民が一体となって国家の経済というひとつの荷物を担いでいくことだとのべています。

一体化はたんなる掛け声ではありません。統制の権限を官民で分有します。場合によっては民間に権限を委譲します。こうした官民一体統制経済の考え方を具体化したのが、統制会と営団です。

統制会と営団

統制会の起源は、昭和十四年春に、日本鉄鋼連合会が生産統制機関に指定されたことにさかのぼります。鉄鋼連合会は鉄鋼業者が組織する民間団体ですが、官僚がおこなってきた統制経済の一部を分担することになったのです。

業界団体に統制を分担させるこころみは、翌十五年夏の重要産業団体懇談会の設立によって、鉄鋼業以外にもひろがります。発会式における日本経済連盟会の副会長平生釟三郎《ひらおやさぶろう》による座長挨拶は、懇談会の趣旨を端的につたえています。すなわち、官僚による統制は大枠の指導にとどめて、実際のこまかな事項は民間企業の創意と自治を活用する方針に変更する、そのうえで各産業団体が、自発的に、国策の企画運営に参画する組織をつくることがのぞましいと挨拶したのです。

昭和十六年八月三十日、第三次近衛内閣は重要産業団体令を公布し、十月三十日には、東条《とうじょう》英機《ひでき》内閣のもとで鉄鋼、石炭など一二の産業にたいして同令を適用すると閣議決定しました。その結果、十一月から翌十七年一月にかけて、一二の統制会ができます。昭和十七年二月、統制会への権限委譲を実現する法律が公布され、十八年二月から施行されました。

統制会の設立について、東条内閣の商工大臣だった岸信介は、統制会の会長人事は政府が辞令をだしたが、人選は業界の意向にもとづいておこなったとのべています。

官民一体を実現するうえで、統制会は総体的にうまくいったと岸は自賛《じさん》します。統制の大綱を官僚がつくり、詳細をつめる作業と現場の統制は統制会にゆだね、権限も委譲したため、統制会は文字どおり官民一体となって統制経済をおこなう機関だったからです。

この統制会について商工省の革新官僚帆足計《ほあしけい》は、下から内から自発的な統制の時代を象徴する組織だと位置づけました。従来は、官僚が上から、業界の外から、法律によって強制する方式をとっていましたが、統制会は、国家の下部である業界が、自分たちのなかから指導者を選出し、自発的に統制に参画するものだからというのです。

営団は、行政官庁のような公法人でも会社のような私法人でもない、その両方の性質をあわせもつ第三の法人です。戦時中の食糧配給をおこなっていた食糧営団がその代表です。

昭和十七年二月に公布された食糧管理法にもとづいて、九月に中央食糧営団が設立されました。その後各府県ごとに地方食糧営団がつくられました。これにともない日本米穀株式会社などが吸収され消滅しました。

日本米穀は、食糧配給の効率化のため、全国の米穀業者による自発的な企業合同で誕生した会社です。しかし、会社とはいいながらも実際の営業形態は商業組合にちかいものでした。つまり小さな米穀業者の連合体だったのです。

食糧営団の登場によって、全国の米穀業者が廃業したのですから、営団制度は官僚主導統制経済の最たる事例と思えます。しかし農林省食料管理局企画課長の遠藤三郎《えんどうさぶろう》は、以下の理由から、営団が官民一体統制経済の所産であると要約しました。

廃業した米穀業者は、食糧営団の従業員となり、従来とおなじ業務に従事しました。かれらは同時に出資者でした。営業者でなくなったので営業税を納める必要がなくなり、かわって営団から給与と配当金をうけとる立場になりました。食糧営団の雇用資格と出資資格は、廃業した米穀業者にかぎられていました。つまり給与と配当は、廃業の代償です。

また、食糧営団は、食糧配給という公益性の高い事業をおこないますが、営利事業としての性格ももっていて、一般の会社とおなじように、法人税や営業税をはらわなければなりません。納税義務のない国営企業とは本質においてことなることがわかります。官庁でも企業でもない食糧営団は、官僚が作成した配給計画を米穀業者が実現する、官民一体統制経済の申し子だったのです。

官民一体統制経済の特徴をしめす事例として、企業の統廃合への言及は欠かせません。一般に戦中の統制経済のもとで、企業の統廃合が強権的にすすめられたと考えられています。新聞社を一県一紙に整理した事例がその典型です。

企業整備令

しかし、昭和十七年に公布された企業整備令について、商工省振興部工務課長の福田喜東《ふくだよしはる》は、業者の自主的な整備がのぞましいとの立場をとります。この勅令が制定された後に一回も発動されないことがもっとも理想的な場合であって、伝家の宝刀である整備令は適用される場合が少なければ少ないほど国家のために慶賀《けいが》すべきであるとのべました。

法令をつくっておいて適用しない方がよいとは奇異ないいぶんですが、廃業の強制は営業の自由と所有権とを侵害しますから、憲法問題を回避するためには、下から内から自発的に、廃業してもらうのが得策でした。

では、どうすれば業者が自発的に廃業してくれるでしょうか。大阪府では、府の商工課からの委嘱《いしょく》で、翼賛会大阪府支部が業者にたいして啓発活動をおこなうこととなったと『企業整備の手引』に経緯が説明されていますが、翼賛会の説得に応じる業者がはたしてどれほどいたでしょうか。

商工次官の椎名悦三郎は、商工大臣岸信介の許可をえて、衆議院の商工委員会に属する議員たちに地元企業の説得を依頼した結果、かなりの成功をおさめたと回想します。企業整備は、地域の事情と地元住民の心情を理解した議員の協力によるものでした。

議員たちは地域別の班にわかれて各地で会合をひらき、地元の官民を説得して回り成功をおさめました。代議士は人の心をつかんで話をすすめていくのがうまい、おだてたり懇請《こんせい》したり、官僚には真似できない、と椎名は感心しました。

商工委員会委員長の三好英之《みよしひでゆき》、副委員長川島正次郎《かわしましょうじろう》、委員の赤城宗徳《あかぎむねのり》、三木武夫《みきたけお》、野田武夫《のだたけお》らは戦後、自由民主党の代議士となります。結党直後に他界した三好は岸にとって無二の親友でした。川島以下の委員たちは、閣僚、党幹部として岸内閣をささえることになります。かれらと岸の関係は、企業整備を通じて培《つちか》われたものであり、岸内閣におけるかれらの地位の高さは、かれらの貢献の大きさを物語ります。そして、企業整備の成功は、企業整備令ではなく、かれらの説得と懇請によるものでした。

軍需会社法

官民一体統制経済の極相に、軍需会社法が位置しています。昭和十八年十月、東条内閣は兵器生産にかかわる主な民間企業を軍需会社に指定し、会社の人事や経理について政府が監督命令できることとしました。一見すると、企業の国有化です。

しかし、政府は法案の趣旨を、民有民営のまま利潤追求の弊害を強制することにあると説明しました。企業の経営は、経営に熟達した民間人にゆだねて創意工夫を発揮してもらった方が効率がよいという判断もしめしました。

首相の東条英機も企業の国有化に反対しました。三井、三菱が日本の発展に貢献してきた歴史を尊重すべきだとの考えからです。あらゆる力と人とを遺憾なく戦力増強に協力させるうえで、急速な国家管理案はかえって得策ではないとものべました。かつて高度国防国家をめざしていた東条も戦時体制の現実に即した立場をとったのです。

しかも、軍需会社法は、国家による命令の代償として、会社にたいして補助金交付、損失補償、利益保証をおこなうことを明記していました。さらには価格保証もおこなうと答弁しました。業界に不安をあたえないためであり、犠牲をはらわせないためです。

航空機や人造石油の生産を命令するかわりに、政府は会社に補助金を交付しました。原材料購入費や人件費の肩代わりです。製品製造によって発生した損失も補償しました。失敗作の買い取りも損失補償にふくみます。もちろん完成品は高く買い取りました。価格保証です。国家がある製品を製造させる、ということは企業が予定していた製品の製造をやめさせるということですから、その製品をつくった場合にえられたはずの利益を保証しなければなりません。これが利益保証です。

こうなると、企業は政府の命令にしたがえば、お金が手にはいります。経費節減など気にかける必要はありません。補助金があるからです。創意工夫は必要ありません。成功しても失敗しても代金が支払われます。自分たちの本業が疎《おろそ》かになることを心配しなくともよいのです。機会費用を考慮する必要がなくなったからです。

費用からの解放によっておこるのは、軍需生産の向上ではなく、企業倫理の腐敗です。藤原銀次郎は東条内閣の内閣顧問として、全国各地の工場を視察した際に、民間企業の人々が収支や原価計算などの経理を無視するようになっていたことに驚きました。藤原は、経理を軽視した戦時経済が軍需生産を腐敗させたと憤慨しました。

官民一体統制経済は、企業の自発性をひきだすために、高額の対価を支払いました。その結果、企業の自発性はかえって損なわれました。経済の崩壊は、資源の枯渇によっていずれ訪れたことですが、それに先だって経済活動をささえる倫理が崩壊していました。

それでは企業が自発的に協力する日がくるのをまてばよかったのでしょうか。政府はまてなかったし、またなかったでしょう。そして下から内から自発的に協力するように、憲法問題の発生しない別の手段を講じて強制したでしょう。このように推測する根拠は、実際に国民にたいしてそうしたからです。

行政の崩壊

下から内から自発的に

行政とは、法律がさだめた権限を行使することで、国民生活に影響を及ぼす行為です。高度国防国家における国民動員も、行政の一種として法と権限によって国民を強制動員するのですから、上から外から強制的に、を原則としていたといってよいでしょう。上は政府、外は国民の行動を外部から規制するというほどの意味です。

戦時体制において実現した国民動員は、革新官僚の夢想だにしなかったものでした。下から内からの自発的協力による国民動員だったからです。下は国民、内は心をさします。つまり、愛国心によって、国民みずから、自分の権利を放棄することにより、戦争に協力する動員体制が誕生したのです。ただしこれは外面上のことです。実際には、社会の圧力によって、下から内から自発的に協力しているように擬装した国民動員でした。

協力をもとめるのは政府です。しかし政府は強制しません。強制によって臣民の権利を制限すると、憲法問題が発生するからです。政府は達成目標を提示して、府県や市町村あるいは大政翼賛会に、実現を要請します。これらの組織はあたえられた目標を達成するために下位組織に仕事をわりあてます。最末端でわりあての実現をひきうけるのが隣組です。

隣組は近所づきあいの人間関係のなかですべてのことがらを処理します。ここには法治国家の原則も、多数決の原理も、権利義務の観念もはたらきません。隣組は、愛国心の治外法権です。隣組の会合は、腹をわって和《なご》やかに話し合う場です。滅私奉公の建前と、うちの組だけわりあてを達成できないのはまずいという世間体と、食糧配給と衣料切符の配分を隣組長ににぎられている弱みとが相乗して、隣組のなかに無言の圧力をうみだします。その結果、愛国心の美名のもとに権利放棄が強制されるのです。これが、かつて日本ファシズムとよばれた社会現象の正体です。

しかもこの強制力は法律上存在しませんから、外見上、国民がみずからの意思で自分の権利をなげうって協力を申し出たものとなり、権利侵害の懸念はなくなります。政府は臣民の権利を侵害することなく、戦時体制に必要な強制を国民に課すことができるのです。

しかし自発的権利放棄にたよった国民動員は、法治国家の全面否定であり際限ない人権侵害の温床となります。なぜといって人権は権力から人間をまもることはできますが、自分の意志で権利をすてた人間をまもれないからです。

　こうして戦時体制は行政の崩壊と社会の崩壊をもたらします。

部落会と町内会

　大政翼賛会は、副総裁を兼任する平沼内相と、あらたに事務総長となった石渡荘太郎のもとで、組織をあらためました。発足当初にあった政策局、企画局、議会局は廃止となりました。

　翼賛会の目的は、平沼によれば一億一心の実現であり、元内務次官で翼賛会組織局長となった挟《はざ》間《ま》茂《しげる》によれば滅私奉公による臣道実践です。改組後の翼賛会には、革新官僚が企図した国民世論の結集や、それによる権力創出は、どこにも見当たりません。

　翼賛会は、戦時体制を維持継続するための、日常業務を分担する行政補助機関となったのです。具体的には、昭和十五年（一九四〇）九月に内務省が全国につくらせた、部落会と町内会を統轄する総本部として機能します。

　翼賛会の本部は東京にあり総裁は首相が兼任しました。支部は府県ごとに置かれて支部長は知事が兼任しました。さらに市町村支部があって、その下に部落会と町内会がありました。部落会は農村部、町内会は都市部にあって、地域住民をまとめる団体です。

　部落会と町内会の下には、五、六戸からなる隣組があって、これが翼賛会の最末端組織でした。成人男性は出征か就業で家を空けていたため、地域に住まう老人と女性が、部落会長、町内会長、隣組の組長をつとめました。

翼賛会が政治結社であったなら、治安警察法《ちあんけいさつほう》の適用対象となるため、軍人、警察官、教師や生徒、女性、未成年者は、町内会や隣組にかかわることができません。しかし、平沼内相が断行した公事結社化によって、こうした人々が翼賛会に参加できるようになり、地方支部の指導者として活躍することとなりました。

翼賛会の傘下には文学報国会をはじめとする各種団体が属していましたが、そのなかでも翼賛壮年団と大日本婦人会は本来の新体制運動に共感する人が多く、改組後も、熱心に活動しました。翼賛会そのものの政治力は法律上なくなりましたが、かれらの意欲まで法律で禁止することはできません。

外交評論家の清沢洌《きよさわきよし》は翼賛壮年団の暴走ぶりを日記に記しています。長野県の実例として、金属回収への徹底的な協力、犬を大量捕獲して毛皮を軍に献納する、本やレコードで英米の文化をにおわせるものを個人宅から没収する、ゴルフ場を勝手に接収する、などです。翼賛会が発揮した強制力の正体は、法にもとづかない壮年団の行動だったのです。

壮年団は革新運動に熱狂した男性の団体ですが、婦人団体のおそろしさは壮年団の比ではありません。たとえば白い割烹着を制服がわりとした大日本国防婦人会は、臨月の妊婦にも容赦なく防空演習への参加を強制しました。協力をこばむと非国民と罵倒しました。

大日本国防婦人会は、昭和十七年四月三日に愛国婦人会と大日本連合婦人会と合同して、大日本婦人会となります。二〇歳以上のすべての女性を会員とする巨大組織です。しかし各婦人会は監督官庁のちがいもあって、相互に対立していましたので、事務局長となった内務官僚川西實三《かわにしじつぞう》による発会式の演説は苦衷をしのばせるものとなりました。

川西は、まずすべての婦人に入会をよびかけました。時間がない、お金がないといって断らないでくださいとお願いしました。つぎに川西は、旧団体で幹部だった婦人たちに過去のいきさつはわすれて大同団結するようよびかけました。しかし無関心と啀《いが》み合《あ》いのせいで、発足当日には、府県支部がととのいませんでした。ここにも革新官僚が思い描いた国民動員とかけはなれた実態があります。

大日本婦人会は、戦時郵便貯金切手、いわゆる弾丸切手の購入わりあてや、衣料切符献納運動への自発的協力を強制する団体として機能しました。その様子は、坂本たね『戦時の日常　ある裁判官夫人の日記』などにみることができます。

隣組と常会

戦時体制の問題があらわになる現場が隣組と常会です。隣組は翼賛会の最末端組織であり、行政代行組織です。隣組の組長は、食糧配給、木炭配給、衣料切符の分配、貯蓄奨励と国債購入について各戸への金額わりあて、金属回収の実行、などをおこないます。

常会は、隣組でひらく会合です。そこでの話し合いは、常会の普及宣伝につとめる田中喜四郎によれば、権利、義務、権力といったことばとは無縁です。和やかに話しあって参加者一同が納得することが大切なので、多数決は厳禁です。全員一致できめたことであれば全員がまもるのが当然です。

企画院調査官の鈴木嘉一はこれを、自然的な相互監視と形容しました。鈴木の著書『隣組と常会　常会運営の基礎知識』は実例をあげて、常会の申し合わせと相互監視は、国民精神総動員連盟の街頭監視活動よりもはるかに効果があると説明しています。

もし常会で「毛皮の襟巻はやめましょう」と申し合わせたならば、近所の手前、もう決して毛皮の襟巻は着て出られない。「雀の巣の様な髪はやめましょう」「濃厚な口紅はやめましょう」との申合せができると若い娘さん達も自粛せざるを得ない。ビラよりも立看板よりも、そして街頭監視隊よりも何ものにも優る効果が衷心《ちゅうしん》よりの理解の下に和かな気持で実行せられるのである。／節米にしても貯金にしても、常会にかけられ実行の申合せとなる――これ程確実な又普遍的な方法が外にあろうか。

向こう三軒両隣のせまい日常空間に、息がつまるような監視社会が和やかに出現します。隣組の人間関係から逃れることはできません。昭和十六年春の米穀と木炭の配給通帳制、翌年の衣料切符制の導入によって、隣組を介さずに衣食の生活必需品を手に入れることは、法律上できないこととなっていたからです。

組長が各戸の配給通帳と衣料切符を一括管理し、各戸の実情に応じて配給量を臨機応変に按配することとなっていたため、文字どおり生殺与奪の権力をふるうことが可能でした。反対に、真面目で気弱な人が組長をひきうけると、行政とご近所さんとの板挟みに苦しむことになります。作家大佛次郎《おさらぎじろう》の日記には、さまざまな役得にあずかることができるため町内会長や隣組長にいすわる話があるいっぽうで、女性の組長が貯金や配給当番に協力しないご近所さんに困っていると記します。組長のいうことをきかない老人にかぎって食糧配給ではいちばん大きい魚をもっていくとも記します。

人、物、金を強制動員する法律や命令は憲法違反の疑いがかかりますから、政府は必要とする数量について計画をたてるにとどめます。数量計画は上から下へ、翼賛会本部から地方支部へと伝達され、それぞれの支部ごとに負担すべき数量がはじき出されて、最終的に隣組が負担すべき数量が算出されます。

わりあてられた数値目標の充足実現は、隣組長の責任です。本来なら政府が法にもとづいて強制すべきことがらを、近所づきあいの人間関係のなかで処理させようというのですから、責任転嫁というほかありません。その実態を、人については徴用と勤労、物については献納と供出、金については貯蓄と国債、のみっつに絞ってみていくことにしましょう。

総動員体制を実現するため、国民徴用令ができたのは昭和十四年のことでした。国家総動員法にもとづく勅令です。しかしながら皆さんの予想に反して、国民徴用令は政府が自由に国民を徴用する法令には、なっていませんでした。

徴用と勤労

もともと国民徴用令は軍需産業に労働者を強制的に移動させるために、革新官僚が立案したものでした。しかし国民の職業選択の自由を制限することはできません。明治憲法は職業選択の自由を明記しませんが、戦前日本にあっても、国民には職業を選択する自由があると考えられていたのです。

くわえて国家総動員法第四条審議の過程で、政府は国民の自発的協力を優先することを議会で約束してしまいましたので、同条を根拠とする国民徴用令もおなじ制約をうけるのです。おなじ趣旨から、国家総動員法施行にともない各地で結成された勤労奉仕隊や女子挺身隊も、あくまで任意によるものでした。任意ですから、国家による強制力ははたらきません。

国民の自発的協力を原則とする制約によって、労働者の充足は、まずは労働者本人の職業選択にゆだねられ、次善の手段として、国民職業指導所のちに国民勤労動員署でおこなう職業紹介その他の募集方法によることとなりました。徴用令の発動はこうした方法で、所要の人員をえられない場合の、最後の手段に位置づけられました。つまり勅令はつくったものの容易に行使できない状態だったのです。

さらに確認しておくべきことがあります。当初の徴用対象が国民一般ではなかったことです。徴用令が対象とするのは、医師、看護婦、薬剤師のほかは、金属加工や機械工業の技術者など、軍需産業に関係する技能をもつもので、かつ、登録をすませたものに限られていました。徴用対象の限定が、徴用令の有名無実化をもたらしました。軍需産業が好景気に沸くなかで仕事にあぶれる職工は皆無にひとしかったからです。

日中戦争勃発により、軍需産業への武器弾薬の発注が急増し、需要に供給が追いつかない事態になりました。各企業は労働者の引き抜き合戦を展開し、昭和十二年十月には厚生省が職工争奪防止を通達するほど、人手不足になったのです。軍事予算膨張の恩恵に浴した各軍需企業は高給で熟練労働者を囲いこみながら、他社からの引き抜きをつづけました。

昭和十四年に国民徴用令を施行した時点で、状況はさらに悪くなっていました。戦線拡大によって徴兵されるものが増えたからです。徴兵は憲法がさだめる国民の義務であるため、勅令がさだめる徴用に優先します。革新官僚の労務動員計画は、陸海軍の徴兵によって覆されたのです。国民動員は、労働者の自由意思にしろ、陸海軍の徴兵にしろ、明治憲法に阻まれていたということができるでしょう。

ここにも憲法の制約

たとえば、政府は、昭和十六年十一月の国民勤労報国協力令により、市町村と学校と職場に、国民勤労報国隊を結成させました。一四歳から四〇歳までの男性と、一四歳から二五歳までの独身女性が対象で、一年に三〇日以内の条件で、軍需工場などでの作業に協力することとさだめました。しかし法令には、義務や強制をしめす字句はなく、かえって、協力すべき者を選定する場合には、当人の希望、年齢、職業、健康状態、家庭の事情を斟酌するよう義務づけているありさまです。

また、昭和十九年八月、政府は学徒勤労令を公布して、学校報国隊による学徒勤労動員を開始しました。学徒動員は工場からの申請により、文部大臣や地方長官が各学校長に必要な措置をとることを命じ、各学校長が学徒勤労対象者の選定をおこない、必要な事項を指示することとなっていて、学徒に命令する主体は明示されていません。しかも教育と勤労の一体化を原則としたため、工場側の受入態勢の不備や労務過剰の際には学徒をひきあげることが可能でした。犬塚信『回想ドキュメント　ああ、学徒勤労動員』は、引率教員の判断で帰校した実体験を紹介しています。

勤労報国にしろ、学徒勤労動員にしろ、動員される本人に命令するのが誰なのかぼかされていました。依頼した工場主なのか、依頼をうけて必要な措置を市町村長や学校長に命じた大臣なのか、対象者を選定する市町村長や学校長なのか、わからないのです。

そしていずれの法令も明言しないのは、市町村長や学校長の指示をうけて実際の選定にあたった隣組の組長や担任教師の存在です。実のところ、かれらこそが国家がなすべき強制を、人間関係によって代行したのです。明治憲法がさだめる臣民の権利を侵害する危険を回避しようとすると、このようにするほかなかったのです。

遅すぎた強制

いっぽうで、国民徴用令は昭和十八年七月、五度目の改正をへて、ようやく徴用の国家性を明確にするにいたりました。徴用の国家性とは、厚生大臣が国家の要請にしたがっていつでも国民を徴用して必要な総動員業務に従事させることを意味しました。つまり、労働者の自由意思を最優先とする原則が外されたのです。

昭和十九年二月には徴用対象者の限定も解除して、国民登録制を拡大しました。職業能力に関係なく、一二歳から六〇歳まで徴用対象者として登録することとなったのです。これらの改正によって、徴用令は本来の目的どおりの徴用令となったといえましょう。また、同年八月には女子挺身勤労令によって、一四歳から四〇歳までの日本人女性が軍需工場に強制動員されることになり、違反者には罰金が科されることになりました。

しかしこうした動向を革新派の勝利ということはできません。同年七月といえば、すでに絶対国防圏が崩壊し、戦況は悪化の一途をたどっていました。敗色濃厚となって背に腹はかえられぬ情況になったため、強制徴用が許容されたのであって、革新派の主張がうけいれられたからではありません。すでに工場労働者の半数は女性でした。老人も多く、一四、五歳の少年も混じっていました。これが昭和十八年二月、山田風太郎が日記に記した生産力拡充の現場風景でした。

清沢洌は昭和十八年十一月の日記に、行きつけの床屋の従業員や、富士アイスの会社員が徴用にとられたことを記し、一般産業がなりたたなくなり、徴用工の能率もあがらないと予見しています。清沢の見立てはただしかったようで、一に英米捕虜、二に囚人、三に徴用工ということばが工場で流行っていて徴用工はもっとも働かない、と昭和十九年二月の細川護貞の日記にあります。

徴用工が働かない理由のひとつに給与が時間給だったことがあげられます。従来の職工は仕事の質と量とを基準とした能力給や成果給です。徴用工には技術も知識もないために労働時間を給与算定基準にせざるをえなかったのです。勤勉の倫理をもたない人間や、やる気のない人間にとって、時間給は働かない方が得な給与体系です。

国民義勇隊

法令上、国民動員が隣組におりてくるようになったのは、昭和二十年六月に大政翼賛会を解散して国民義勇隊を結成してからのことです。会社ごとに結成する職域義勇隊のほかに、部落会、町内会を単位とする市町村義勇隊をつくることになりました。国民義勇隊設置にさきがけて、国民徴用令は、ほかの労務関係の勅令とあわせて、国民勤労動員令に一本化されました。国民勤労動員令は、国民皆働の実現をかかげて、病人まで動員対象としました。

大佛次郎《おさらぎじろう》は、常会で地域の義勇隊長をひきうけることとなり、陣地構築作業をてつだっています。期間は一ヵ月で町会から四人出すのですが、地域義勇隊にのこるのは老人と傷病者と、大佛のような自由職業のものばかり、隣組で二人か三人いればよい方でした。小説家の高見順《たかみじゅん》も、各隣組から一名選出するという組長の依頼をうけて、隣組第二五組を代表して出動したところ、あつまったのは六名の老人だったと日記に記しています。

八月になって大佛は各戸を訪問して地域義勇隊への参加を要請していますが、職域義勇隊に参加しているからと断られています。県本部から職域義勇隊のものを地域義勇隊にかりだしてはならないとの通達もでていて、人手不足は深刻でした。

大佛は昭和二十年八月五日の日記に怒りをこめて、義勇隊は徴集であり強制労働で、下から盛上ったものではない、と書き記しました。国民義勇隊という命名には、国民側からの自発的な協力、という趣旨がこめられています。もちろん国家による強制を粉飾し、合憲性と必要性を両立させるための擬装です。隣組の組長に強制を肩代わりさせることで、国家は合憲性を担保しつつ国民を強制動員することができたのです。

革新官僚の構想が実現したかにみえますが、これは昭和二十年夏のできごとなのです。我国の戦時体制はここにいたってもなお、憲法を遵守して、下から内から自発的に、の原則に固執していたことがわかります。

戦時体制の狂気を象徴する特別攻撃隊の選抜も、下から内から自発的に、の原則が働いています。ここでも強制は巧妙に回避されます。志願制だったからです。

特攻も志願制

特攻隊に配属されたからといって、特攻を命令されるわけではありません。特攻への参加表明は、強く志願する、志願する、留保すると書かれた用紙に丸をつけておこないます。上司は、強く志願するに丸をつけたものだけを特攻させます。この方法によって、命令ではなく本人の志願で特攻したことになります。

特攻隊員になるには、陸軍特別幹部候補生と海軍飛行予科練習生としての教育訓練をうける必要があります。陸海軍はそれぞれ生徒を募集します。ここに強制はありません。しかし、学校ごとに志願者目標数がわりあてられます。数値のわりあては強制です。各学校では、配属将校と教師が目標数達成のために躍起《やっき》になります。

愛国心にかられた少年たちは、みずからすすんで手をあげました。それで足りない場合には、素行不良の生徒を説得して志願するよう誘導しました。国家も、陸海軍も、文部省も、教師も、誰も強制していません。愛国少年の純真さと不良少年の後ろめたさを利用して、合憲性と必要性を両立させて実現したのが特攻です。

献納と供出

明治憲法が所有権は侵されることなしとさだめているのですから、政府が国民の財物を勝手にとりあげることはできません。だから国家総動員法にも補償規定があったのです。しかし、物資欠乏のなかで戦争を継続するには、国民の所有物を動員する必要がありました。その際、所有権を侵害しない方策を政府は考案しました。それが献納と供出です。所有権の自発的な放棄によって、憲法問題をすりぬけるものです。

本来、献納は金品を寺社にさしだすことを意味しました。戦中の日本では献納をうけるのは政府であり、陸海軍でした。政府も陸海軍も献納を強制したわけではありません。最初の大規模な献納が、新聞社が発起した航空機献納運動だったことからも、わかります。

しかし政府は、翼賛会や大日本婦人会を通じて、国民に献納をよびかけるようになります。坂本たねは隣組をまわって衣料切符の献納をおねがいし、切符をあつめています。昭和十八年二月の記事です。衣料切符がなければ衣類を入手できない制度なのに、その切符を献納させるのですから、坂本の作業が円満におこなわれたとは思えません。

供出は日本独自の熟語で、戦時体制下の新語です。政府のもとめに応じて金品をさしだすことです。供出ときいてすぐに思いつくのは金属供出でしょう。

日中戦争勃発後まもなく、政府は不用金属の供出をよびかけました。法令にもとづかないので、任意の供出です。昭和十六年の金属類回収令によって、金属供出はようやく根拠法令をもつものとなります。鉄、銅、黄銅、青銅、銅合金でできている物品が回収対象です。

金属類回収令は、一般企業や個人にたいして、供出を命ずる法令ではありません。命令対象は、国有施設とすでに国家総動員業務に協力している工場です。この場合は、期日までの物件譲渡申込を所有者に義務づけます。しかしこの強制には意味がありません。国家総動員業務に従事している施設なので、国家のなかで管轄が移動するだけだからです。

このほかの場合として、商工大臣が地域を限定して、一般的な移動処分の禁止命令を出し、譲渡申込みを一般的に命ずるものとしています。つまり個人や企業の具体的な物件について命令するわけではないのです。個人や企業には地方長官が譲渡の申込みをするように勧告します。勧告は罰則をともないません。つまり強制力はありません。任意です。任意なので、所有者本人が回収場所に物品を持参して、所有権を放棄する手続きをおこないます。もちろんこれは但し書きのついた任意でした。

金属類回収令が期待するのは、国民の愛国心により、政府の勧奨に応じて、自発的に有用金属が供出されることである、とは政治評論家の唐島基智三《からしまきちぞう》による解説です。政府の意図を正確によみとっています。政府は、昭和十七年から民間金属類特別回収運動を展開し、愛国心による供出を国民によびかけました。ここでも、政府による任意供出のよびかけは、末端の現場に到達すると、強制供出へと転換しました。

家庭鉱脈にねむる遊休金属をあつめることを目的にかかげた回収運動の舞台は、職場と隣組と学校でした。父は職場で、母は隣組で、子供は学校で、三ヵ所からのもとめに応じてひとつの家庭から金属を供出しました。

職場は世故《せこ》に長《た》けた大人同士の世界ですからまだしも、隣組と学校では誰がどれだけ供出に応じたか環視されるため、任意といっても拒絶できない雰囲気が醸成されます。戦後、白洲次郎《しらすじろう》と正子は、黙っていればわからないのになぜ供出に協力したのかと娘から質問をうけて、当時は出さないで匿《かく》しておくような雰囲気ではなかった、とこたえました。白洲は戦後吉田茂《よしだしげる》の片腕として活躍し、ＧＨＱ要人から、ただひとりの、従順でない日本人とよばれた硬骨漢です。そのような白洲でも我関せずとはいかなかったのです。

昭和十八年度の運動は、特別回収を非常回収へと語気を強めておこなうこととなりました。政府は、四月十六日に昭和十八年度金属類非常特別回収実施要綱を閣議決定し、商工省外局として金属回収本部を、各道府県に回収課または回収係を、設置しました。政府補助機関として、金属回収統制株式会社、産業設備営団、国民厚生金庫、重要物資管理営団を活用することとしました。

なお、回収運動の全面展開にともない、鉄製の鍋釜を供出した場合には陶器製の代替品がわたされ、貴金属製品を供出した場合には相応の代金が支払われました。所有権尊重の体裁をととのえるためです。

四月十九日、金属回収本部長の難波経一《なんばけいいち》はＮＨＫラジオ放送を通じて、国民に理解と協力をもとめました。回収するのは車庫の隅でほこりをかぶっている自動車のような不要遊休の金属だけだ、という本部長の注意は、回収の現場では意味をなしませんでした。中井順子の手記をよめば、そのことがよくわかります。

何度目かの通達が来た日、父は祖母の総桐のたんすに目を向けました。……嫁入り道具の総桐のたんすは立派な物で、引き手は太く重く、全体に細かい彫刻が施され、一つ一つの引き出しの中央にある装飾板にも彫刻がありました。……

父がたんすの装飾板の一つを剝《は》がしたのか、木がささくれて痛々しい跡ができたたんすの前で、祖母が声を押し殺して泣いていました。突然、母が叫びました。「もういいがね、何もかんも出したがやさかい《だしたのだから》」。父は「何を言うとる、非国民だ」と息巻きました。母は姑である祖母とたんすをかばって仁王立ち。震えていました。

父はふーっと息をつき、がっくりと座り込みました。私は何も言えず、立ち尽くしました。祖母も母も父も、みな可哀想でした。（『戦争体験　朝日新聞への手紙』）

父親がわるいのではありません。父親は国民としての責任を全うしようとしただけです。権力行使の責任を父親に転嫁して、所有権問題を回避した政府の態度が、国家と家庭のあいだでおこるはずの対立を、父と母の対立に転化させ、中井の家庭を任意と強制の修羅場にかえたのです。

日中戦争勃発後まもなく、政府は膨張する軍事費を歳入だけでは賄《まかな》えなくなります。そこで大蔵省がはじめたのが貯蓄奨励運動でした。その現場となったのは、隣組でした。上からわりあてられた貯蓄目標額の達成は、組長の双肩にかかっていたのです。

貯蓄奨励運動は、国民精神総動員運動の一環としてはじまりました。政治上、意味のないものの代名詞だった国民精神総動員運動の主たる目的は、質素倹約の宣伝を通じて、貯蓄を奨励することにあったといって過言ではありません。

実際、国民精神総動員連盟がしめした興亜奉公日の実施項目には、質素倹約事例の数々が列挙されていますが、その最後には、この日に節約した金は必ず貯金することと明記しています。また興亜奉公日は毎月一日に設定されましたが、当初案では各企業の給料日に設定されていることが多い二十五日を想定していました。このことからも、給与所得を消費ではなく貯蓄に誘導する意図がうかがえます。

大蔵省は、賃金高騰による物価騰貴をみこしていましたので、貯蓄奨励にはインフレ抑制策としての役割もありました。国民精神総動員運動は、政治上は無意味であったとしても、経済政策としての意味があったといえましょう。

貯蓄と国債

日中戦争開戦後、軍需産業は労働者をつなぎとめるために賃金を上昇させていました。膨張した軍事費は、企業への武器弾薬発注をへて、労働者の高給に化けていたのです。そのいっぽうで生活必需品の不足は日をおうごとに深刻さを増していきますので、商品供給が購買需要においつかないのに、消費者の手許には多額の現金があるという状態になります。こうなると、商人としてはより高い代金を支払う客に商品を販売することとなります。その結果、物価が上昇し貨幣の価値がさがります。これがインフレーションです。

労働者が手にした賃金を国庫に回収する方策として、もっとも簡単なやり方は、国債を購入させることです。大蔵省も当初は戦時国債を直接国民に購入させる方策を検討していました。しかし、これにたいして銀行をはじめとする金融各社が猛反発しました。給与が国債購入にあてられると預金が減少するからです。

当時の大蔵省は、現在の財務省とはことなり金融庁の役割もかねていましたので、大蔵省銀行局長は、業界の指導監督者であると同時に、その利益の保護者でもありました。大蔵省は国債購入ではなく貯蓄奨励を選択しました。

つぎに銀行側は、郵便貯金の利用にも反対しました。民業圧迫だというのです。郵便貯金の利率優遇を保持したままでは、国民は郵便貯金を選択するにきまっていますから、これについても是正をもとめました。

大蔵省は銀行側に大幅に譲歩しました。その結果、国民は銀行をはじめとする金融機関に預金し、各金融機関はあつめた預金を大蔵省が発行する国債の購入費用にあてる、という仕組みがうまれました。安田信託会社専務取締役の戸澤芳樹《とざわよしき》は、大蔵省の決定について、もっとも無理のない穏健な方法だと賛意を表しました。もちろん、金融機関側の勝利宣言にほかなりません。国民にたいする貯蓄奨励運動は、銀行による国債購入によって、紙幣を国庫に回収する運動であり、これによりあらたな軍事費支出をささえたのです。軍事費は賃金となって貯蓄奨励運動の円環にもどってくるのですから、とてつもない規模の自転車操業です。

大蔵省は、しかし、貯蓄奨励運動を任意による自発的な愛国運動として、展開しました。給与の使い途を国家が指図することは、所有権の侵害にあたるからです。運動開始当初の大蔵大臣賀《か》屋興宣《やおきのり》は、ただしい時局認識と自覚と責任を有する大国民にたいして、貯蓄を強制するのは恥辱であるとのべて、強制策をとらないと明言しました。賀屋につづいて蔵相となった石渡荘太郎も、強制的、法律的な国債保有に反対する立場を表明しています。

昭和十六年三月にいたって、ようやく国民貯蓄組合法を制定した際にも、従来の自主的貯蓄の趣旨を尊重すると説明されました。自主的というのは、国民の愛国心を振起し、国民に自発的に励行させる、という意味です。そのため指導監督は必要最小限にとどめるとも付言しました。

法律がさだめなかった部分は、現場の裁量にゆだねられます。隣組の組長に、年間目標八五億円におよぶ戦費調達の責任が課せられたのです。しかも戦争長期化により貯蓄にくわえて国債購入もわりあてられると、組長の懊悩は深刻です。坂本たねの日記から昭和十七年八月二十三日の記述を引用しましょう。

夜八時より……組長、副組長の協議会あり。今月の債券及国債、合して一組割当百八十円。町内全体として八百三十円なれば、各戸が拾円づつ出せば、直に消化する筈なるも、一切買わぬと言う向もあるため、勢、多く負担する人が必要となる理由である。（『戦時の日常』）

誰に多く買わせるか、きめるのは組長たちです。坂本はその後、二時間をかけて隣組の各戸をまわって国債購入を説得します。八月末には組のわりあて金額一八〇円のうち、二戸に五〇円ずつ負担させて目標を達成します。

しかし十二月にはまた同額の国債購入わりあてが課され、同月二十三日に購入費用二三八円分をあつめ、残額を特定の家に傾斜配分して回収しています。さらに年があらたまって二月には、隣組一組に二六〇円のわりあてがあり、四月にもわりあてがあって、そのたびに坂本は任務をこなしていきました。

坂本は誠実で仕事熱心な組長だったようですが、隣組長の頑張りにはやがて限界がきます。大佛次郎は昭和二十年五月の日記に、貯金わりあてを断ってくる家があることを記し、もう限界にきていると嘆いています。

なお、日本国民が購入した戦時国債は敗戦によってただの紙切れとなり、預貯金は昭和二十一年二月の金融緊急措置令と日銀券預入令——新円切り換えと旧円預貯金封鎖——と、戦後インフレによって霧消していきました。

革新官僚が夢見た金融統制は、戦後になって、実現したといってよいでしょう。ふたつの勅令は天皇大権にもとづく緊急勅令でした。インフレ防遏《ぼうあつ》のため強権発動にふみきったのです。原案作成にあたった福田赳夫《ふくだたけお》をはじめとする大蔵官僚は、社会主義の理論家である大内兵衛《おおうちひょうえ》を先生と仰いでいました。大蔵省の金融政策がもっとも社会主義にかたむいたのは、戦時下ではなく、戦後のことでした。これもまた遅すぎた強制のひとつです。

社会の崩壊

カネ、コネ、カオ

戦時体制の裏側には、愛国心とは無縁の世界がひろがっていました。星、碇、カオ、闇、列の世の中だ、という昭和十八年のことばは、物資入手の難易度と社会の腐敗とを、如実にしめしています。

星と碇は、陸軍と海軍です。それぞれ肩章にほどこされた意匠です。カオは、力や信用があって相手に無理がいえることをいいます。闇は闇市場のことです。列は食糧配給の行列です。上から順に物資を簡単に手にいれることができました。そのため、世の中は星にいかりに闇に顔、馬鹿者のみが行列にたつ、ともいわれました。

行列にたつ馬鹿者とは、闇市場で物を買うカネをもたず、陸海軍にコネをもたず、物資の融通をうけるにはカオが利かない、善良なる一般庶民のことです。清廉潔白に、法令を遵守していきるものを、馬鹿と嘲《あざけ》る世の中がひろがっていたのです。いいかえれば社会の崩壊がはじまっていたのです。

カネ

貯蓄奨励運動にもかかわらず、戦時インフレはとどまることをしりませんでした。食料品をはじめとする物資の不足は日々深刻化するばかりなのに、熟練工は高給をとり、徴用工は時間給をえて、その結果、市場に流通する貨幣量だけが増えていったからです。昭和十四年（一九三九）十月十八日、政府は価格等統制令などを発して、一月前の九月十八日時点の水準に価格や賃金を釘付けようとしました。九・一八ストップ令です。もちろん、効果はありませんでした。価格は需要と供給によってきまるからです。

昭和十八年九月十五日の日記に清沢洌《きよさわきよし》は、公定相場の失敗と闇相場の昂騰《こうとう》を記しています。公定相場と実勢価格の相場の差は一〇倍にひらいていました。とくに砂糖価格の昂騰は急激であるとも記しています。

人々は食糧の不足を闇市場でおぎなおうとしました。そのためには、多額の現金を必要としました。食べるために金が要るとなれば、人々は、がめつくなります。労賃のつり上げ交渉はあくどさを増していきました。昔ながらの人情や親切はすたれました。不快な現実だと大佛次郎は日記に記すのですが、物事がカネですんでいるうちはまだ健全です。物資窮乏によってカネがあるだけでは物にありつけない状態になるからです。

ここでコネというのは、主として陸海軍との縁故関係をさします。物資配分は陸海軍が優先だったため、かれらと誼《よしみ》を通じたものは、物資の横流しをうけることができました。

コネ

平成二十七年（二〇一五）に「日本のいちばん長い日」を撮り直した映画監督の原田眞人は、戦争中の暮らしぶりを母親にたずねたとき、祖母の才覚で手にいれた砂糖のおかげでひもじさとは無縁だったと教えられました。祖母のいとなむ割烹《かっぽう》旅館は、沼津の海軍工廠《こうしょう》や御殿場の陸軍演習場の関係者が顧客でした。そのコネで夜中にトラックが来て家の前に砂糖がつまった樽《たる》を置いていきます。砂糖は貴重品なので、どんな物とでも交換できたのでした。

食糧配給制度がはじまってから人々は砂糖の不足に悩み、渇望しました。大佛の日記によると、某県の内務部長宅が火事になったら木炭や砂糖の大量備蓄が露見して人々の反感をかったとか、山一証券の主人の屋敷にガソリンと砂糖が買込んであったので、火事になっても人々が消防に手をかさなかったといった流言蜚語《りゅうげんひご》が人口に膾炙《かいしゃ》しました。

コネがあれば召集を免れることも可能でした。名古屋連隊区司令部で動員業務にあたっていた神戸達雄は、ある日、古参の軍属から名簿をしめされ、そこにある名前のものを召集する際には自分に連絡してほしいと告げられました。神戸らは該当者の兵籍名簿に赤い付箋《ふせん》を貼っていきました。付箋を貼られたものは召集を免れたわけですが、その職業は会社の重役、配給事務に携わる上役、料理屋の主人、著名人などなど、儲かる仕事をしている人々であり、怒りに燃えたと神戸は回想しています。

カオ　昭和二十年の戦争末期に、高見順は疎開先の鎌倉から上京して、国民酒場で呑んでいます。国民酒場は、周囲の飲食店が配給された酒や肴をもちよって運営する、産業戦士——労働者のことです——の憩いの場でした。考案したのは大蔵官僚の大平正芳《おおひらまさよし》です。のちの総理大臣です。

国民酒場では、まず列に並んで券をもらい、券に金をそえて、一合徳利とつまみを受けとるという仕組みでした。券をもらえるのはひとり一回のはずでしたが、カオがきけば券を何度も手にいれることができました。その様子を書く高見順の日記は、饒舌《じょうぜつ》です。

猫八が……「国民酒場委員」という人と知り合いで、券をこっそりわけて貰える。そこでさらに、徳利三本を入手。一人三本ずつである。……猫八がさらに二本ずつ入手。——それから、よくわからない。たしか、また二本だと思ったが。私ひとりで「委員」とかけ合って二、三本手に入れた。／一本は、並べば飲める。しかし、あとは「顔」である。……一体どういう連中が「顔」なのかと、猫八が挨拶している人を「あれは、どういう人？」と聞いてみると「区役所の人——」。／後から悠然と入って来て、飲んでいる人があって、「委員」に聞いてみると「警察の人」。（『敗戦日記』）

動物の声帯模写で有名な二代目江戸屋猫八は、ラジオ放送で人気を博したカオでした。高見順その人もカオがきく文学者でした。官公吏や警察官もカオでした。カオがきけば、戦時体制下でも融通がききます。それどころかカオを有効活用すれば贅沢を満喫することさえできたのです。

軍人天国

戦時体制は、高度国防国家のかわりに、軍人天国をつくりだしました。星と碇すなわち陸軍と海軍が物資の権威的配分をおこなったからです。軍人と軍需関係者は軍用の証明書を使って、列車の切符も必要物資も簡単に手にいれることができました。

戦争末期になっても、食糧、調味料、酒、菓子、服、下着、靴などが軍隊にはふんだんにあった、とは朝鮮航空機械会社で海軍軍属として働いていた永松吉次の日撃談です。大佛次郎の日記には、陸軍准尉が日本と台湾をむすぶ輸送機の機長であることを利用して私腹を肥やしている話が記されています。高級料亭を将校専用の倶楽部として接収する例もありました。当然、芸者もひとりじめです。

学校が兵舎として接収されたとき、ひもじさにたえていた軍国少年――金森長雄や森田俊彦のまえにあらわれたのは、山盛りの白飯と豪勢なおかずを食べる将校たちでした。あるいは、教室をひとりで占領し、テニスのあとふかふかの布団を敷いた寝台で午睡を楽しむ海軍将校でした。軍国少年たちの軍人へのあこがれは幻滅にかわり、必勝の信念は疑念にかわりました

敗色濃厚となった戦争末期に、出征が死出の旅とおなじ意味になると、徴兵事務をあずかる軍

属のなかには、この生殺与奪権を悪用して私腹を肥やすものもいました。神戸達雄は手記のなかで、召集阻止とひきかえに金銭や飲食をゆすりとる軍属のやり口を紹介しています。その軍属は召集の事実そのものを、公式の事務書類を使って捏造し、信憑性《しんぴょうせい》を高めていました。あくどい手口というほかありません。

瀆職官吏

戦時体制は、生産力拡充には失敗しましたが、多くの瀆職官吏《とくしょくかんり》を輩出しました。清沢洌は知人の体験談を日記に記しています。知人は農商務省の若い役人から靴や下着を買い、砂糖で支払いました。役人は、公用であることをしめす証明書を発行しました。つまり、この役人は官有物の靴や下着をくすねて、砂糖と交換し、文字どおり甘い汁を吸っていたのです。徳川夢声《とくがわむせい》は更生物資購買所の課長の応召壮行会のお座敷によばれ、礼金のかわりに購買所が保管する遺失物である水筒、傘、鞄などをもらっています。

高級官僚でなくとも役得にあずかることができました。ある県の勤労動員課に勤務した女性は、たまたま警察部長の代理で工場を視察する役目を仰せつかった際に工場側の接待攻勢にあったと回想しています。豪華な料理と酒と煙草をすすめられ、帰りには肉や炭、石鹸を土産にもたされたその女性は、やがて接待をうけるのが当然だと思うようになったとのべています。また徴用事務をてつだう民間人が、徴用でひっぱるぞと嚇《おど》しては、わいろをせしめる事例もありました。

たんなる公吏ですら堕落するのですから、国家権力を行使する警察官にはいっそう多くの誘惑があったにちがいありません。大佛次郎は、近所の若い巡査が公定価格で物を買うことができるため、結果として贅沢な暮らしを享受しており、自転車を二台購入して、一台を米不足になった時の交換用に他人名義で所有する不正をはたらいていると記しています。

山田風太郎は団子屋にたかる警察官を目撃しています。警察官は、大皿に山盛りになった団子を廉価で買いたたいたあと、調理場の奥で店の亭主と話し、大きな新聞包みをかかえて裏口から出て行きました。違法営業を目こぼしして、見返りをせしめていたのです。居合わせた客たちは無関心で無反応でした。きわめてありふれた光景だったからです。

警察官は闇物資の取締りをおこなっていました。押収した食糧は公定価格で買い取ります。官の論理では、押収物に正当な対価を支払ったのだから、所有権を尊重していることになります。しかし、インフレが昂進《こうしん》しているなかで、実勢価格と公定価格の差は一〇倍程度に拡大していましたから、意味をなさない金額でした。『戦争中の暮らしの記録』には、目こぼしされた人参を警察官がむしりとっていった話が紹介されています。押収した食糧は正規の配給体系にもどされますが、この人参は警察官の胃袋におさまったと推測できます。

正直者が莫迦をみる

カネ、コネ、カオの横行は、正直者が莫迦《ばか》をみる社会をうみだしました。

山田風太郎の日記には、貧乏を理由に国債購入を免れていた男の話がでてきます。説得に来た伯父にたいして男は「旦那さん、そりゃ買ってやってもよござんすがね。

けんど、一度買うと、クセになるからね」とこたえました。くせになる、というのは隣組の要求に止《と》め処《ど》がなくなるという意味です。購入額の配分と代金回収に苦心する組長がいるいっぽうで、このように考える人物は戦時体制の抑圧を感じないですんだのです。

多くの組長は、そのまじめさから戦時体制の協力者として苦労をかさね、戦後は戦争協力者として指弾され良心の呵責に苦しんだことでしょう。そのいっぽうで、町内の鼻摘《はなつ》まみだった件《くだん》の男は、除《の》け者《もの》ゆえに戦時体制の災厄を免れました。

戦時体制は、忠良なる帝国臣民を犯罪者にかえました。日をおうごとに窮乏する食糧事情のなかで、法令を遵守して配給制度にしたがっていたら餓死するしかありません。ごく普通の人々がいきるために闇物資をもとめて、その結果法を犯しました。いきるためなら法を犯してもよいのだと人々が思うようになれば、社会の崩壊は間近です。

清沢洌の日記は昭和十八年後期から泥棒被害の記録がめだってきます。九番アイアン、生姜、柿、玄関においた外套《がいとう》、靴、新品の鳥打ち帽子などを盗られています。日本は泥棒国となったと清沢は嘆き、これからもっとひどくなると予想します。山田風太郎は銭湯でたびたび盗難被害にあっています。大佛次郎の知人は、特攻隊員を騙《かた》る少年に金品を騙《だま》し取られています。

泥棒をはたらかないまでも、人々の民度は劣化しました。徳川夢声はこう書いています。

一般の中には、三等〔列車〕の切符で平気で二等に腰をかけ洒々《しやしや》としている人種も沢山あるが、斯《こ》ういう時世には、斯ういう神経の方がトクをする場合が多い。……自分のことは棚へあげて、他人をのみ攻撃出来る人間が、トクなのである。自己を省みる癖などは、斯んな世の中では美徳にあらず、一つの弱点であろう。……思うに戦時中の個人道徳も、やはりその筆法で行く方がトクであろう。反省する人間、自責の念強き人間などは、滔々《とうとう》として劣敗者となるであろう。（『夢声戦争日記』）

国民の倫理や道徳は頽廃《たいはい》しました。有利不利が行動基準となり、法網にかかるものは馬鹿とさげすまれました。いっぽうで、コネにより衣食みちたりた生活を送るものがいて、カオがきけば戦時利得で贅沢を楽しめるとなれば、社会の崩壊と形容するほかありません。

道徳水準の回復と社会の再生は、高度経済成長による生活水準の向上と、都市化と過疎化による社会の攪拌《かくはん》とによってなされるのですが、この問題は別の機会にゆずります。戦時体制における国政の崩壊をみるために、話を昭和初期の陸軍にもどさなければならないからです。

国政の崩壊

革新派のなかで、もっとも高度国防国家を切望したのは、陸軍中堅層でした。そもそも高度国防国家の理念は、第一次世界大戦をへて変化した戦争形態に適応するために提唱されたものだからです。軍人が高い関心を寄せるのは当然のなりゆきでした。

ここでは、高度国防国家のみっつの要素である、国民動員、統制経済、国務統帥一元化のうち、まだ説明していない国務統帥一元化についてのべます。すでにのべたふたつの要素とおなじく、国務統帥一元化は失敗します。その失敗は戦時体制における国政の崩壊に直結しますので、ここで一括してお話しするのです。

陸軍中堅層

将校の階級は上から、将官、佐官、尉官にわかれます。さらに大中少の別があって、大将から少尉までの九段階の階級制度です。中堅層とよぶのは、佐官の将校です。かれらは陸軍大学校を卒業した秀才でした。陸軍省と参謀本部の要職を占めるのは陸軍大学校卒業生ですから、中堅層には陸軍大臣や参謀総長になる可能性がひらけていました。

予算や人事などの軍政をつかさどる陸軍省で、大臣は大将か中将、次官と局長は中将か少将、課長は大佐と中佐がつく役職ときまっていました。少佐は課員です。佐官は実務をになう階級です。作戦用兵を立案する参謀本部も同様で、参謀総長、次長、部長までが将官の職で、課長に大佐と中佐がつきます。陸軍省でも参謀本部でも中堅層は実務を担当する課長職でした。

大正十年（一九二一）十月、ドイツのバーデンバーデンで、永田鉄山《ながたてつざん》、小畑敏四郎《おばたとししろう》、岡村寧次《おかむらやすじ》の三名が、派閥解消と人事刷新、軍制改革と総動員体制、について話し合ったことが、革新派としての陸軍中堅層のはじまりです。やがてかれらは二葉会《ふたばかい》や一夕会《いっせきかい》といった同志の集団を形成します。主な構成員は、さきの三名にくわえて、石原莞爾《いしはらかんじ》、板垣征四郎《いたがきせいしろう》、河本大作《こうもとだいさく》、鈴木貞一《すずきていいち》、東《とう》条《じょう》英機《ひでき》、武藤章《むとうあきら》などです。

陸軍中堅層はふたつの障害に躓《つまず》きました。障害の一は、明治憲法第十一条に根拠をおく統帥権の独立です。障害の二は、派閥対立と世代交代です。ふたつの障害は陸軍内部と、陸軍中堅層の内部に、激烈な路線対立と派閥抗争をひきおこしました。

その結果、かれらは、政党政治と協力しながら総力戦体制をめざした、田中義一《たなかぎいち》と宇垣一成《うがきかずしげ》を拒否します。統帥権の独立を克服し、国務統帥一元化を実現するうえで、総理大臣となった田中や、首相候補の声望が高かった宇垣と協力するのがもっとも効率のよい選択だったにもかかわらずです。

陸軍中堅層は、官僚機構の構成員として統帥権の独立をまもる立場にありながら、同時に国務統帥一元化をめざす、という解決困難な課題に直面します。

国務統帥一元化とは、政府と陸海軍、政治と軍事の一体化です。総力戦を戦うために必要な制度変更でした。いっぽう、統帥権の独立とは、陸海軍が政府から独立し、天皇の統帥権のみにしたがうことを意味します。国務統帥一元化は、陸海軍の基本理念である統帥権の独立を、根本からあらためることを意味します。

統帥権の独立

陸海軍は、統帥権の独立を自分たちの根拠としていました。明治天皇は、軍人勅諭《ぐんじんちょくゆ》によって陸海軍の大元帥《だいげんすい》であることを宣言しました。そのうえで明治憲法第十一条には、天皇は陸海軍を統帥す、とさだめていました。これらを根拠として、陸海軍は、大元帥である天皇に直属する特別な存在であることに、みずからの価値を見出していたのです。

国務統帥一元化は、自己否定の困難に直面します。これが障害の一です。不磨ノ大典の定着に連動して、憲法第十一条の権威も増していきますので、障害の難度はあがりこそすれ、さがることはありません。

昭和五年（一九三〇）の統帥権干犯問題によって、憲法第十二条の兵力編成が統帥権に関連すると主張されるようになると、統帥権に関連する事項の範囲が拡大して、政府も議会も陸海軍にたいして口出しできない雰囲気になりました。政治と軍事の一体化とは逆行する事態が進行したのです。

統帥権の独立は、明治十一年（一八七八）十二月に参謀本部を設置し、作戦用兵すなわち統帥にかんする事項を陸軍省からきりはなしたことにはじまります。つまり、統帥権の独立とは、参謀本部が陸軍省から独立する意味だったのです。陸軍省の長である陸軍卿は内閣の構成員でしたから、参謀本部の設置は、結果として、内閣からの統帥権の独立をも意味しました。

参謀本部の制度を厳格に運用したならば、内閣はもとよりのこと、陸軍大臣ですら、作戦用兵について意見できないことになります。しかし明治期において制度の運用はつねにおおらかであったため、問題が表面化することはありませんでした。陸軍大臣と参謀総長の所管事項の重複も、内閣との連繋も、常識的な判断と柔軟な解釈によって処理されました。日清戦争と日露戦争で、作戦用兵を議論する大本営の会議に、総理大臣が出席したのはその証拠です。

陸軍と海軍

ここで陸軍を構成する官衙《かんが》について簡単に説明しておかなければなりません。いわゆる陸軍は、軍政をつかさどる陸軍省と、作戦を起案する参謀本部と、将兵の教育を担当する教育総監部《きょういくそうかんぶ》と、みっつの官衙からなりたっています。これを陸軍中央といいます。それぞれの長は、順に、陸軍大臣、参謀総長、教育総監です。この三名を陸軍三長官といいます。陸軍中央の三機関と三長官は、天皇に直属する同格の存在です。互いに命令することはできません。

このほか、当然ながら戦闘部隊が存在します。戦争のない通常の状態、つまり平時では、最大の戦闘単位である師団のもとに、旅団と連隊がおかれ、さらに小さな単位として大隊、中隊、小隊、分隊にわかれます。

ひとつの師団は三から四の旅団、ひとつの旅団は三から四の連隊、という具合に組織を構成します。それぞれに一名の長をおいていて、師団長、旅団長、連隊長、とよびます。大正末年から日中戦争までの時期に、師団は国内外あわせて一七をかぞえました。このほかに、植民地に配置した軍があって、朝鮮軍、台湾軍、関東軍がこれにあたります。

統帥権の独立が、解釈においてその範囲を拡大しつつ、運用において厳格さを増していくと、参謀総長は陸軍大臣と作戦用兵について情報交換できなくなります。ここに参謀本部と陸軍省の対立が発生します。

また参謀総長が出先軍の司令官に命令できなくなります。司令官は法令上、天皇に直属しているため、参謀総長の部下ではないからです。こうして、統帥権の独立は陸軍内部に、複数の、独立の統帥権をつくりだします。

状況を複雑にするのは、海軍も存在したからです。海軍も、軍政をつかさどる海軍省と、作戦用兵を担当する軍令部にわかれていました。それぞれの長は、海軍大臣と軍令部総長です。このほかに戦闘部隊として連合艦隊が存在します。長は連合艦隊司令長官です。

海軍内部にも陸軍と同様の対立が、程度の差はあれ、存在しました。そしてなにより陸軍と海軍は、まったく別の組織として、大元帥である天皇に属していましたので、両者の間にも対立がありました。さらに、参謀本部と軍令部が協力して、陸軍省と海軍省に対抗することもあり、複雑な関係をつくりあげていました。

陸軍と海軍、陸軍省と参謀本部、陸軍中央と出先軍、海軍省と軍令部、海軍中央と連合艦隊、これらの関係を統合できるのは、大元帥である天皇ただひとりでした。しかし、大元帥は命令をくだすことはできません。失敗すれば国家の正統性に傷がつくからです。ここにも天皇親政と天皇超政の平衡関係がかかわってきます。不磨ノ大典の強調が、ここでも国家運営の支障となっていたのです。

派閥と世代

障害の二も統帥権の独立から派生したものです。軍人勅諭で、明治天皇は陸海軍人にたいして、世論《せいろん》に惑《まど》わず、政治に拘《かかわ》らず、忠節をつくせと諭《さと》しました。ここから陸海軍は政治の影響をうけてはならない、との考え方がうまれました。

しかし陸軍の基礎をつくった山県有朋《やまがたありとも》、桂《かつら》太郎《たろう》、寺内正毅《てらうちまさたけ》、田中義一は、陸軍の指導者であると同時に国政指導者の一員でもありました。その証拠に全員、総理大臣になっています。後継世代である山梨半造《やまなしはんぞう》、宇垣一成は、二大政党の時代に適応して、軍縮を敢行しました。田中義一は、原敬《はらたかし》との縁故で、のちに政友会の総裁になりました。宇垣一成は、民政党内閣の首相候補でした。

かれらは政治的軍人であり、陸軍の純粋さを損なう存在だと中堅層は敵視しました。ここに矛盾が生じます。陸軍中堅層は、軍事と政治の一体化をめざしていますから、政治的軍人を先行事例とみなければならないはずです。しかし、かれらは派閥と世代の論理にとらわれていたため、政治的軍人を敵視したのです。

先覚者田中義一

さきにあげた政治的軍人のうち、山県から田中までは、長州藩出身です。陸軍中堅層は、陸軍に長州出身者の派閥が存在し、そのために陸軍大学校を優秀な成績で卒業したにもかかわらず、自分たちの出世がおくれていると考えていました。

また、田中から宇垣までの後継世代については、軍縮を手柄として政党政治におもねり、かつ、政党政治家に転身して自己の栄達をはかろうとしている、と批難しました。田中には政友会総裁就任の手土産として陸軍機密費をもちだした疑いがありました。また田中が組織づくりに関与した在郷軍人会を、政友会の集票機関として悪用しようとしている疑いもありました。陸軍中堅層にとって、田中義一は、政治的軍人の典型でした。

しかし、田中義一は高度国防国家建設の先覚者でもありました。政友会総裁として田中がとりくんだのは、国防の国民化だったからです。田中はつぎのように演説しました。

国防と云うことを、軍人が料理するのだと云う、狭い範囲を持つことを、根本から変えにゃいかぬ。国防は国民の国防である以上、今日の国防の総ての組織を国民化して行かなくちゃいかぬ。吾々が、御維新以来、惰性《だせい》で今日迄取って来た信念を、此処《ここ》で抛《なげう》たなくちゃならぬ。（立憲政友会編『政治講座』）

国防組織のすべてを国民化したときにおこるのは、統帥権の独立の否定です。総力戦体制に必要な制度改革をおこなうことが、田中が政界入りした理由のひとつでした。政治にかかわることが禁じられた陸軍のなかにいては、政治体制を変革できなかったからです。昭和二年（一九二七）四月二十日に発足した田中内閣が、五月に内閣資源局を設置して、資源の統制運用計画にかんする事項を統轄させたのは、田中の方針をよくしめすものです。

また田中は、政治と軍事の一体化を山東出兵で実践しています。昭和二年五月二十八日、政府は中国山東省への出兵を声明し、関東軍に出動を命令しました。この声明を出すにあたり、田中は、二十四日の閣議終了後に陸軍大臣、海軍大臣と話し合い、情勢判断について意見を一致させています。その日の午後、外務省に、外務省のアジア局長、陸軍省と海軍省の軍務局長があつまり、派兵について三者の意見が一致しました。二十七日の閣議で派兵を決定し、二十八日には、田中首相と参謀総長が順に参内して派兵について上奏し、裁可をえました。つまり、山東出兵の手続において、首相兼外相の田中と、陸海軍の意見調整が綿密におこなわれたことがわかります。意見調整は八月の撤兵の際にもおこなわれました。八月二十日、田中外相は北京駐在の公使に数日中の自主的な撤兵を予告しました。その後二十七日にいたって、田中首相は閣議の席で撤兵の断行を提案しました。時期については外相と陸相に一任するということで異議なく決定しました。三十日、田中首相が参内して撤兵を上奏しました。つぎに参謀総長が撤兵にかんする奉勅命令案を上奏し裁可をえました。九月八日、撤兵が完了しました。

山東出兵と山東撤兵は、政治と軍事が一体化しておこなったことだとわかります。首相兼外相の田中は、陸軍大臣、海軍大臣、参謀総長と歩調をあわせて、政府の政策として出兵と撤兵を完了しました。このことは、満洲事変や盧溝橋事件の場合とくらべて、著しい対照をなしています。

陸軍中堅層は、国務統帥一元化に先鞭をつけた田中義一を推戴すれば、内閣と陸軍の協力のもと、高度国防国家建設に着手できたはずです。しかし陸軍中堅層は、田中失脚の原因をつくってしまいました。河本大作《こうもとだいさく》による張作霖《ちょうさくりん》爆殺です。長州閥の田中が去って、陸軍中堅層としては目的のひとつを達成したつもりだったかもしれません。しかし田中以後、陸軍出身の首相が誕生するのは林銑十郎《はやしせんじゅうろう》内閣をまたねばならず、じつに八年もの歳月を無駄にしたことの意味は小さくありません。

歩兵部隊を主たる戦力としていた大正時代の陸軍にとって、軍縮とは、兵士の削減であり、将校の早期退職でした。

軍縮と精神主義

山梨半造は、師団を削減して、陸軍の将兵を六万人減らしています。宇垣一成は、四つの師団を削減し、師団を構成する旅団の数も四から三に削減をおこないました。山梨と宇垣の軍縮の結果、陸軍は平時兵力の三分の一をうしないました。

戦力削減は将校削減でもありました。特に宇垣軍縮では旅団削減によって、旅団長となる少将の四分の一を予備役《よびえき》に編入することとなったのです。予備役編入とは、現役《げんえき》軍人をやめることです。つまり退職です。

軍の政策による退職ですから、退職を命じられた少将は、中将に昇進してから予備役編入の辞令を受けました。恩給が高くなるからです。現代において、早期勧奨退職者に退職金を増額するのとおなじことです。

四王天延孝《しおうてんのぶたか》は、陸軍大臣の宇垣を恨《うら》むなと諭されてから、中将にすすみ退職しました。言論報国の意気があって、気にかけなかったとはいうものの、その筆鋒は、まず美濃部攻撃にむかい、衆議院議員当選後は翼賛会批判にむかいました。

奥平俊蔵も宇垣軍縮の対象となって中将で予備役となり、日本新聞社の顧問として、ロンドン軍縮会議批判、美濃部憲法学批判の論説を書きました。そのほか、美濃部を攻撃した日本主義者に元陸軍中将が散見されるのは宇垣軍縮の副産物です。

「宇垣軍縮によって自分はクビを切られた、こういう感情がやはり軍の中にいやなシコリを残したということは争えないと思います」とは西浦進《にしうらすすむ》の回想です。西浦は連隊勤務の見習士官として、山梨と宇垣の軍縮を見聞した人物です。西浦は、軍縮が、のこされた将校団にも怨恨をのこしたとみています。

宇垣軍縮は、兵力削減で浮いた費用を兵器の近代化に転用する計画でした。兵器の近代化は、高度国防国家の課題のひとつですから、宇垣もまた先覚者だったといえましょう。しかし、宇垣の施策は将校たちから敵意をもってむかえられました。なぜなら宇垣の施策は、将兵を兵器におきかえるものであり、それゆえに将校の自尊心を傷つけるものだからです。

産業革命の初期に、手工業者や労働者が、機械破壊運動をおこしたことがあります。ラッダイト運動です。大量生産を可能とする織物機械が、かれらの仕事をうばったからです。日本陸軍に、兵器破壊運動はおこりませんでした。しかし、最新兵器への嫌悪から、精神主義の風潮がおこりました。白兵戦至上主義です。

この精神主義は陸軍中堅層にも影響しました。なにより兵器の近代化を高唱しにくくなりました。兵器の近代化は高度国防国家の核心であるにもかかわらずです。また軍縮を要求した政党政治への憎悪から、統帥権の独立を強調する機運がめばえました。つぎに中堅層が分裂しました。

革新政策の実現をめざす統制派と、精神主義にかたむく皇道派です。両派の対立は、永田鉄山暗殺事件と二・二六事件にいたります。

満洲事変

昭和六年九月十八日にはじまる満洲事変について、あらためて語るべきことがらは、ひとつしかありません。陸軍中堅層を代表する俊秀、石原莞爾は統帥権の独立を利用して満洲事変を成功させ、それゆえに後々まで国務統帥一元化を不可能にしたということです。

満洲事変は関東軍の独走によるものだという理解があります。しかしこの理解では、南次郎《みなみじろう》陸軍大臣や金谷範三《かなやはんぞう》参謀総長が、事変不拡大の方針をとり関東軍の軍事行動を抑制しようとした事実を理解することができません。陸軍中央の命令にどうして関東軍は服さなかったのでしょうか。そのこたえは法令と制度の抜け穴をとおったからです。

石原をはじめとする関東軍の参謀たちは、関東軍司令官は天皇に直属するのであって、参謀総長の部下ではない、との立場をとっていました。これが第一の抜け穴です。すでに確認したように、参謀総長と関東軍司令官は、それぞれ別個に天皇に直属するのであり、待遇も親任官親補職で同格でした。天皇が直接任命してつけた役職という意味です。

関東軍司令官は、作戦と動員計画については参謀総長の区処をうけるとされました。史書によっては区処に指揮の注釈をほどこしているものもありますが、辞書の定義は、区分して処理することであって、上下関係を思わせる語感はありません。実際は指揮にちがいないのですが、あえて区処と表記したのは、参謀総長と関東軍司令官の上下関係を問わないですませる苦心の作文だったと考えた方がよいでしょう。

しかし、区処の一語は石原に第二の抜け穴をさずけました。石原は、参謀総長が関東軍の作戦行動にこまかく指図するのは、参謀総長による、関東軍司令官の統帥権にたいする干渉だと反発しました。この見解は決して突飛な意見ではありませんでした。この意見を直接きいた遠藤三郎《えんどうさぶろう》は、中央が些細なことにまで口出しするのは遺憾だと石原に賛同しているからです。

いっぽうで遠藤は参謀本部作戦課勤務の経験がながく、作戦課の古狸を自称していた人物です。作戦主任部員の役職に強い自尊心を感じていました。

参謀本部の作戦主任部員などというものは法的には何等権限はなく蔭《かげ》の存在にすぎませんが、実際の仕事は国軍全般の作戦計画の立案ならびに天皇の統帥権の番人であり……そのもっとも大切な用兵上の統帥命令を起案し順序を経て上奏御裁可を仰ぎ、これを伝達して軍隊に行動を起《おこ》させるのが本務であり、軍人としてこれ程誇り高い仕事はありません。（『日中十五年戦争と私』）

石原への賛同と、作戦主任部員としての自尊心との間には、矛盾があるようにみえますが、天皇に直属する関東軍司令官は、関東軍の指揮命令について、天皇から統帥権の委任をうけている、と遠藤は考えていたため、矛盾しません。

関東軍司令官の統帥権についての考え方は遠藤ひとりのものではありません。外征中の将軍は君命にしたがわないことがある、とは古来から言い古された箴言です。古今東西の軍隊に程度の差はあれ、あてはまることばです。緊急事態においては現場の判断が優先されるのは当然のことだからです。

関東軍を抑制するために、金谷参謀総長は、臨時参謀総長委任命令を発しました。天皇から統帥権の一部を一時的に委任してもらい、参謀総長が関東軍司令官に命令できるようにしたのです。しかしこれは失敗におわりました。陸海軍は天皇の軍隊であることに誇りを見出す集団だったからです。天皇の命令であればこそ、絶対服従を誓うことができたのです。臨時参謀総長委任命令は、統帥権をかりうけた参謀総長の命令です。権威の差は歴然です。

参謀本部も陸軍省も関東軍を止められないことに、しびれをきらした内閣では、天皇の権威による事態の収拾を考慮します。御前会議の開催です。この案には、元老の西園寺公望《さいおんじきんもち》が反対しました。

若槻礼次郎《わかつきれいじろう》が重臣達を訪問して歩いた時に、自分は、や！これはしまったな、という感じを強く持った。……御前会議をし、或《あるい》は重臣会議をして、その結果何かが出て来たとしても、もしそれに何等の効果がなかったならば——或はそれが実行されなかったならば、ただ独り陛下の御徳を疵《きず》つけるのみであって、寧《むし》ろそういうことのない方が安全である。……自分はいかに側近の連中がそういうことを匂わせても、如何に誰がどうしても、決して取合わぬという気持ちであった。（『西園寺公と政局』二）

昭和天皇は立憲君主に撤し政治の現場に介入してはならない、という西園寺の方針は、天皇超政の理念にもとづくものです。今後、日中戦争期に御前会議が開催されるのですが、昭和天皇は出席するだけで発言しませんでした。

石原は、関東軍司令官は天皇に直属するという天皇親政の論理をもって、天皇にかわって参謀総長が命令を出す天皇超政の現実を、否定しました。陸軍中央と内閣はこれに対抗する論理も態度もしめすことができませんでした。

その結果、石原は満洲事変を成功させました。しかし出先軍の司令官は参謀総長にしたがわなくてよいのだという悪しき先例をのこしました。盧溝橋《ろこうきょう》事件処理に際して、その被害をこうむるのは、参謀本部作戦部長となった石原その人でした。

合理適正居士

長州閥の田中とちがい、宇垣は岡山県出身だったため、中堅層は宇垣を敵視していませんでした。むしろ兵力削減による兵器の近代化を歓迎し、宇垣を総理に擁立する機運さえありました。昭和六年三月の政権奪取計画です。いわゆる三月事件です。事件は未遂におわりました。宇垣が翻意したからです。西園寺公望の知遇をえていた宇垣には、おとなしくまっていればやがて首相の座がめぐってくる、との計算があったからです。しかしこの翻意がきっかけとなって、宇垣は陸軍全体から敵視されます。中堅層も宇垣を敵視し、やがて宇垣内閣の成立を妨害します。

三月事件の実行については、陸軍省軍事課長をつとめていた永田鉄山も計画実施に強く反対しました。小磯国昭《こいそくにあき》軍務局長に命じられて計画書を作成しましたが、本来、永田は非合法活動を否定していました。

永田が書いた「軍を健全に明るくする為の意見」には、陸軍が動くのは天皇の命令によるときだけだ、という一節があります。こうした永田の信念は、革新政策の速度にもあらわれました。下僚の武藤章は、永田に合理適正居士《ごうりてきせいこじ》とあだ名をつけていました。なにごとも既存の法律の範囲内で無理なく漸進《ぜんしん》することに、永田がこだわったからでした。

永田が漸進を旨としたのは、国民生活への影響を考えてのことです。永田の構想する高度国防国家は、経済発展と両立並行するものでした。総動員準備は、一面、国利民福をすすめ、他面、戦時国防の目的に合致する、というのが永田の構想でした。

永田の革新は、敵対者からすればあまりに遅々《ちち》としたものであり、政官財界と妥協しながら現状を修正するものにしかみえませんでした。実際に、永田は財界人との面会をかさねながら、統制経済の推進に賛同する大蔵大臣候補者をさがしました。統制派は、陸軍中堅層のうち永田の方法に賛同した人々ですから、合理適正は程度の差こそあれ統制派に共通する特徴でした。

しかし、陸軍大臣で、首相候補の声望もあった宇垣がきえたあと、皇道派の荒木貞夫《あらきさだお》陸軍大臣のもとで、永田の漸進主義は停滞します。社会大衆党や革新官僚とおなじく、自分たちの主張を代弁する政治指導者が必要だったからです。

永田鉄山の活躍が本格化するのは、昭和九年に軍務局長に昇進して、予算編成の責任者となってからのことです。同年に『国防の本義と其《その》強化の提唱』を公刊して、国防を構成する武力、経済、政略、思想の全要素を、綜合統制する組織と政策の必要性をうったえた時点が、永田鉄山と統制派の、ひいては陸軍中堅層の、革新派としての絶頂期でした。昭和十年に永田鉄山が暗殺され、翌年に二・二六事件がおこったからです。

二・二六事件と粛軍

二・二六事件以後、陸軍は発言力を増し政治に介入するようになった、というのが一般的な昭和史の理解です。しかし、事件の事後処理にあたった陸軍中堅層のひとり、佐藤賢了《さとうけんりよう》の理解はちがいます。

二・二六事件のあと、陸軍は政治についてつぎの三つのうちから、方針をえらばなければならなかった。
（一）政治から一切手をひき、軍紀を緊粛《きんしゆく》して軍を建て直す。
（二）公然と政治の舞台に乗りだして必要なる改革を断行する。

（三）革新の推進力的立場をとる。……

（一）の政治から手を引くことも、（二）の軍を挙げて改革にあたることも不可能で、（三）の「革新の推進力」的立場をとる外なかった。……もっとも消極的なものであった。これは不徹底であり、鵺《ぬえ》的方策だから、この難局を救い得る道ではあり得なかった。（『東條英機と太平洋戦争』）

事件以後、陸軍は外部にたいして、反省の姿勢をしめす必要がありました。青年将校の動機をどれほど美化しても、反乱を決行した事実はかわりません。これは陸軍という組織の不祥事です。陸軍は世間に顔向けできないのです。

陸軍中堅層は、二・二六事件の処理と再発防止に忙殺されました。粛軍です。事件に直接関与した将校を軍事裁判にかけ、間接であっても関係した将校であれば予備役に編入しました。佐藤がいう、軍紀を緊縮して軍を建て直す、とはこのことです。

佐藤によれば、しかし、陸軍は政治から手を引くことはできませんでした。二・二六事件の原因は、社会の不平等と政治の腐敗だったからです。この問題を放置すると事件の再発をふせぐことができない、というのが陸軍の立場でした。

陸軍中堅層が革新を政府につきつけたのは、かれらの発言力が強くなったからではありません。将校の監督に自信がなかったために、原因の一掃を政府に要求したのです。また陸軍中堅層が、直接、革新を推進できなかった根本的な理由として、統帥権の独立があります。佐藤が、軍をあげて改革にあたることは不可能だといったのはこのことです。

陸軍中堅層は、革新官僚や社会大衆党など、革新に協力してくれる外部勢力を後援するしか手立てがありません。佐藤のいう革新の推進力的立場とは、みずから推進するのではなく、推進を手助けするという意味です。陸軍中堅層も、ほかの革新派と同様に代弁者を必要としたのです。

その結果、陸軍は、政府にたいして革新を要求しながら自分たちは組織の殻にとじこもり、声高に強引に官僚をたきつけるわりに自分では動かない、ということとなる要素をかけあわせた行動をとることになりました。頭は猿、体は狸、蛇の尾と虎の手足をもつ怪獣、鵺にたとえた所以です。

日中戦争と弾薬不足

反乱事件の再発防止のために、原因となる社会と政治の問題を解決する――これが、二・二六事件以後に陸軍中堅層が政府に要求した革新です。本来、革新とは、高度国防国家を建設することでした。気宇壮大な目標からの後退は否めません。しかし、革新はさらに後退縮小します。日中戦争が勃発したからです。

陸軍中堅層は来たる総力戦にそなえて、軍備の充実と経済体制の再構築をうったえてきました。しかし、そのすべてが空理空論でしかなかったことを思いしらされました。事変開始直後に弾薬と小銃の不足にみまわれたからです。

日中戦争は昭和十二年七月七日の盧溝橋事件にはじまります。二ヵ月後に一四の師団を動員し、臨時軍事費二五億円の支出もきまりました。しかし出征する兵士にもたせる弾丸がないのです。弾丸製造が完了するまで、兵士を満載した輸送船団が大阪湾内に待機する事態になりました。当時、大阪造兵廠の弾丸工場長だった中原茂敏《なかはらしげとし》は、今までの平時準備は一体なにをしていたのかと驚き、そして大いに怒りました。

陸軍省で終戦直前まで予算編成に従事することになる西浦進《にしうらすすむ》は、小銃不足は戦争形態の変化に起因すること、その変化を予測できなかったことを回想しています。従来の戦争形態では最前線の歩兵のみが銃を携行したのですが、ベトナム戦争と同様の遊撃戦をしかける中国軍にたいして、後方部隊の砲兵などにも銃をあたえる必要にせまられたからでした。小銃不足は想定外だったと西村は回想します。

陸軍中堅層は将来の総力戦にそなえていたはずです。弾丸消費量の増大は想定していました。しかし弾薬は、開戦二ヵ月で払底しました。これが高度国防国家をめざしてきた陸軍の現実でした。空理空論と酷評した所以です。

陸軍中堅層は、革新の夢想をすてさり、現実に目覚めなければなりませんでした。佐藤賢了は、国家総動員法の必要性を、革新とはまったく無縁なものとして、説明しています。

陸軍省の心配は悲痛なものであった。こうなっては道はただ一つ民間工場に砲弾製造設備の新設・拡張をやってもらうよりほかに方法はない。民間軍需企業者たちを陸軍大臣官邸や軍人会館に招待して、陸相や局長が時局の重大を説き、弾薬製造設備の新設・拡張の急務を訴えた。しかし弾薬庫がからっぽになったともいえず、当局の苦衷は、容易に企業者たちに通じない。仮りに通じたとしても、彼らにはその立場からする彼らの判断がある。……そこで弾薬だけでなく、軍需産業全般に設備の新設・拡張もでき、企業主に損失をかけないですむ特別の工夫を要するのであった。それには、

「政府は必要なる設備の新設・拡張を企業主に命令することができ、それによって損失が生じたら政府はこれを補償する義務を負う」

という制度を作るよりほかにない。自由経済機構をそのままにして、しかも戦争の大需要に応ずる生産拡充をするには、どうしてもこの制度によらねばならぬ。また民間企業主が設備の新設・拡張をするには、これは資金の供給が必要である。そこで政府は金融機関に企業主に資金の貸付けを命令する、もしこの貸付けによって金融機関が損失を招いたら、これまた政府が補償する義務を負う。こうした制度が総動員体制であり、総動員法の狙うところである。(『大東亜戦争回顧録』)

西浦進も、民間企業を動かすには予算が必要だったとのべています。軍需動員など空証文《からしょうもん》にすぎず、命令しても企業はいうことをきかない、というのが理由です。通常、国家総動員法は革

新政策の最たるものとして評価されるのですが、国家総動員法をもっとも必要としていた陸軍では、弾薬製造を依頼するかわりに補償金をはらう法律としてとらえていたのです。

必要性と可能性

戦争継続が陸軍中堅層の行動の格率となります。必要性と可能性が革新性をぬりつぶしていきます。事実、軍務局長の武藤章は、革新をあきらめていたようです。

昭和十五年の近衛新体制について、当初、武藤は期待をよせていました。企画院に出向していた秋永月三《あきながつきぞう》に総合国策基本要綱の起草を依頼して、この文書がもととなって第二次近衛内閣の基本国策要綱がうまれました。武藤も高度国防国家建設の意欲をもっていたことがわかる挿話です。しかし、形勢不利とみるや態度を軟化させます。

たとえば翼賛会の府県支部長に、民間人を起用するか、府県知事を任用する挟間茂《はざましげる》内務次官の案でいくかで揉めたのですが、武藤が挟間案に賛成したため、府県知事が翼賛会府県支部長となりました。すでに一国一党構想が幕府論に敗れていたため、内務省に恩を売っておくほうが得策と考えたのでしょう。

○問　よく武藤さんはナチスに非常にかぶれて、一国一党的なものを構想したのだと言われますが、その点はどうお考えですか。

○答　ナチスにそれほどかぶれるほど純情ではないですからね、あの武藤さんというのは。

（笑い）もっともっとずるく考えていたように私は思います。（『西浦進氏談話速記録』上）

木戸日記研究会の研究者と、西浦進の問答です。武藤は理想主義の革新派ではなく、現実主義に徹していたのです。軍務局長は、陸軍の予算や人事について議会で答弁することもあり、軍需品の調達に関連して他省との相談にもあたりました。陸軍大臣がきめた政策を具体的な事務におとしこんで実行にうつすのが軍務局長の役目ですから、現実主義者でなければつとまりません。

軍務局長以上に、現実主義に徹していたのが、軍務局長のもとで予算編成に従事していた軍事課長と軍事課員です。西浦は日中戦争から太平洋戦争のほぼ全期間にわたって、軍事課に勤務しました。談話速記録からよみとれる西浦の仕事ぶりは、徹頭徹尾理詰めです。事実、陸軍省は組織がしっかりしているだけに、予算要求も整然とおこなわれたと福田赳夫《ふくだたけお》は回顧しています。大蔵省の主計官として陸軍省の予算を担当していました。予算折衝《せっしょう》では、使い方が適切でない予算を福田が削ると、陸軍省もしたがいました。西浦は、大蔵省主計局は予算折衝中の秘密を必ずまもったと回顧しています。すくなくとも西浦と福田の間には、軍刀で威嚇《いかく》する場面などなかったと推察します。

軍事課予算班長として、あるいは軍事課長として、厖大《ぼうだい》な軍事予算を作製してきた西浦にとって、戦争の只中にあってなお、革新を夢みる将校は不真面目《ふまじめ》な人間であり軽蔑《けいべつ》の対象でしかありません。

> 将校の中には……一種の政治的な空気に浸っており、自分で自己陶酔《とうすい》しておるのが……楽しみな連中がおる。……〔政治家と〕待合に行って酒を飲みながら天下国家を論ずるとかいうような者、あるいは新聞記者と非常に接触するというような者、こういう者が非常に名前が出てくるわけなんです。あたかもそれが軍を指導しておったかの如くでありますが、軍の中に対する影響力というものは必ずしもそれが一〇〇%あったわけではない。（『西浦進氏談話速記録』上）

西浦としては、表にはでなくても、自分の仕事が陸軍で大きな影響をあたえているとの自信があったはずです。そのため現在の研究者が、陸軍中堅層随一の革新派として注目する池田純久《いけだすみひさ》にたいしても、軍政の中心からはずれていた池田の計画案が大きな影響力をもったとは思えないと辛辣です。

歴史研究者はのこされた史料を重視する傾向があります。仰々しく題目がつけられて、理路整然とした作文が連なっていると、さぞかし重要視されたことだろうと想像をたくましくします。文書の作成者を、重要人物とみなします。しかし、西浦のことばは、研究者の想定を否定するものです。

大本営

昭和十二年十一月、大本営《だいほんえい》が設置されました。大元帥《だいげんすい》である天皇に直属する最高の統帥《とうすい》機関です。参謀総長と参謀本部の幕僚たちが大本営陸軍部を構成し、軍令部総長と軍令部の幕僚たちが大本営海軍部を構成します。陸軍部と海軍部は完全に同格で、たがいに独立した組織でした。大本営は戦時のみに設置する機関ですが、今回、法令をあらためて事変でも設置できることにしました。

日中戦争は当時は支那《しな》事変であり、戦争ではありませんでした。大本営の設置は、宣戦布告なくはじまった支那事変が事実上の日中全面戦争に移行するものだと、当時の人々は解釈しました。現在の研究者も、おなじ意見です。陸海軍は、中国側が大本営を設置したので対抗したのだと喧伝《けんでん》しました。そのいっぽうで、陸軍省では、参謀本部が陸軍省にたいして優位にたつために大本営設置をいいだしたのだと勘ぐりました。

しかし、大本営設置を提唱した参謀本部の本心は別のところにありました。参謀本部作戦課で戦争指導班長の職にあった高嶋辰彦《たかしまたつひこ》が、佐藤賢了に語ったところによれば、満洲事変や二・二六事件が一部の将校の独断によっておこなわれたせいで、最前線の将兵のなかに、今回の作戦命令は天皇の命令なのか、幕僚の独断によるのか、疑惑をもつ者があるかもしれない、こうした疑惑を完全に払拭するため大本営を設置したい、というのです。

参謀総長は、天皇の命を伝達する形式で、出先の軍隊に命令を発します。奉勅命令《ほうちょくめいれい》です。勅《みことのり》を奉《うけたまわ》って命令するということです。命令書には奉勅伝宣と記すこともありました。上から下へことばを伝えるのが、伝宣です。

奉勅命令にしろ、奉勅伝宣にしろ、天皇が決定したことがらを参謀総長が命令、伝達するという趣旨です。大元帥がみずから統帥権を行使する、との天皇親政の建前をかたちにしたものといえましょう。

高嶋の発言は、その建前が通用しない事態が発生していたことを告げています。奉勅命令の内容は、実際には参謀本部の幕僚が起案したものです。統帥権の運用においても天皇超政です。よほど世間知らずな将校でないかぎり、わきまえていて当然の本音です。またそうでなければ陸軍大学校を卒業できません。

しかし、現場の将校は統帥権における天皇超政をわきまえていたからこそ、疑心暗鬼におちいったのです。当時、参謀本部の作戦部長をつとめていたのは、満洲事変を計画、実行した、石原莞爾だったからです。その石原は日中戦争に反対しました。世界最終戦争にそなえて重工業化に専念すべきだとの考えからです。石原は陸軍屈指の逸材とほまれたかい戦略家でしたので、かれが戦争反対の意向であることは周知の事実でした。その石原が作戦部長をつとめる参謀本部からの命令が戦争を拡大するものなのですから、現場が理解に苦しむのは無理のないことだったです。

国務統帥一元化の失敗

参謀本部の大本営設置論をうけて、佐藤賢了と近衛文麿は、それぞれ別個に、国務統帥一元化を実現する好機として利用しようとこころみました。別個にと但し書きをつけた理由は、佐藤のいう一元化は戦争遂行と高度国防国家建設のためであり、近衛のそれは陸軍を抑制して戦争をおわらせるためだからです。政戦両略の一致のため大本営に首相、外相、蔵相、商相など主要閣僚をいれるという佐藤の考えは、陸軍中堅層のそれとおなじですから、あらためてのべる必要はありません。

ここでは近衛の考えを説明します。昭和十二年九月ごろから、近衛と風見章《かざみあきら》は日々拡大する戦線に危機感をおぼえ、日中全面戦争を回避するために陸海軍の作戦行動を抑制する必要を痛感するようになりました。風見は第一次近衛内閣の内閣書記官長でした。現在の官房長官に相当します。

陸海軍は、作戦の内容は統帥事項であるから内閣が関与することはできないし、内閣への情報提供も軍機漏洩《ぐんきろうせつ》の恐れがあるためできない、という立場をとりました。閣議で近衛首相が質問しても、陸海軍大臣が黙秘するありさまでした。

近衛は統帥部に関与できるよう制度改変をおこなう決心をかためました。風見は憲法改正により内閣のもとに国務と統帥を一元化する案を提示しました。しかし近衛が拒絶したため断念しました。組閣に際して天皇から憲法遵守の要請があり、憲法改正など不可能だと近衛は考えたからです。種々思案をかさねて近衛と風見が考案したのは、首相を正式な構成員とする大本営の開設でした。これは統帥権の独立を解釈改憲する方策です。

九月末、風見が米内光政《よないみつまさ》海相に相談すると、米内は賛同しました。杉山元《すぎやまはじめ》陸相に相談すると、杉山も賛同しました。しかし進展のないまま十月がすぎます。風見が大本営設置案の経過を米内海相に質問すると、陸軍が抵抗しているといいます。杉山陸相に問い質すと、海軍が反対するからだとこたえます。近衛が質問しても両者のこたえはおなじでした。

そのうちに陸海軍は大本営令を公示しました。構成員に総理大臣はふくまず、陸軍から参謀総長、参謀次長、参謀本部第一部長、陸軍大臣、海軍から軍令部総長、軍令部次長、軍令部第一部長、海軍大臣が参列することとなりました。このうち陸海両相は出席をゆるされた傍聴者にすぎませんでした。つまり従来どおりの統帥機関の存続が確定したのです。

大本営令の制定には政府や議会は関係しませんでした。軍令だからです。軍令は陸海軍にかんする独自の法体系で、陸海軍のみで制定することができる法令です。つまり、近衛は時間稼ぎのすえに騙《だま》し討《う》ちにあったのです。

佐藤賢了は、できあがった大本営をみて落胆しました。統帥の純潔性を保つことを言い訳にして、政府から統帥に干渉されたくない、という消極的で自分の殻に閉じこもった態度をとったのだと佐藤にはみえました。総力戦の時代には、国務と統帥は一致しなければならない。完全な両者の一致はどちらか一方が他方を支配することでしか実現できない。これが佐藤の断案でした。

しかし、参謀本部と軍令部は、統帥権に籠城しました。統帥権の内容を自分たちがつくっているのだという自尊心をまもったといってもよいでしょう。その結果、近衛による作戦への口出しをふせぐと同時に、陸海軍が政治を支配する道もふさいだのです。

大本営政府連絡会議

佐藤賢了は、国務統帥一元化の糸口となるよう、次善の策として大本営政府連絡会議を提案しました。政戦両略の重要事項について、情報共有と意思疎通をはかるためです。

参加者は以下のとおりです。大本営側から、参謀総長と参謀次長、軍令部総長と軍令部次長が出席します。政府からは、首相、外相、蔵相、陸相、海相、企画院総裁、必要に応じて他の閣僚が出席します。内閣書記官長、陸海軍省の軍務局長が幹事をつとめます。

当初、風見章は、連絡会議の設置について好意をもってうけとめていました。従来どおりの大本営が設置されたのはいたしかたないとしても、連絡会議を有効活用すれば、国務と統帥の一体化を実現することができると考えたからです。しかし会議の実相を理解するにおよんで、自分たちが謀《たばか》られたことに気づきました。

それというのも、連絡会議は、大本営と政府がそれぞれの立場を説明するための場であって、議論をする場でも、意志決定をする場でもなかったからです。仮になにかをきめたとしても、決定内容に法的な権威はありません。会議はたんなる会談にすぎないのです。定例の開催日も設定しませんでした。随時会談するためだというのが表向きの理由です。

連絡会議は、第一次近衛内閣で数回ひらかれたのち、平沼、阿部、米内の各内閣では中断しました。もともと近衛に統帥を乱されたくない一心からつくった機関ですから、近衛がいなくなればひらく必要がなかったのです。風見がいうように、連絡会議は、近衛の提案を体よく断るための口実だったのです。同時に佐藤賢了の期待も裏切られました。

日中戦争の長期化にともない、国務統帥一元化の必要は、好むと好まざるとにかかわらず、高まりました。しかし統帥権の独立は堅持されました。ここでも必要性と合憲性とを両立する戦時体制がつくられました。

外見上、形式上、一元化は進展しました。第二次近衛内閣で連絡会議は再開し、情報共有のための懇談会も並行してひらかれました。昭和十六年七月からは、連絡会議を定例開催としました。しかし内実をそなえていたとはいえません。

意志決定機関ではないという原則を堅持しつつ、連絡会議の話題は日中戦争から日米交渉にうつっていました。内閣は第三次近衛内閣をへて、東条英機内閣にかわっていました。

東条内閣の誕生は、開戦強硬派の東条を首相にして、戦争回避を命ずれば局面を打開できるかもしれないという、内大臣木戸幸一《きどこういち》の賭《か》けでした。東条は軍務局長の武藤章とともに、和平転換の道を模索しましたが、国策再検討はなりませんでした。憲法を超越することは終戦の際までできなかった、と佐藤賢了は無念をにじませます。

大本営政府連絡会議は、天皇の臨席を仰ぐ御前会議の場で、既定方針のとおり、対米開戦をきめたのです。正確には申し合わせました。天皇は意見をのべませんでした。憲法を尊重して立憲君主としての役割に徹したからです。

その後、申し合わせた事項をもちかえって、内閣は閣議で対米開戦を決定しました。宣戦布告は閣議決定事項であり、天皇の外交権に属するからです。大本営は、陸海軍にたいして必要な命令を発しました。作戦用兵は、天皇の統帥権に属するからです。天皇親政の建前にのっとり、天皇がそれぞれの機関に命じたという形式をととのえるためでした。

首相兼陸相兼参謀総長

元来東条と云う人物は、話せばよく判る、それが圧制家の様に評判が立ったのは、本人が余りに多くの職をかけ持ち、忙しすぎる為に、本人の気持が下に伝わらなかったことと、又憲兵を余りに使い過ぎた。……東条は一生懸命仕事をやるし、平素云っていることも思慮周密で中々良い処があった。（『昭和天皇独白録』）

昭和天皇の東条英機評です。東条が勤勉な能吏だったことは、同時代にいきて東条をしる人の一致するところです。多くの大臣をかねたことも事実です。

第三次近衛内閣の陸軍大臣だった東条は、昭和天皇から特別のゆるしをえて、現役軍人のまま総理大臣となりました。対米交渉を一から見直すように昭和天皇から指示されたため、内務大臣も兼任しました。戦争回避がきまった場合、開戦をとなえる勢力が暴動をおこす可能性があり、みずからの責任で治安維持にのぞむ必要があると考えたからです。その後、軍需大臣、外務大臣、

図８　東条英機（国立国会図書館所蔵）

文部大臣、商工大臣を兼任しました。

ただし軍需大臣以下の大臣兼任は、後任者がえられるまでの一時的な兼任であり、内務大臣の兼任は対米開戦後の昭和十七年二月七日にやめています。いわゆる翼賛選挙は後任の湯沢《ゆざわ》三千男《みちお》内務大臣のもとでおこなわれます。政権担当中、東条が一貫して兼任したのは陸相だけです。

昭和天皇は東条を信頼していましたが、参謀総長を兼任したことは快く思いませんでした。憲法違反だからです。統帥権の独立を人事でふみにじる行為だと佐藤賢了は回顧しています。しかし、昭和十九年二月二十一日、東条英機は、首相兼陸相兼参謀総長となりました。同日、東条にならって、海軍大臣の嶋田繁太郎も軍令部総長を兼任しました。

参謀総長兼任の目的は、絶対国防圏とさだめたマリアナ、カロリンを放棄すること、フィリピンで決戦におよび有利な和平条件を引き出すこと、へと作戦計画全体を転換させることにありました。そのためにはみずから参謀本部にのりこんで幕僚の反対論を抑制する必要があると考えたのです。ところが、参謀総長として東条は、マリアナ、カロリンの防備強化を命令しました。部下となった幕僚たちの熱心さに決心がゆらいでしまったからでした。

東条が参謀総長兼任によってえた成果は幕府論だけでした。東条は批判を気に病みました。東条は、参謀総長のときは肩章をかけ、陸軍大臣にもどると肩章をはずし、総理大臣として翼賛政治会に出席するときは国民服にきがえました。これでは東条が三職を兼任しているというよりも、みっつの役職に引き裂かれているといった印象です。また東条は、新聞に掲載される写真の説明書きにも目を光らせました。肩章の有無と肩書きが一致していない場合は、内閣情報局の担当部長をよびだして、訂正させせました。

東条が幕府批判にたいして神経過敏に反応したのは、かれが元来、憲法を尊重する、現実主義者だったからです。東条は、理想の政治を具体化するには現実に即することが必要だと考えていました。東条が理想主義者の石原莞爾とそりが合わなかったのは当然でした。

東条の首相秘書官をつとめた赤松貞雄は、昭和十八年十二月二十六日の発言として、憲法についての東条の考え方を伝えています。娘婿の古賀秀正が、陸軍大学校での憲法講義に関連して、現在は法令に縛られすぎではないかと、発言したことがきっかけでした。

東条は、急激な理想の実現は革命となりやすい、自分は国体に反する革命は絶対にさせないつもりである、とこたえました。東条のいう理想とは高度国防国家のことでしょう。急激な変化をさけながら眼前の戦争にどう対処するかといえば、東条のこたえは愛国心にもとづく戦時体制でした。東条にとっては非常大権発動も、戒厳令施行も、政権運営上の選択肢にはいりませんでした。

一連の発言を総合すると、首相としての東条は、高度国防国家よりも、戦時体制の維持運営に徹した人物だったといえましょう。参謀総長兼任は、東条にしてみれば清水の舞台から飛び降りる覚悟でのぞんだ奇策だったでしょう。

あらためて確認しますが、参謀総長兼任は昭和十九年二月二十一日です。総長辞任が七月十四日で、十八日に東条内閣は総辞職しています。総長兼任は五ヵ月にみたない期間のできごとでした。しかも絶対国防圏決壊目前で政権最末期の施策です。東条幕府の建設や統帥権の独立の修正といった長期の展望をともなう施策ではありませんでした。

参謀総長兼任を国務統帥一元化の妙案として継承する動きもあらわれませんでした。小磯国昭内閣では陸相に杉山元が就任し、東条後任の参謀総長には梅津美治郎《うめづよしじろう》が就任して、統帥権の独立に準拠した体制が復活したからです。

戦時体制と不磨ノ大典

不磨ノ大典は、改憲も解釈改憲もゆるさない、護憲の論理です。しかも絶対のただしさをそなえていましたので、戦時体制のもとでも、体制批判の論理として機能しました。

体制批判の論理

大石義雄《おおいしよしお》は、昭和十六年（一九四一）に出版した『帝国憲法と国防国家の理論』で、高度国防国家建設の必要性はみとめるものの、明治憲法からの逸脱はゆるしませんでした。大石によれば明治憲法は絶対不動の根本秩序であり、根本秩序の動揺は国家生活そのものの混乱に帰結するからです。

井上孚麿《いのうえたかまろ》も昭和十八年に発表した論文で、ひとつの官庁やひとりの人間が権力を独占するのは憲法違反であると、東条による大臣兼任を批判しています。井上が処罰されなかったのは、国家公認の正論である不磨ノ大典に依拠して発言しているからです。いっさいの批判が禁じられたと思われている戦時体制ですが、不磨ノ大典に依拠した政府批判は健在でした。

翼賛選挙違憲論

昭和十七年四月三十日、東条内閣のもとで、第二一回総選挙がおこなわれました。戦前最後の総選挙は、翼賛選挙とよばれました。翼賛政治体制協議会が推薦する候補者への投票がのぞましい、との運動が官民一体でおこなわれたからです。

衆議院議員の任期は四年です。昭和十二年の総選挙から、すでに五年が経過していますが、任期満了にともなう昭和十六年の総選挙は、戦時を理由に延期されていました。

東条内閣としては、緒戦勝利の勢いをかりて、議会における翼賛体制を樹立する心算でした。二月、東条は首相官邸に、大政翼賛会、商工会議所、日本銀行、議会の代表者をまねき、翼賛議会の確立と推薦選挙制度の実施について、協力をもとめました。

応じてできたのが、翼賛政治体制協議会です。元陸軍大将の阿部信行《あべのぶゆき》が会長となり、政官財界に陸海軍の出身者をふくめた三三名の委員が、四六六名の推薦候補者をえらび、四月六日に公表しました。協議会の目標は、衆議院四六六議席を推薦候補でかためることにありました。

しかし推薦制度は、内と外から批判をうけて、所期の目的を達することができませんでした。陸軍省軍務局長の武藤章《むとうあきら》と、内務省は、新人候補の多数擁立で議会構成を刷新しようと画策しましたが、前田米蔵《まえだよねぞう》と大麻唯男《おおあさただお》の抵抗によって、現職議員の半数以上を推薦することになりました。つまり政党政治家だった現職議員が推薦されたのです。

前田と大麻は翼賛議員同盟の幹部で、協議会の委員として推薦制度に協力した人物です。もともと前田は政友会、大麻は民政党の代議士でした。両者の行動は、政府に協力しながら、旧政党政治家の利益を少しでもまもる、というものでした。

選挙の結果、協議会が推薦した新人候補の当選者は一六九名、おなじく推薦をえた前職の当選者は二〇〇名をかぞえました。非推薦候補をふくめても、新人当選者は一九九名で、現職と元職の二六七名におよびません。翼賛選挙は、内側から骨抜きになったのです。

いっぽう協議会の外では、尾崎行雄《おざきゆきお》が翼賛選挙を批判しました。尾崎は東条に抗議の書面をおくっています。尾崎は、明治憲法が明治天皇による欽定憲法であること、明治天皇が立憲政治の維持に努めてきたこと、を回顧したのち、翼賛政治体制協議会による推薦制度は民撰議院の趣旨を逸脱する非立憲的動作だと批判しました。

尾崎は非推薦候補として選挙戦にのぞみました。「憲法のためとしあらば此堂《この》を枕となして討《うち》死《じに》も好《よ》し」との狂歌を立候補の挨拶状にそえて、憲法擁護の決意と決死の覚悟をあきらかにしました。内務省を敵にまわした選挙戦が苛酷なものとなることは、容易に予想できたからです。

はたして尾崎は、選挙演説に不敬の言があったとの容疑で、東京検事局に出頭を命じられました。尾崎は不敬罪で起訴され、巣鴨拘置所《すがもこうちしょ》にはいりました。入所はわずか一日でしたが、選挙区では、起訴された尾崎への投票は無効票となるという流言蜚語《りゅうげんひご》がとびかいました。

選挙期間中に野党候補者を選挙違反容疑で拘留《こうりゅう》するのは、選挙干渉の常道でした。しかし候補者を起訴するのはめずらしいことです。罪状が不敬罪とならば、なおさらです。尾崎は無事に当選をはたしましたが、東京地方裁判所の公判の結果、懲役《ちょうえき》八月、執行猶予《しっこうゆうよ》二年の判決がくだりました。

尾崎はただちに上告しました。その結果、昭和十九年六月、現在の最高裁判所にあたる大審院《だいしんいん》で、無罪判決を勝ち取りました。翌七月、東条内閣が総辞職しました。なお、このほかに翼賛選挙の無効判決がくだった例が数件あり、翼賛選挙は司法権からの批判もうけていたといえましょう。明治憲法が三権分立を保証していたため、東条の支配は司法権に及ばなかったのです。

ところで、尾崎の拘置所入りが一日ですんだ背景には、前田米蔵と大麻唯男の周旋《しゅうせん》がありました。尾崎投獄の報に接して、前田は、大麻とともに猛反対しました。大麻は国務大臣として入閣していたため東条の説得にあたり、前田は司法大臣にたいして、尾崎の即時釈放を強く申し入れました。

抗議の甲斐あって、尾崎拘留の翌早朝、首相官邸から大麻に電話がありました。東条からです。東条は一晩眠らなかったらしく、目を真っ赤にしていたと大麻は回想します。そして、東条は大麻に、尾崎釈放を告げました。大麻が前田に東条のことばをつたえると、前田は大麻に礼をのべ、

「私はこれであの世へ行っても御面かぶらずに明治天皇様にお目にかかれます」といって両手で顔をおさえて泣きじゃくりました。前田は、国家総動員法案の審議いらい、革新政策に協力してきました。近衛新体制にも賛同して、大政翼賛会の議会局長をつとめました。この時は翼賛議員同盟の幹部で、この後は翼賛政治会の政務局長となります。

しかし、時局に迎合した節操のない議会人として、前田をとらえるのは不公平な見方です。議会制度をまもらなければ明治天皇に顔向けできない、との一心が、前田の行動をささえていたのです。なお、大麻唯男も、東条内閣が中野正剛《なかのせいごう》を政治検束しようとした際に、憲法政治の常識に背くものだと反対しました。かれもまた議会人としての一線をまもろうとしていたのです。

戦刑法違憲論

昭和十八年二月、東条内閣は、戦時刑事特別法を改正する法案を帝国議会に提出しました。戦時の混乱に乗じた犯罪にたいして厳罰をくわえること、裁判迅速化、つまり簡略化することを骨子とした法律です。

同法案の審議にあたった衆議院の委員会では、批判が続出し、委員の多くが辞任しました。翼賛政治会の代議士会では、政府原案通過をめざす幹部と、反対する少数派とが対立しました。代議士たちは一度は反対にかたむいたものの、結局翼賛政治会幹部のきりくずしにあって、政府原案に賛成しました。しかし、法案に断乎反対した代議士の存在までけしさることはできません。

三田村武夫《みたむらたけお》は、明治憲法にもとづいて法案反対理由をのべています。特定の内閣とその政策を批判したものに刑罰を科すということは、その内閣を不可侵の存在にするものであり、それゆえに内閣を幕府にするものだとのべました。東条はここでも幕府論で批判をうけていたのです。東条は議会答弁で、濫用の弊におちいることがないようにしたいとのべ、反対派への配慮をしめさなければなりませんでした。

戦時緊急措置法

昭和二十年六月、戦前最後の帝国議会となった第八七臨時帝国議会でも、憲法問題が発生しました。鈴木貫太郎《すずきかんたろう》内閣が提出した戦時緊急措置法に違憲の疑いがあったからです。

戦時緊急措置法は本土決戦にそなえて、総理大臣に権力を集中する趣旨の法律です。鈴木首相と内閣書記官長の迫水久常《さこみずひさつね》は、議会に法案を提出して委任をうける方が憲法の精神にかなうという見解をもっていました。

本法案を議会にかけるにあたり、米内海相などから反対の声があがりました。批判をうけて時日を空費するだけだというのが理由です。米内の予想は的中して、議会は荒れました。米内は憤慨しましたが、内閣は会期を延長して審議する道を選択しました。あくまで議会尊重の立場をくずさなかったのです。

いっぽう、議場では、憲法第三十一条の非常大権を発動すればこのような法律は不要である、このような広範な委任立法は違憲である、と国家総動員法案を審議したときとおなじ批判がくりかえされました。

違憲論の急先鋒となったのは護国同志会でした。翼賛政治会を脱会した代議士が結成した小会派です。岸信介を指導者として、そのもとに中谷武世、赤城宗徳《あかぎむねのり》、中原謹司《なかはらきんじ》、橋本欣五郎《はしもときんごろう》、船田中《ふなだなか》、三宅正一《みやけしょういち》など多彩な人々がつどいました。中谷は護国同志会について、戦時下で議会政治をまもったのは自分たちだったと自賛しています。

中谷は美濃部を批判した日本主義者のひとりでした。橋本欣五郎は陸軍主導の国家改造をめざした十月事件の首謀者でした。船田中はもとは政友会所属の代議士で選挙分析の専門家としてしられた政党政治家です。戦後は自民党代議士として衆院議長をつとめました。三宅正一は農民運動の出身で、戦後は日本社会党の代議士として衆院副議長をつとめました。右から左までさまざまな思想の持ち主があつまった護国同志会が議会政治の擁護にあたっていたのです。

義勇兵役法

義勇兵役法は、主として政府内部で形式主義と縄張根性を発揮した事例です。

本土決戦にそなえて国民義勇隊を結成し、全国民を戦闘部隊に再編成する、という案がかたまったのは小磯内閣期のことでした。義勇隊の総司令は総理大臣、本部長は都長官と府県知事、副本部長は民間人を起用する案でした。鈴木内閣の当初案もこれを踏襲したものでした。

政府原案に、翼賛政治会あらため大日本政治会から注文がつきました。国民運動としての性格をもたせるため、総司令は、大日本政治会総裁の南《みなみ》次郎《じろう》がのぞましいというのです。鈴木首相は南の要望をうけいれました。

この修正には、下から内から自発的に、を原則とする戦時体制の特質と、本土決戦の指揮権を海軍出身の鈴木ではなく、陸軍出身の南がもつべきだという、陸海軍の縄張根性とがからみあっていました。

南の提案に陸軍省が異議をとなえました。元陸軍大将とはいえ、民間人となった南が総司令として戦闘部隊を指揮するのは統帥権の干犯だというのです。内務省も南の総司令就任に異議をとなえました。本部長をつとめる内務官僚が民間人の命令をうける事態に我慢ならなかったからです。

鈴木は両省の言い分を聞き入れて、総司令は置かず、内閣に中央事務局を設置し、首相直轄とする案を出しました。内務省は、中央事務局は内務省に設置すべきであると、反対しました。内務官僚である府県知事に命令するのは内務省であるべきだというのです。すると陸軍省が反対しました。戦闘部隊である国民義勇隊を内務官僚が指揮するのは憲法違反だというのです。

結局、国民義勇隊を母体として国民義勇戦闘隊をつくる、ということになりました。前者は内務省管轄で義勇奉公の誠をはたす国民組織であり、後者は義勇兵役法と国民義勇戦闘隊統率令にもとづく戦闘部隊となりました。当然、陸海軍所管の組織です。

六月二十三日、政府は義勇兵役法を公布しました。大きな声ではいえないが、ことあるときは参謀総長の指揮下にはいる、と徳川夢声はきかされて職域義勇隊の隊員となりました。大佛次郎《おさらぎじろう》は地域義勇隊の一員として陣地構築作業に従事しました。いずれも隊員は老人ばかりでした。

各省の意見を調整し、法律上の整合性もととのえた義勇兵役法は、しかしまったく無意味でした。終戦工作がはじまっていたからです。

大日本帝国憲法の破綻

最高戦争指導会議

小磯国昭《こいそくにあき》内閣は、昭和十九年（一九四四）八月、大本営政府連絡会議を、最高戦争指導会議と改称しました。正規の構成員は、内閣から首相、外相、陸相、海相の四名、統帥機関から参謀総長と軍令部総長の二名、あわせて六名です。戦争指導の根本方針を策定し、国務と統帥の一元化をはかることを目的にうたいました。内閣書記官長、陸海両省の軍務局長が幹事として事務を担当することとなりました。

ようやく国務統帥一元化が実現したようにみえますが、しかし、最高戦争指導会議は、官制上のものとしないとの備考のとおり、法制上の根拠をもたない申し合わせの場にすぎないものでした。しかも大本営と政府の情報交換は、最高戦争指導会議とは別に、従来の大本営政府連絡会議とおなじ構成でおこなっていました。週に一度、土曜日の午前中に一時間半の開催という点もおなじです。

最高戦争指導会議の実効性に疑問符がつくのは当然のことで、昭和二十年三月、小磯首相は天皇の許可をえて大本営の統帥会議に参列することとなりました。昭和十二年に近衛が考えたことが、八年の歳月を無駄にしたあげくに実現した瞬間でした。清沢洌《きよさわきよし》は、日清、日露の時に最初にやったことを今頃やっている、とあきれながら日記にしたためています。

小磯が清沢の評価をしったら憤慨したでしょう。大本営令の更改をまつことなく迅速にことをすすめたいとして、小磯にしてみれば異例の即断即決で実現させたからです。ただし、総理大臣に発言権があったかどうか、心許ないものがあります。大本営の統帥会議では、陸海軍大臣にさえ発言がみとめられなかったからです。

命令ではなく懇談である

昭和二十年六月二十二日、昭和天皇は、最高戦争指導会議を構成する六名を皇居へ召し出し、終戦の検討を要請しました。すでに小磯内閣から鈴木貫太郎《すずきかんたろう》内閣にかわっています。沖縄陥落は目前にせまっていました。

話をはじめるにあたって、昭和天皇は、これは命令ではなくあくまで懇談である、と前置きしました。内閣書記官長の迫水久常《さこみずひさつね》は、憲法と、内閣の立場を考慮しての発言だと推測しました。迫水の推測はただしいものです。

なぜなら、終戦の検討を昭和天皇が命令したのであれば天皇親政の実現であり、内閣の輔弼《ほひつ》を否定するものだからです。懇談であれば、天皇から示唆をうけた内閣と統帥機関とが自発的に協議して、結果を天皇に上奏する、天皇超政の手順をふむことができます。

すでに最高戦争指導会議は機能不全におちいっていました。昭和二十年四月に鈴木内閣ができて五月十一日に新内閣のもと第一回会議をひらいた後は、五月十二日と十四日の会議は幹事四名をはずした会談のかたちをとりました。幹事が同席していると、六人は思い切った発言ができないからでした。

五月十四日の会談の結果、対ソ交渉方針がきまります。事実上の終戦工作のはじまりです。最高戦争指導会議の構成員は、部下の前で終戦について発言できなかったのです。敗北主義者として糾弾されれば、暗殺される危険があったからです。

構成員の陣容は、鈴木貫太郎首相　東郷茂徳《とうごうしげのり》外相、阿南惟幾《あなみこれちか》陸相、米内光政《よないみつまさ》海相、梅津美治郎《うめづよしじろう》参謀総長、豊田副武《とよだそえむ》軍令部総長でした。このうち、陸海両相と両総長の四名は公式の場では徹底抗戦をとなえるしかない立場だったのです。機能不全というのはこの点をさしています。

昭和天皇の懇談は、最高戦争指導会議構成員による終戦工作を追認し、さらに一歩前進するよう促したものでした。

昭和天皇は二度聖断をくだす

七月二十六日、米英中三国は対日ポツダム宣言を発表し、日本に降伏を勧告しました。二十八日、鈴木首相はポツダム宣言を黙殺するとの談話を発表しました。八月六日、アメリカは広島に原子爆弾を投下しました。八日、ソ連が宣戦布告しました。九日、日本とソ連は戦闘状態にはいりました。

鈴木貫太郎の回想によると、鈴木が終戦を決意したのはソ連の参戦でした。ポツダム宣言を受諾して終戦する、そのための手続きをはじめるよう鈴木は迫水に命じました。迫水は、最高戦争指導会議をひらき、ついで閣議を招集するための、手はずをととのえました。

八月九日午前一〇時半にはじまった最高戦争指導会議では、総論としてポツダム宣言受諾ときまりましたが、付帯する条件について結論がでませんでした。鈴木首相は会議の結果を昭和天皇に上奏しました。同時に結論がえられない場合に天皇の聖断《せいだん》を仰ぐ希望をのべました。昭和天皇は内諾しました。

午後二時半に閣議がはじまって午後九時をすぎても、ポツダム宣言受諾条件について、結論はでませんでした。この間、長崎への原子爆弾投下の急報に接したにもかかわらずです。鈴木首相は閣議を中断しました。

十日午前零時、昭和天皇が親臨して最高戦争指導会議がはじまりました。場所は皇居の地下防空壕の一室です。特別に平沼騏一郎《ひらぬまきいちろう》枢密院議長が出席しました。意見は三対三にわかれました。

受諾賛成は外相、海相、枢密院議長です。反対は陸相、両総長です。鈴木首相は聖断を仰ぎました。

昭和天皇は外務大臣の意見に同意すると発言しました。こうしてポツダム宣言の受諾がきまりました。一度目の聖断です。午前三時、再開した閣議でポツダム宣言受諾の閣議決定がおこなわれました。

日本によるポツダム宣言受諾の通告にたいして、連合国が回答したのは十二日夕方でした。十三日午前九時、最高戦争指導会議で連合国側の回答について協議しました。回答文から国体護持をよみとることができないとして、陸相と両総長が再度の照会を主張しました。意見は三対三のまま膠着《こうちやく》しました。

午後三時、首相官邸で閣議がひらかれました。阿南陸相が照会論をとなえ、東郷外相が照会の必要なしと応戦して、閣僚も東郷の意見にかたむきましたが、結論はでませんでした。閣議のしめくくりに発言した鈴木首相は、再度、聖断を仰ぐ考えを表明しました。御前会議の予告です。

八月十四日午前、閣議のために首相官邸にあつまっていた閣僚たちに、昭和天皇が参内を命じました。参謀総長と軍令部総長、平沼枢密院議長、最高戦争指導会議の幹事たちも命ぜられて参内しました。

御前会議を昭和天皇のお召しによって皇居でひらくよう、鈴木首相に進言したのは迫水です。

臨席を奏請する書類をととのえる際に、両総長が署名をこばむのではないかと心配したからです。そこで天皇に臨席を願うのではなく、天皇が会議を招集する案を思いついたのです。

御前会議では、阿南陸相、梅津参謀総長、豊田軍令部総長が反対意見をのべました。最後に、昭和天皇が発言しました。再度ポツダム宣言を受諾する意志をあきらかにし、内閣に終戦の詔書を準備するようもとめました。二度目の聖断です。御前会議は正午におわり、午後一時から首相官邸で閣議がはじまり、終戦の閣議決定書に全閣僚が署名しました。

終戦の詔書について文案の起草があって、閣僚による検討があって、午後八時半には完成した詔書が昭和天皇のもとに届きました。御名御璽《ぎょめいぎょじ》をえた詔書は内閣にもどされ、全閣僚が副書しました。八月十四日午後十一時、官報号外によって終戦の詔書が公布されました。翌十五日正午、玉音放送を通じて国民は終戦をしりました。

戦争責任論

十四日午後の閣議中、阿南陸相が枢密院本会議の開催を要求しました。ポツダム宣言受諾は条約の締結とおなじものだからというのです。迫水は、二度の御前会議に平沼議長が出席したことで、本会議を省略できると主張しました。

鈴木首相は法制局長官に法律上の問題を検討するよう命じました。法制局長官は村瀬直養《むらせなおかい》です。四回目の法制局長官です。政治の世界とは縁遠い、法制官僚の典型と目された人です。心配になった迫水は村瀬の後をおい、枢密院開催不要とこたえるよう強くせまりました。村瀬は、慎重に検討します、とだけこたえました。

法制局での検討をおえてもどってきた村瀬は、慎重に検討致しましたが枢密院に附議する必要はございません、とだけ発言しました。迫水は、村瀬は日本の運命をきめる瞬間に偉大な政治性を発揮したと讃歎しています。

終戦の過程でもっとも偉大な政治性を発揮したのは、昭和天皇でしょう。聖断は日本の運命を決定したからです。しかしその政治性ゆえに、聖断は戦争責任問題をひきおこしました。

中谷武世は、赤城宗徳から直接きいた話として、茨城の農民のなかには、玉音放送のあとラジオを蹴飛ばしたものがあったとしるします。親族を戦争でうしなった人々にとって、玉音放送は、ことばで表現できない感情が噴出するきっかけとなりました。やがてその感情は、天皇には開戦を阻止しなかった責任があるのではないか、との疑念に結実します。戦争をおわらせるほど強い権力をもっていたのであれば、開戦をとめることもできたはずだと考えるのが自然だからです。

昭和二十一年二月、昭和天皇は藤田尚徳《ふじたひさのり》侍従長に、戦争責任について話しています。昭和天皇は、開戦を阻止することはできなかった、憲法を尊重し立憲君主として自重したからだ、と藤田にのべました。しかし昭和天皇の説明は、天皇のために献身してきた忠良なる国民にとって、納得できないものだったのではないでしょうか。

昭和天皇の説明は、論理をうらがえすと、聖断をくだしたときの昭和天皇は、明治憲法を尊重せず、それゆえに立憲君主ではなかったことになります。ここから、聖断を利用した鈴木内閣の責任を糾弾する議論がうまれました。

たとえば中谷武世は、閣議不統一のままポツダム宣言受諾を聖断、すなわち天皇の専断によって決定するというやり方は、明治憲法が規定した責任内閣制を破壊し国務大臣輔弼の責任制度を全く蹂躙したものであり、降伏は憲法違反の手続きによってきまったのだとのべました。中谷は、終戦による平和の到来や戦後の繁栄をもちだしても、鈴木内閣の違憲性は言い訳できないと断言します。中谷は、聖断を天皇の専断、天皇の独断専行といい、天皇親政の実現を憲法違反だと批判したのです。

終戦を自分たちの責任で決定できなかった、最高戦争指導会議や閣議の、いいかえれば天皇超政をささえる仕組みの機能不全はあきらかでした。聖断すなわち天皇親政によらなければ、陸海軍をしたがわせることは、できなかったでしょう。天皇親政と天皇超政の平衡関係は全く失調していたというほかありません。つまり明治憲法は機能不全におちいっていたのです。そして聖断によって終戦を成功させたものの、昭和天皇の戦争責任論を惹起《じゃっき》してしまいました。ここに明治憲法は破綻したといってよいでしょう。天皇が責任を問われる事態を回避するための、明治憲法だったからです。

戦後日本の憲法観

日本国憲法

戦後日本の憲法観は、日本国憲法のもと革新護憲、保守改憲、解釈改憲の三極からなります。まずは議論の前提となる、日本国憲法についてそのなりたちを確認しておく必要があります。憲法制定にかんする歴史認識の相違が憲法観のちがいに直結するからです。

占領統治

ここで確認しておくべき事実はふたつあります。ひとつは日本が占領下にあって日本政府はマッカーサー元帥に従属していたことです。いまひとつは日本国憲法が、明治憲法第七十三条の手続きによる憲法改正によって誕生したことです。つまり新憲法制定ではなくて日本国憲法公布です。

まずは第一の点です。昭和二十年（一九四五）八月、鈴木《すずき》貫太郎《かんたろう》内閣は連合国が提示したポッダム宣言を受諾し、日本は敗北しました。ポツダム宣言には、将来の政治体制は日本国民の自由意思にゆだねるとありました。

しかし日本人の自由意思が尊重されるのは将来の政治体制の選択についてであって、占領統治の日常では別の原理がはたらきます。米国初期対日政策には、天皇と日本政府は最高司令官に従属すると明記されていたからです。

日本政府は、ＧＨＱ、正式には連合国軍最高司令官総司令部のマッカーサー元帥の指示にしたがうこととなりました。ＧＨＱが方針をしめし日本政府が実際の作業にあたるので、間接統治といいます。農地改革や財閥解体などの戦後改革は、こうした間接統治のもとで実現したものです。注意したいのは、ＧＨＱと日本政府の関係は一方的な支配と従属の関係ではなかったことです。戦後改革はＧＨＱの指令によるものですが、施策の多くは戦中から日本の官僚たちが検討してきたものでした。官僚にとってＧＨＱの指令は渡りに船だったのです。

さらに日本側が自己の主張を実現するにあたりＧＨＱの内訌《ないこう》を利用した面もありました。宮澤《みやざわ》喜一《きいち》はニューディーラーの経済政策に反感をもった大蔵官僚がドッジの緊縮財政方針に同調することで自分たちの意見を実現しようと画策したとのべています。間接統治には日米協働の側面がありました。そして憲法改正も協働の一例です。

憲法改正

憲法改正作業は敗戦まもない昭和二十年十月にはじまります。近衛文麿《このえふみまろ》が内大臣府《ないだいじんふ》で憲法草案起草作業に着手しました。作業をてつだったのは佐々木惣一《ささきそういち》です。時をおなじくして幣原喜重郎《しではらきじゅうろう》内閣でも憲法問題調査委員会による草案作成がはじまりました。委員長の松本烝治《まつもとじょうじ》は、明治憲法の民主的修正を基調とする松本四原則にもとづいて、宮澤俊義《みやざわとしよし》らの助けをかりて作業にあたりました。

いずれの作業もＧＨＱの内諾《ないだく》をえたものでしたが、近衛が戦犯指定をうけることとなり逮捕前に自決したため内大臣府の憲法起草作業は頓挫《とんざ》しました。松本委員会も部外秘の草案が新聞に流出し、その内容が明治憲法の部分修正にとどまることが批難されました。その後ＧＨＱが松本委員会作成案を拒絶したため、活動停止においこまれました。

あけて昭和二十一年二月、マッカーサーは民政局に憲法草案作成を指示し、できあがった英文の草案を幣原内閣に提示しました。マッカーサー草案です。民政局では草案作成にあたり、高野岩三郎《たかのいわさぶろう》の憲法研究会が発表した憲法草案要綱など日本側が作製した憲法私案を参照しました。要綱は、日本憲政史研究者の鈴木安蔵《すずきやすぞう》が中心となって書いたものです。

マッカーサーは幣原にたいして、マッカーサー草案に準拠した憲法草案を作成するよう指示しました。三月、幣原内閣は憲法改正草案要綱を作成し、公表しました。マッカーサー草案の骨子である主権在民《しゅけんざいみん》、象徴天皇制《しょうちょうてんのうせい》、戦争放棄《せんそうほうき》をうけいれたものです。

四月十日、第二十二回総選挙がおこなわれました。はじめての男女普通選挙です。選挙の結果、第一党となった鳩山一郎《はとやまいちろう》ひきいる自由党は、幣原内閣退陣を要求しました。幣原は四月十七日、憲法改正草案を公表したうえで、現内閣での憲法改正に意欲をしめしたものの、二十二日に総辞職しました。なお憲法改正草案には、マッカーサー草案になかった二院制が日本政府の希望でもりこまれました。

鳩山自由党内閣成立直前に、鳩山が公職から追放されたため、吉田茂《よしだしげる》が自由党総裁に就任し、五月二十二日、内閣を組織しました。以後吉田内閣のもとで憲法改正作業がすすめられました。

憲法改正は明治憲法第七十三条にしたがってすすみました。昭和天皇による改正の勅命によって作業がはじまります。天皇は政府が作成した草案を枢密院《すうみついん》に諮詢《しじゅん》します。枢密院議長には昭和天皇の懇請で清水澄《しみずとおる》が就任していました。また美濃部達吉《みのべたつきち》が枢密顧問として会議に列席していました。美濃部は憲法改正に反対しました。明治憲法の運用をただせば民主主義を回復できると考えたからです。美濃部はひとり反対を貫きましたが、その他の枢密顧問の賛成により憲法改正案は枢密院を通過しました。六月八日です。

憲法改正案の審議は、第九〇臨時帝国議会でおこなわれました。六月二十日から、貴族院と、男女普通選挙をへた衆議院とで、審議がおこなわれました。この間、衆議院で第九条二項に、前項の目的を達するため、との文言が追加されました。芦田修正です。提案者の芦田均《あしだひとし》はこの修正によって自衛権の保持にふくみをもたせたのです。十月七日、貴族院と衆議院で全会一致の賛成をえて、憲法改正案が可決成立しました。十月二十九日、枢密院が憲法改正案を可決しました。十一月三日、貴族院本会議場で昭和天皇が日本国憲法を公布しました。勅語にたいし吉田茂首相と貴衆両院議長が奉答しました。明治節を日本国憲法公布の日にえらんだことは、人間宣言とよばれた昭和二十一年の年頭詔書で、昭和天皇が、我が国の民主主義は五箇条の御誓文にはじまるとのべた趣旨と合致します。

日本国憲法には天皇による上諭《じょうゆ》が付されました。日本国憲法上諭は以下のとおりです。

朕《ちん》は、日本国民の総意に基いて、新日本建設の礎が、定まるに至ったことを、深くよろこび、枢密顧問の諮詢及び帝国憲法第七十三条による帝国議会の議決を経た帝国憲法の改正を裁可し、ここにこれを公布せしめる。

年があらたまって昭和二十二年五月三日、日本国憲法が施行されました。公布の日から六ヵ月後に施行するとさだめた憲法第百条の規定にしたがった結果です。同日、遺書をしたためた清水澄は、九月に熱海で入水自殺をとげました。楚《そ》の屈原《くつげん》にならったものです。清水には占領下の日本が、秦《しん》のいいなりになった楚とかさなってみえたからです。

五五年体制

戦後日本の憲法観が展開する舞台装置である、五五年体制についてお話しします。

昭和三十年（一九五五）に、自由党と民主党が保守合同により自由民主党を結成しました。革新陣営では右派社会党と左派社会党が合併して日本社会党を結成しました。自民党と社会党とで政界を二分した状態を五五年体制とよびます。

自民党と社会党の勢力比は二対一でした。このため五五年体制は一・五党制とよばれることもありました。また自民党が、平成五年（一九九三）八月に宮澤喜一内閣が退陣するまでの三八年間、一貫して政権与党でありつづけたことから、一党優位制とよばれることもありました。

自民党は長期安定政権のもと、官僚、財界とのあいだに堅牢な協力関係をきずいていきました。政官財による鉄の三角形です。行政指導と包括規制による業界保護をつうじて産業育成に努めました。高度経済成長を背景に、保守政党でありながら実質的には社会民主主義政策を実行していきました。累進課税と相続税による所得の再分配を推し進めて貧富の差を均《なら》したのはその一例です。

自民党は、吉田茂内閣の政権与党であった自由党と、反吉田政治、憲法改正をかかげる鳩山一郎ひきいる民主党とが、日本社会党の登場に対抗するために合同した政党です。その際、自由党は民主党の憲法改正論をうけいれました。このため、自民党は憲法改正を党是とする政党であると、党員も外部の人々も思っています。

しかし、改憲政党として自民党を見直した場合、ふたつの事実に気がつきます。

第一に、党の方針のなかで憲法改正の優先順位が低いことです。一般に政党の結党宣言や綱領にはその政党にとって実現したい社会像や政策体系がしめされるのですが、そうした重要文書には憲法改正がもりこまれていません。憲法改正に言及しているのはより等級の低い文書でのことです。自民党の憲法改正方針は、旧民主党出身者に配慮してもりこんだものであって、旧自由党出身者は憲法の維持をめざしていたのです。自由党出身の宮澤喜一が、憲法改正を妥協の尾てい骨と形容したのは、こうした事情があるからです。つまり自民党を純然たる改憲政党とみることはまちがいだということです。

第二に、自民党は憲法改正を発議するために必要な議席数を確保したことがありません。日本国憲法は大日本帝国憲法と同様に硬性《こうせい》憲法です。憲法改正の発議には、衆参両院総議員の三分の二以上の議席を必要とします。自民党は結党時点の最多議席をもってしても三分の二にはとどかず、以後、一度も三分の二以上の議席を獲得したことがありません。仮に自民党が純然たる改憲政党だったとしても、憲法改正は不可能だったということです。

自民党による改憲可能議席数獲得を阻《はば》んできたのが社会党です。五五年体制で一貫して野党でありつづけました。社会主義と平和主義と憲法擁護をかかげました。その政策は時として極端な理想主義にはしることもありましたが、選挙戦術は現実主義そのものでした。社会党は中選挙区制の特性をいかして、改憲発議を阻止するうえで必要な議席数の確保を防衛線とする選挙戦を展開したのです。

中選挙区制では三名から五名の当選者がでます。得票率でいえば二割から三割程度をとれば当選できます。社会党は三分の一以上の議席数を確保すれば改憲発議を阻止することができるのですから、三人区では候補者を一名にするなど、立候補者数をしぼって社会党支持者の票が分散しないようにします。

社会党は日本労働組合総評議会、略して総評の組織票を手堅くまとめて議席を確保していきました。三分の一を勝ち取ることに特化して、一度も議席の過半数をこえる候補者をたてませんでした。社会党が万年野党であったのは選挙戦術の必然だったのです。

社会党が政権獲得を放棄したため、自民党は不戦勝によってつねに過半数を占める第一党でした。五五年体制下の自民党で選挙の敗北といえば、過半数を維持しつつも選挙前より議席を減らすことを意味していました。そのため敗北は比喩でしかなく、正確には勝利の度合いの大小を問題としていたのです。贅沢《ぜいたく》な勝敗基準です。

政権獲得競争では常勝不敗をほこった自民党ですが、憲法改正議席獲得競争では社会党の前に苦杯をなめつづけました。そのため政権与党として君臨しながら憲法改正だけは手をつけられなかったのです。すなわち、五五年体制は、自民党の長期安定政権を実現すると同時に、憲法改正を不可能とする機能をはたしたといえます。

革新護憲

日本国憲法には成立後すぐさま護憲論が形成されました。主たる担い手は革新陣営の日本社会党と日本共産党であり、両党の支持者や同調者です。

革新陣営の護憲論

よって革新護憲となづけます。

社会主義国家は、日本国憲法をもふくむ現状の国家体制を否定しなければ建設できないはずですが、獲得議席で劣位にあった両党は、次善の策として日本国憲法擁護に利益を見出しました。国民主権と民主主義を保証する日本国憲法のもとで市民階級を育成していけば、社会主義革命の準備がととのうと、世界史の発展段階法則は教えていたからです。終局目標では日本を社会主義国家へと革新したいのですが、当面の手段として護憲をかかげて民主主義の現状を維持するわけです。自民党によって明治憲法が復活するよりましだとの判断によるものです。こうして形容矛盾というべき革新護憲が誕生します。

革新護憲はみっつの意想からなります。八月革命国民主権論、民定憲法史観、平和と人権の憲法学です。昭和二十年（一九四五）八月の革命によって主権者となった日本国民は、みずからの手で、平和と人権を主旨とする日本国憲法をつくりあげた、それゆえ日本国民は日本国憲法の理想を実現するために努力するいっぽうで、政府は憲法をまもり一字一句かえてはならない、というのが革新護憲の主張です。

八月革命論や民定憲法史観は、日本国憲法公布の事実経過と合致しません。マッカーサー草案や明治憲法第七十三条による改正手続がぬけおちているからです。伊藤博文《いとうひろぶみ》の存在を抹消した戦前の欽定憲法史観とおなじく、政治的にただしい歴史認識であり政治神話です。平和と人権の憲法学も、日本国憲法にたいする原理主義的態度を培養した点で、国体憲法学とおなじ役割を発揮しました。つまり革新護憲は目的や主張のちがいにもかかわらず、不磨ノ大典とおなじ役割をはたすのです。

八月革命国民主権論

日本国憲法はその前文と第一条で、国民主権を明記しています。政府が作成した新憲法標語はわれらが治めるわれらの日本とうたい、文部省が作成した教科書『民主主義』でも、われら国民は主権者であると書いています。国民主権は日本国憲法の特質のひとつです。

しかし、日本国民が主権者となったのは日本国憲法が制定された結果です。主権者である日本国民が日本国憲法を制定したのではありません。単純な事実ですが、これから紹介する八月革命について理解を深めていくと、忘れやすい事実ですから確認しておきます。

さらに確認しておくべきことは、日本国憲法による国民主権の実現は、もとをただせばマッカーサー元帥の指示によるものであって、なんら日本国民の自由な意思によるものではなかった、ということです。

この厳然たる事実について竹内好《たけうちよしみ》は、わたしたちは、高貴な独立の心を八月十五日の時点ですでにうしなっていたのではないか、と強いことばで自己批判をおこなっています。竹内は八月十五日を日本民族と竹内自身の屈辱の事件としてとらえます。竹内のことばを前にすると、これから紹介する宮澤俊義の八月革命論が褪《あ》せてみえます。

天皇主権の明治憲法から国民主権の日本国憲法への変化は、憲法学者に面倒な問題をおこしました。憲法学には憲法改正の限度についてふたつの立場があったからです。無限界説と有限界説です。前者の説明は不要と思いますので後者だけ説明します。

有限界説によれば、旧憲法の本質を変更しない程度に、憲法改正をとどめなければなりません。なぜなら、本質を変更した場合、旧憲法と新憲法は別の原理にもとづく国家を形作ることになりますから、この場合は憲法改正ではなく革命となるからです。

戦前憲法学では憲法改正の理論的研究はほとんどなされませんでしたが、学者の多くは有限界説にたっていたと考えられます。美濃部達吉をのぞいて憲法学者の多くが、天皇が主権者であることを国体の本質とみなしていたからです。国体は日本国家の不変の本質ですから変更できません。そのため仮に明治憲法が改正されるとしても天皇主権を変更する改正はできません。有限界説が多数だったと推定した所以です。

天皇主権の明治憲法を改正して国民主権の日本国憲法をつくるのは、国家の本質を変更する改正であり、有限界説からは、みとめることができません。しかし敗戦後の憲法学者の多くは日本国憲法を歓迎しました。ここに矛盾が生ずることとなります。

この矛盾を解決したのが、宮澤俊義の八月革命論でした。昭和二十一年三月、幣原内閣が憲法改正草案要綱を公表した直後に発表した学説です。ポツダム宣言受諾によって、天皇主権から国民主権への革命がおこったとする学説です。宮澤は国民主権を革命の所産とすることで日本国憲法を肯定しました。宮澤は、美濃部達吉の後継者であり東京帝国大学の憲法学教授です。宮澤はこの学説で日本国憲法の権威へと転身しました。

宮澤の説明にはふたつの疑問がつきまといます。ひとつは革命の事実があったかです。いまひとつは明治憲法第七十三条による憲法改正手続をどう説明するかです。

前者の疑問について、革命は論理上の作業仮説であり、現実の事実関係を説明したものではない、と宮澤はこたえています。憲法学の改正有限界説と日本国憲法との矛盾を整合するための議論ですから当然の回答です。

しかしこの回答も充分なものではありません。なぜなら、八月革命論を必要とした、暗黙の前提すなわちマッカーサーについて沈黙しているからです。天皇主権から国民主権への変化をもたらしたのは、八月革命ではなく、マッカーサーです。

しかし、GHQは憲法改正を日本国民の自由な意思によるものだと演出する必要があったため、憲法改正にたいするGHQやマッカーサーの関与について、言論統制をおこないました。つまり、マッカーサー草案についての公言はGHQによって禁止されていたのです。

以上の経緯を加味すれば、宮澤たち憲法学者が直面していた問題に、前段としてつぎの問いを付加しなければなりません。マッカーサーの強権発動による日本国憲法の誕生を、マッカーサーに言及せずに説明するにはどうすればよいか、です。この問いに見事にこたえた宮澤の八月革命論は、存在しなかった革命を存在するとのべただけでなく、存在したマッカーサーの関与を存在しなかったものとして処理した議論だったのです。

八月革命論は二重の意味で事実に反していましたから、本来であれば、憲法学内部の作業仮説にとどめておくべきでした。しかし宮澤は貴族院議員として憲法改正の質疑にたち、明治憲法第七十三条による改正手続と、日本国憲法前文における日本国民を主語とする憲法制定経緯の記述との不整合について、政府に執拗に問い質しています。その際に宮澤は八月革命をへているから、明治憲法第七十三条にもとづく現在の手続きはたんなる形式にすぎないと断じました。八月革命を前提とすることで、宮澤は、憲法第七十三条による憲法改正を民定憲法の制定に置き換えました。宮澤の八月革命論は、民定憲法史観の基礎となりました。

民定憲法史観

日本国憲法は主権者である日本国民がみずからの意思で制定した新憲法である、と考えるのが民定憲法史観です。民定憲法史観は、戦後日本のただしい歴史認識です。欽定憲法史観にかわるあたらしい政治神話です。

文部省『あたらしい憲法のはなし』には、欽定憲法史観が民定憲法史観にとってかわったことが簡潔にしめされています。

これまであった憲法は、明治二十二年に……明治天皇がおつくりになって、国民にあたえられたものです。しかし、こんどのあたらしい憲法は、日本国民がじぶんでつくったもので、日本国民ぜんたいの意見で、自由につくられたものであります。

宮澤俊義の弟子である芦部信喜《あしべのぶよし》は、民定憲法史観を憲法制定権力論をもちいて補強しました。日本国憲法は、国民自身がみずからの憲法制定権力にもとづいてあらたに制定したものである、と芦部は明快にのべています。

しかし、『あたらしい憲法のはなし』の簡潔さと芦部の明快さは、歴史の事実のいくつかを捨象したことによるものです。マッカーサーも、GHQの言論統制もなかったかのようです。昭和天皇も貴族院もたんなる形式上の問題として希釈されます。そして、男女普選によってえらばれた衆議院での審議のみをとりだして民定憲法を主張します。こうした事実の取捨選択の結果、憲法学者長谷川正安《はせがわまさやす》の表現をかりれば、民定憲法史観は日本の民主勢力が憲法をつくりあげたかのような楽しい錯覚をつくりだしたのです。

取捨や錯覚は過失ではなく故意によるものです。たとえば大内兵衛《おおうちひょうえ》は新憲法制定を歴史上に類例をみない無血革命だと賞賛しました。大変革をともなう憲法制定が平和裡《へいわり》に実現したからです。しかし戦後を代表する社会主義者の大内は、戦前の学校教育が育んだ秀才でもありましたので、教科書を通じて歴史上類例のない平和裡の憲法授受を賛美した欽定憲法史観に接しています。大内の言説は、万邦無比の王冠を日本国憲法の頭上にうつしかえる意図に発したものです。

民定憲法史観は歴史認識として客観的なただしさをそなえていません。たとえば芦部の憲法制定権力論は、主権者たる国民が憲法制定権力をもつべきだという先見によって、民定憲法の結論があらかじめきまっています。芦部の結論は事実ではなく願望に立脚しています。こうした議論の仕方は、学問の基準に則ったものとはいえません。

独立回復後に保守改憲から、GHQにおしつけられた憲法を破棄して、独立国日本の憲法を制定するべきだという押付憲法論が提起されたときも、革新護憲は論点をずらすことで民定憲法史観を正当化しました。つまり、日本政府は日本国憲法をＧＨＱからおしつけられた、民主主義の憲法をのぞんでいなかったからだ、しかし、日本国民は民主主義の憲法をまちのぞんでいた、日本国憲法を喜んでうけいれたのであるから、おしつけではない、というのです。実例を列挙しておきましょう。

歴史学者家永三郎《いえながさぶろう》は、日本国憲法を自由民権運動いらいの民主化要求を実現するものと位置づけています。その証拠として、鈴木安蔵らが作製した明治憲法改正草案をＧＨＱが参考にした事実をあげます。

評論家加藤周一《かとうしゅういち》は、草案審議中の毎日新聞の世論調査によれば国民は象徴天皇制と戦争放棄に賛成していたから、日本国憲法を肯定していたと推論できるとのべています。

憲法学者の小林直樹《こばやしなおき》は、自由と幸福をもとめる長い人類史のひとこまとして日本国憲法を位置づけなければ、ただしい歴史的な理解はえられないと断言します。つまり、ＧＨＱの関与などというこまかい事象にとらわれていては事の本質を見誤るというのです。

法哲学者恒藤恭《つねとうきょう》は、憲法を尊いさずかりものとよび、すなおな真剣な心持ちで国民は新憲法をうけいれたとのべています。作家で政治運動家の小田実《おだまこと》も心理で論理を圧倒する文章をのこしました。『世界』昭和五十六年五月号「憲法のよみがえりを求めて」です。

私が今ここで言っておきたいのは、憲法がその成立過程の論議を超えて、さっきから触れて来たそのころの私たちの心の動きにそのまま結びついて行くものであったということだけだ。その結びつきがどれだけ強かったかは、そのころ、私たちの多くが無理なく新しい憲法を受け入れたことであきらかだろう。実際、あたかも私たちはそれを自分で書いたかのようにして新しい憲法を受け入れわがものとした。「押しつけ」られたとしたら、それは待ち望んでいたものを押しつけられたのだ。

なお小田は別の機会には、草案を起草したのは米国人ではなく、平和を希求する人間だったととらえるべきだとものべていて、物は言い様だと感心させられます。

やがて、おしつけの事実にその後の歴史を対置して民定憲法史観をまもる議論も登場しました。瑕疵《かし》の治癒《ちゆ》論です。憲法制定の手順には瑕疵があったが、日本国民は憲法を今にいたるまで遵守している、これは追認である、この追認によって瑕疵は治癒したのだから日本国憲法は民定憲法であるという議論です。

おなじ論法で自衛隊も正当化できることはさておき、沈黙を賛成とみなす論法は裁判所のなかでしか通用しない考え方ではないでしょうか。しかも平成二十二年五月に憲法改正国民投票法が施行されるまで、主権者たる日本国民は憲法にたいする賛否を表明する制度すらもたなかったのです。

平和憲法の欠陥

日本国憲法は平和憲法とよばれます。憲法前文で、恒久の平和を念願し、平和を愛する諸国民の公正と信義に信頼して、われらの安全と生存を保持しようとの決意をのべたうえで、第九条で戦争の放棄を明記しているからです。さらには第二項で戦力保持を禁じ、交戦権を否定しています。

第九条をすなおによめば、日本はいっさいの軍事力を放棄したと解するしかありません。日本国民は無防備になります。その際、無事でいられる確証はありません。平和を愛する諸国民の公正と信義がうしなわれた場合には、日本と日本国民は侵略の危険にさらされますから、憲法第九条の実現にあたって、国家の存亡と国民の生命を賭けなければなりません。

正常な責任観念をもつ為政者であれば、平和への信念がどれほど強くとも、このような賭けにでることは躊躇《ちゅうちょ》せざるをえません。失敗の代償が大きすぎるからです。つまり明治憲法と同様に、日本国憲法も憲法条文どおりに実行できないのです。

警察予備隊

昭和二十五年、朝鮮戦争勃発にともない、米国は日本に再武装を要請しました。

在日米軍を朝鮮半島に派遣することで低下した防衛力を補完することが当面のねらいでした。八月十日、第三次吉田茂内閣は警察予備隊を組織しました。政府は、警察力をおぎない治安維持にあたるものと説明しました。

朝鮮戦争勃発と警察予備隊創設とを目の当たりにして、昭和二十六年一月二十一日、日本社会党委員長の鈴木茂三郎《すずきもさぶろう》は、青年諸君は断じて銃をもってはならない、断じて背嚢《はいのう》をしょってはならないとうったえ、吉田内閣を批判しました。鈴木に同調した日本教職員組合は、教え子を再び戦場に送るな、青年よ再び銃を取るな、を合い言葉に再軍備反対の世論を喚起しました。

警察予備隊は設立目的、訓練内容、装備、いずれの点においても外征を想定していなかったのですから、警察予備隊を戦場に送ることは不可能でした。しかし鈴木らの主張は、理性ではなく、戦争を忌避する国民感情に響きました。以後、革新護憲は、平和を念願し希求する国民感情への訴求を常套手段とします。

講和と安保

サンフランシスコ講和会議に際して、社会党の鈴木茂三郎委員長は非武装中立と全面講和をとなえ、政府がすすめる再武装と片面講和を批判しました。片面講和とは、東側諸国すなわちソ連や東欧諸国などの社会主義国家との講和をあきらめ、西側諸国すなわち米国や西欧諸国などの自由主義国家との講和を優先することをさします。

全世界との講和によって日本は冷戦両陣営のいずれにも属さず、非武装中立を実現しようというのが、非武装中立、全面講和論です。東西冷戦の現実を無視した空想論であったため、社会党は鈴木の左派社会党と、浅沼稲次郎《あさぬまいねじろう》ひきいる右派社会党に分裂しました。

社会党の批判をよそに吉田首相は講和会議に出席し、昭和二十六年九月八日、米国をはじめとする連合国四八ヵ国との講和条約に署名しました。翌年四月二十八日、日本は独立を回復しました。GHQによる占領統治は終了しました。

講和条約調印と同時に日本は米国と日米安全保障条約を締結しました。講和条約と同日に発効した安保条約によって、日本本土にはひきつづき米軍が駐留することとなりました。在日米軍の法的地位については日米行政協定でさだめていますが、多くの特権をみとめるものでした。在日米軍の駐留は極東地域の平和と安全を維持することにあり、日本の防衛は防衛力漸増をまって日米共同でおこなうこととされました。

安保条約締結をうけて、警察予備隊は、昭和二十七年の保安隊改組をへて、昭和二十九年には自衛隊に再編されました。自衛隊は、防衛庁のもとで直接間接の侵略から日本を防衛するために、陸上自衛隊、海上自衛隊、航空自衛隊をもって組織されました。

昭和二十九年十二月、鳩山一郎内閣が成立し、同月二十二日には憲法九条にかんする政府統一見解を発表しました。憲法九条のもとでも我が国は自衛権を保有していること、自衛隊は合憲であることが見解の骨子でした。

統治行為論

鳩山首相が年頭の記者会見で憲法改正と再軍備への強い決意を表明したことをうけて、昭和三十年二月の総選挙では左右社会党が躍進しました。十月十三日、左右社会党は合同して日本社会党を結成し、改憲阻止に必要な議席数を確保しました。十五日、保守合同がなり、自由民主党が誕生しました。

また同年、日本共産党は第六回全国協議会いわゆる六全協で武装闘争路線を放棄しました。共産党は、第九〇議会で帝国憲法改正草案に反対し、そのうちのひとり野坂参三《のさかさんぞう》は憲法九条にも反対を表明しました。その後は農村から革命をおこすべく、山村工作隊による火焰瓶闘争を展開していましたが、六全協で議会主義に転換したのです。

社共両党は革命路線に未練をのこしながらも議会主義政党へと変化しはじめました。そのことによって、革新護憲の担い手となります。しかし、昭和三十四、五年に相次いでおこったふたつの事件を通じて、かれらの憲法論は平和と人権の理想論へと昇華し、現実から遊離していきます。その様子を、社会党を中心に確認していきましょう。

第一の事件は、砂川事件最高裁判決です。この判決が採用した統治行為論によって、鈴木茂三郎が推進してきた米軍駐留と自衛隊の違憲を問う裁判闘争は無意味となりました。

昭和三十四年三月の東京地方裁判所判決で米軍駐留は憲法九条に違反するとの判決を勝ち取ることに成功したものの、同年十二月、最高裁は地裁の判決を破棄し、米軍駐留は合憲であること、憲法第九条は自衛権を否定しないこと、日米安保条約は高度な政治性をもつ条約であり司法の判断に適さないこと、を骨子とする判決をくだしました。最後の論点を統治行為論といいます。米軍駐留や自衛隊の是非は政府や国会が判断する問題であり、裁判所はかかわらないということです。

司法からの援護をあてにできないとなると、国会内の政策論争では数で劣る社共両党には勝算がありません。

第二の事件は、社会党委員長浅沼稲次郎の刺殺です。

六〇年安保

昭和三十五年五月十九日、岸信介《きしのぶすけ》内閣のもとで安保条約を対等な内容のそれに改定する作業がすすめられ、六月十九日の条約自然成立を阻止すべく、群衆が国会をとりかこみました。しかし条約は自然成立し、岸内閣は退陣しました。以上が六〇年安保のあらましです。

ここで注目したいのは浅沼が非武装中立論という実現不可能な理想論で運動を指導したことです。浅沼は本来、何事も現実主義の立場で考えた人物です。右派社会党指導者としての浅沼が、片面講和、対等な日米安保、国連による集団安全保障をもとめたのも、現実主義からでした。鈴木茂三郎によれば浅沼は理論家というより実際家で、政策より党内調整に秀でた人物でした。あだ名としてマアマア居士という戒名が献上された所以です。

ところが昭和三十三年総選挙での敗北を機に、党勢拡張の方法をめぐって、左派と総評が推進する社会主義純化路線と、右派の西尾末広《にしおすえひろ》が提唱する国民政党化路線との対立が発生しました。もともと左派優位の社会党は総評の理想主義に同調せざるをえません。

昭和三十四年三月の訪中で、浅沼は米国帝国主義は日中共同の敵だと発言し、中ソ両国にあゆみよる姿勢をしめしました。同月、安保改定阻止国民会議を結成し平和憲法の厳守と自主独立中立外交の立場を明確にしました。そして同年秋、西尾一派を除名しました。一連の左傾化を書記長として推進した浅沼の変貌に、鈴木茂三郎も世間もおどろきました。

昭和三十五年十月十二日、浅沼は、憲法改正や再軍備に反対した社会党の功績を自讃したのち、壇上で刺殺されました。安保条約廃棄と非武装中立は浅沼の遺言となり、社会党の現実遊離を促進しました。

非武装中立論

昭和五十五年に出版された石橋政嗣《いしばしまさし》『非武装中立論』は、周囲を海に囲まれた日本はみずからが紛争の原因をつくらないかぎり他国から侵略されるおそれはないとの前提にたつ、徹底した非武装中立論とみなされています。そのおかげで社会党の出版物としては多数の読者を獲得した異例の書籍となりました。

しかし本来は、自衛隊を違憲合法の存在とみなして時間をかけて縮小廃止を実現する、石橋構想の一部にすぎません。しかし、石橋の違憲合法論は社会党内部の批判によって葬られ、社会党機関紙局の要望でわかりやすい題名をつけた『非武装中立論』だけが社会党の主張としてのこったのです。

法廷闘争が統治行為論で無意味になり、浅沼の死によって社会党内の現実主義が後退すると、憲法第九条をめぐる問題を政策の次元で考えることがむずかしくなりました。石橋政嗣のことばをかりれば六〇年安保で絶頂期をむかえた社会党は退潮期にはいります。七〇年代には多党化の影響をこうむって議席を減らしていきました。

丸山眞男《まるやままさお》は政府には憲法遵守の義務があり、それゆえに憲法九条を実現する義務があると主張しましたが、自民党政府にその気がないことはあきらかですから、社会党をはじめとする革新勢力が政府を突き動かすほかないはずです。しかし数に劣るかれらにその力はありません。しかも安保廃棄、非武装中立に固執するようになった社会党は具体的な提言をもちえません。社会党はつぎのようにいうほかないのです。土井たか子のことばです。

> この徹底平和主義の憲法を現実の政治に生かそうと思ったら、やはり非武装中立しかないんです。憲法を誠実に実施するということであるならば、国の体制としては非武装中立しかありえない。(『土井たか子憲法講義』)

平和と人権の憲法学

革新護憲は、平和を人権の問題としてとらえなおすことで、安全保障を国家の自衛権の問題として処理する自民党政権に対抗します。ここに平和と人権の憲法学が誕生します。

まずは憲法理論の分野で、変化があらわれました。昭和四十年代の恵庭《えにわ》訴訟、長沼訴訟で憲法九条と自衛隊の関係が直接の争点となった際、星野安三郎《ほしのやすさぶろう》が展開したのが平和的生存権の論理でした。

憲法九条の問題を非戦、非武装、平和主義の観点から抽象的に論じるのではなく、国民の生活、基本的人権とあわせ統一的に把握することによって、平和的生存権の論理は、平和の問題を国家論から人権論へと転換する契機となりました。

樋口陽一《ひぐちよういち》は憲法第十三条の幸福追求権を根拠として自衛隊違憲論を展開しましたし、高柳信一《たかやなぎしんいち》は日本国憲法を人権としての平和を保障する憲法としてとらえることを提唱しました。また、政治学者の松下圭一《まつしたけいいち》が憲法を国家統治の基本法ではなく市民自治の基本法として再定位したこともおなじ動向としてくわえることができましょう。

政治の世界では、憲法を暮らしのなかに生かそう、とうったえた革新首長たちをあげることができます。

たとえば京都府知事の蜷川虎三《にながわとらぞう》は革新首長のさきがけですが、昭和二十五年に就任して最初の施策が府庁舎正面に、憲法を暮らしのなかに生かそう、と大書した垂れ幕をかけることでした。ついで職員にポケット憲法を配付しました。日本国憲法だけでなく、知事就任挨拶や議会答弁の一部を収録した蜷川語録でもありました。

昭和四十二年四月、東京都知事に当選した美濃部《みのべ》亮吉《りょうきち》がかかげた政策は、憲法を東京に実現しよう、でした。職員にたいする就任挨拶でも憲法をたたえ、民主主義は都民の幸福を保証するものだと挨拶しました。

蜷川府政は昭和五十三年までの二八年におよび、美濃部都政は一二年間つづきました。この間、評論家佐高信《さだかまこと》の表現をかりれば、憲法はわたしたちの生活、暮らしそのものだと思う、考え方がひろまっていきました。

憲法と暮らしを結びつける傾向は、社会党においても顕著でした。その象徴が土井たか子から福島瑞穂《ふくしまみずほ》への世代交代です。土井は同志社大学で憲法学講義を担当した学者出身の政治家です。福島は女性の権利向上と家族問題とを専門とする弁護士でした。

禁　忌

政治の世界で敗北をかさねていくたびに、革新護憲はその思想と行動を平和と人権の憲法学へと純化させていきました。政策論であれば、多数決で負ければ沈黙しなければなりません。しかし人権論であれば、少数派でも主張をつづけることができるからです。基本的人権の尊重をうたう日本国憲法の存続するかぎり、人権としての平和をうったえる革新護憲の行為を何人もやめさせることはできません。

平和と人権をうったえるなかで、高柳信一によれば、革新護憲は自分たちのことを善とみなし、外界を悪と非難する態度を養っていきました。この理屈にしたがえば、防衛力の増強とともに悪は増大し、革新護憲は善の自任を強くします。しかし対話の拒絶は独善におちいる危険をうみだします。

昭和五十二年、憲法施行三〇年の記念の年に、社会学者の日高六郎《ひだかろくろう》は雑誌『世界』編集部のもとめに応じて、護憲派は護教派となってはならないと提言する文章を寄せました。憲法を金科玉条、禁忌としてはならないと日高は主張しました。なぜなら、

憲法は、もともと、良心や信教の自由を保障するものであるのに「すぎない」のに、ひとはあやまって、そうした道徳的あるいは宗教的価値の根拠が日本国憲法によってあたえられていると錯覚しかねないからです。

しかし護憲派は改憲派につけこまれることを警戒するあまり憲法論議を禁忌としたため、「護憲派は、憲法や教育基本法を目に見えない御真影奉安所から解放すべきではないでしょうか」と日高は提案しました。

日高の提案もむなしく、革新護憲は日本国憲法を不磨ノ大典としてあつかいました。近年では憲法九条を世界遺産やノーベル平和賞に推薦する動きもあります。あるひとは憲法九条は平和を願う人類の無意識を反映しているといい、あるひとは未来への希望が隠されていると主張します。またあるひとは芸術作品として憲法を鑑賞しようと提言します。憲法主義という新語をつくりだした憲法学者もいます。こうして戦前も戦後も、我が国の護憲論は憲法を統治の道具として客観的にみる姿勢をうしないます。

LOVE憲法

保守改憲は革新護憲を憲法教と揶揄することがありますが、事実の一側面をとらえています。革新護憲にとって、憲法は人生をかけてまもるものとなったか

らです。護憲派の熱意は愛とよぶしかないものです。あいち九条の会代表世話人で弁護士の野間《のま》美喜子《みきこ》は、小学校での憲法との出会いを綴ったのち、平和憲法は恋人になったとのべます。土井たか子の著書に『We LOVE 憲法』、福島瑞穂の著書に『憲法大好き宣言』があることと符合します。

大阪教職員組合は憲法への愛を畑の中に設置した看板によって表現しました。大阪から京都へむかう電車にのると高槻駅近辺でＪＲ線と阪急線からこの看板をみることができました。両面看板でＪＲ側からは「ＬＯＶＥ憲法」、阪急側からは「憲法《日本》《世界》の宝物」と書いてありました。平成二十九年現在ではあたらしい看板に模様替えしてＪＲ側は「守り生かそう平和憲法」、阪急側は「守れ憲法九条」とあります。

護憲派の教師は憲法への愛を教え子にも伝えます。各地の小中学校で、憲法前文や第九条の暗唱がおこなわれました。暗唱のつぎは書き取りです。硬筆習字の手本として憲法前文と九条を採用する書籍があります。惹句には、なぞり書きで脳も平和も活性化とあります。憲法九条の書写は写九に発展しました。兵庫県神戸市には平和写九をすすめる会がありました。写九は写経にちなんでいます

憲法への愛は憲法関連物品をうみだしました。この点で、革新護憲は戦前の護憲派との著しいちがいをしめします。憲法関連物品の嚆矢は蜷川虎三京都府知事が作製したポケット憲法です。

現在では憲法手帳などの名称で、各地方の労働組合が組合員に頒布しています。

憲法関連商品を専門に製造販売する業者も存在します。当初は憲法手帳とはがき、手拭《てぬぐい》をあつかうだけでしたが、第二次安倍晋三内閣成立後、鞄や団扇《うちわ》のほか、幟《のぼり》や署名あつめの道具一式がくわわって品揃えが充実していきました。

元号がかわり世紀がかわっても、憲法への愛は衰えません。平成十六年六月、九条の会が発足しました。井上ひさしから三木睦子《みきむつこ》まで九人のよびかけ人をそろえて、標語には、憲法九条いまこそ旬、をかかげました。当初のよびかけ人のうち六名はすでに鬼籍にはいりましたが、九条の会は平成二十九年現在も活動しています。

最後に、戦争をさせない北海道委員会が作成した、平成二十九年五月三日の憲法集会の宣伝文を紹介して、この節をおわります。

NO CONSTITUTION, NO PEACE. 憲法なくては平和はない。
NO CONSTITUTION, NO LIBERTY. 憲法なくては自由はない。
NO CONSTITUTION, NO RIGHTS. 憲法なくては人権はない。

NO CONSTITUTION, NO LIFE.
憲法がなければ、暮らしは守れない。

保守改憲

保守派の改憲論

保守改憲は、押付憲法論《おしつけけんぽう》、天皇元首化、再軍備、の三要素からなりたちます。日本国憲法はマッカーサー草案をおしつけられた結果できた憲法であるから、独立後にこれを廃止して自主憲法を制定しなければならない、と主張しますから保守改憲とは日本国憲法を否定する意想です。大石義雄《おおいしよしお》によれば、自主憲法の基準は、天皇を国民統合の中心とする君民一体の日本本来の姿にかえることです。そのため神道家葦津珍彦《あしづうずひこ》によれば、君民一致の精神にもとづき統治権総攬者としての天皇の地位を復元しなければなりません。天皇元首化です。また、自主憲法制定の際には戦後改革の名のもとにおこなわれた日本無力化の象徴である、軍備撤廃を撤廃します。再軍備です。独力で日本を防衛する軍隊の再建をめざすのが再軍備です。保守改憲とは、おおよそ以上の考え方です。

図9　岸信介（左）と鳩山一郎（毎日新聞社提供）

保守改憲の担い手は、自由民主党の保守派です。ここにも形容矛盾をみてとれます。保守は本来、過去と現在とを肯定して存続させようとする立場です。保守派が現行憲法の改変をうったえるのですから、立場と主張がねじれています。ただし革新護憲のねじれ具合と同様に、保守改憲にも道理があります。保守改憲がまもろうとするのは戦前の日本であって、日本国憲法が提示する日本ではなかったからです。保守改憲の論客として三人の政治家をあげることができます。鳩山一郎と岸信介と中曾根《なかそね》康弘《やすひろ》です。

保守改憲の先鋒は鳩山一郎です。自由党総裁として、昭和二十一年（一九四六）の第二二回総選挙にのぞんで、第一党を勝ち取りました。ところが政権を目前に公職を追放されたため、吉田茂に党と政権を託さねばなりませんでした。

鳩山と吉田のあいだには、鳩山復帰の際に党と政権を返却する合意がありましたが、政治の世界ではそのような約束にはなんの意味もありません。吉田は自由党総裁に君臨し、総理大臣として長期政権をきずきました。鳩山の改憲論は吉田にたいする私怨が込められています。昭和二十七年九月に政界復帰をはたした鳩山は、憲法改正と日ソ交渉をかかげて吉田内閣批判を開始しました。

鳩山の考えでは、米ソ両国は臨戦態勢にあり、想定される戦場は日本でした。よってソ連との国交正常化を急ぐと同時に、憲法を改正して軍隊をもつ必要があると鳩山は考えました。再軍備のための憲法改正は、保守改憲の主張の柱として継承されていきます。

保守改憲の次鋒は、岸信介です。昭和二十八年十二月、吉田茂に請われて自由党の憲法調査会会長に就任しました。吉田からよく研究してもらいたい、と頼まれた岸は、吉田の本音は憲法改正だったと推測しました。吉田の憲法論はそう単純なものではありません。ただ、側近中の側近だった池田勇人《いけだはやと》でさえ、吉田の本意は憲法改正、再軍備にありと考えていたくらいですから、岸が誤解したのはやむをえません。

吉田とちがって岸は純情です。昭和二十九年の年頭所感としておおよそ以下のような論説を発表しています。祖国再建の大業をなしとげ、民族的自信と独立の気魄をとりもどすためには、われわれの自由意思によってつくられた憲法をもたねばならぬ、軍備を再建して祖国をわれわれの手によって防衛することは独立国としての義務であり権利である、と岸はのべました。

保守改憲の後詰めとして、中曾根康弘《なかそねやすひろ》がいます。日本国憲法は、占領憲法、マック憲法であり、独立を回復した今こそ自主憲法を制定すべきだと主張しました。中曾根は世論喚起のため憲法改正の歌を作詞しています。明本京静《あけもときょうせい》が曲をつけて日本コロムビアから昭和三十一年に発売されました。

押付憲法論

保守改憲の三要素のうち、ここで説明するのは押付憲法論にかぎります。天皇元首化と再軍備は、次にのべる解釈改憲で説明するほうが適切だからです。

押付憲法論には自主憲法制定論がともないます。押付憲法論は憲法制定にかんする歴史認識論であり、自主憲法論は現状是正にかんする政論だからです。

押付憲法論では、日本国憲法公布の歴史のなかで、占領下の憲法改正とマッカーサー草案を重視します。日本政府はGHQの改憲要求を拒否できませんでした。マッカーサー草案にしたがうほかありませんでした。日本政府と日本国民は憲法を改正するか、改正しないかを自分たちできめることもできませんでしたし、憲法草案を自分たちの考えにもとづいて起草する自由もありませんでした。こうした生い立ちをもつ日本国憲法は、日本国民がみずからの意志でつくったものではなく、占領軍によっておしつけられたものだ、と押付憲法論者は考えます。

自主憲法制定論によれば、日本国憲法を破棄していったん明治憲法を復活させ、再度、明治憲法第七十三条に則ってあたらしい憲法草案を審議することになります。自主憲法は日本国民の、日本国民による、日本国民のための憲法でなければなりません。また自由と平和と民主主義をもりこむことも当然のこととみなされます。つまり、保守改憲は戦前回帰をもとめる単純な復古主義ではありません。

不都合な事実

押付憲法論と自主憲法制定論は、国民の自尊心をとりもどすための議論でしたが、国民の支持をえられませんでした。また自民党内でも多数意見とはなりませんでした。理論と現実の双方で弱点をかかえていたからです。

理論としてみた場合に、押付憲法論には弱点がありました。憲法改正の歴史の一部分を強調するいっぽうで、自分たちの立論に不都合な部分を捨象しているからです。押付憲法論では、マッカーサー草案がおしつけられたあとの一連の手続きをすべて無視しています。昭和天皇の勅命も、帝国議会での審議も、そしてのちに改憲論に鞍替えする保守派の衆議院議員が賛成した事実までも、無視しています。とくに最後にあげた事実は改憲論者にとっては恥ずかしい過去としてけしさりたいものでしょう。

押付憲法論にとってさらに都合がわるいのは、日本国憲法公布と昭和天皇の関係です。日本国憲法には天皇の御名御璽がすわった上諭がふされています。形式のうえでは、天皇と国民による国約憲法です。昭和二十一年十一月三日、憲法公布式が昭和天皇親臨のもと貴族院でおこなわれました。天皇は勅語をさずけ、首相の吉田茂と貴衆両院議長とが奉答しました。その後、天皇は

図10　日本国憲法公布記念都民祝賀大会（毎日新聞社提供）

皇居前広場で日本国憲法公布記念都民祝賀大会に参加し、東京都民とともに祝いました。翌年五月三日には、政府主催の憲法施行記念式典に臨席し、皇居前広場にあつまった国民とともに祝いました。

日本国憲法を無効とするならば、昭和天皇の行為を説明できなくなります。天皇元首化をもとめる保守改憲にとって解決不能の難問です。

自民党内の少数派

現実の政治勢力としてみた場合に、押付憲法論と自主憲法制定論は、自民党内の支持をえることもできませんでした。保守改憲の鳩山と岸と中曾根は自民党の一員ですが、自民党は保守改憲そのものではありません。自民党にとって自主憲法制定論は、党内の少数意見のひとつでしかありません。

憲法改正をかかげて内閣を組織した鳩山は日ソ国交回復を花道にして退陣しました。鳩山内閣は、昭和三十一年に憲法調査会を内閣に設置する法律を公布施行しただけで、憲法改正には手をつけませんでした。

岸信介は政権公約として自主憲法制定をかかげ、昭和三十二年に憲法調査会の第一回総会をひらくところまで漕ぎつけたのですが、社会党から参加者をえられず、十分な成果をあげることができませんでした。その後、岸は、安保反対運動により退陣を余儀なくされ、二度と政権に復帰できませんでした。中曾根康弘も、派閥闘争をいきのこるために態度を二転三転させ風見鶏《かざみどり》と嘲笑されました。

岸を襲った池田勇人は憲法問題を棚上げし、経済政策に専心しました。所得倍増計画はその好例です。自民党政権が存続するために必要な取捨選択でした。自民党政権にとって憲法問題は鬼門となったのです。

池田勇人以後、私の在任中は憲法改正はおこなわない、と挨拶するのが首相就任の慣例となっていきました。佐藤栄作《さとうえいさく》も鈴木善幸《すずきぜんこう》もそのように挨拶したことについて、岸は苦々しく語っています。

いまの憲法がどのようにしてできたのか、その内容がどういうものであるのか国民は関心がないというよりは、知らないんだよ。……制定の手続きにも間違いがあるし、内容にも誤りがある。あれは占領政策を行うためのナニ〔方便〕であった。その辺の事情を国民に十分理解せしめるという役割は、総理が行わないといけないんです。（『岸信介証言録』）

総理を辞めた岸にとって、自主憲法制定議員連盟を組織し、会長に就任するのが精一杯の活動でした。しかし議連の啓発活動は実を結びませんでした。国民を無知だと見下す政治家が国民の支持をえられるはずがないからです。

保守改憲の勢いが衰えるいっぽうで、経済政策最優先の田中角栄《たなかかくえい》が擡頭しました。田中派は、公共事業を所属議員の選挙区に集中投下することで、集票力と集金力とを高めて党内最大派閥に成長しました。田中の『日本列島改造論』は、星亨《ほしとおる》と原敬《はらたかし》がつくりだした政治手法を集大成した著作でした。

田中の主張する日本列島の改造とは、これまでの平和を維持しながら、国民のための福祉を中心にすえて、社会資本の整備と社会保障水準の向上をめざす、ということです。その際、平和について『日本列島改造論』は多くをのべません。外交と安全保障は有権者の日常生活に直結しないため政治家への要望がうまれにくいので、得票にも政治献金にもつながらない話題です。田中派が憲法改正に無関心だったのは当然です。田中派の拡大によって、結果として自民党の大勢は改憲に無関心になります。

保守改憲は田中派に太刀打ちできなかっただけでなく、田中派の後援で政権につくありさまでした。中曾根康弘は田中派の後援で総理大臣となりました。組閣当初、田中曾根内閣といわれるほど、人事と政策で田中派の支配をうけました。

その結果、首相在任中の中曾根は憲法改正論を封印しました。官房長官の後藤田正晴《ごとうだまさはる》が、戦争被害者の世代が生存するうちは改憲も再軍備も国際的な理解がえられないという立場をとり、中曾根にたいして自制をもとめたからです。後藤田は田中派の一員でした。

中曾根は自主憲法制定論も放棄しました。岸信介から、自主憲法制定議連会長をひきつぐよう打診があったときに拒絶しました。日本国憲法に首相公選制をもりこむための改憲論へと意見をかえていたからです。この結果、保守改憲は自主憲法制定論と改憲論とにわかれてしまい、ただでさえ少ない勢力を細分してしまいました。

中曾根が立場をかえた背景には、政権運営の都合だけでなく、平和と自由を大切に思う市民社会の形成にかんする観察がありました。中曾根は、自分は海軍将校となって以来ずっと治める側にいたためこの市民社会の形成にきづかなかった、そのためなぜ改憲論が国民の賛同をえられないのかわからなかったとのべました。しかし、国民の支持をえられなかった原因は、治める側を自認する中曾根の尊大さにあったのではないでしょうか。

中曾根の憲法改正論は、憲法改正論を禁忌にしないという線まで後退しました。しかし、政治の世界でも、言論出版の世界でも、憲法改正論は禁忌となり、憲法を改正することがわるいことであるかのような観念が定着しました。

以上のように、保守改憲は、国民からも自民党内からも支持をえられませんでした。自民党政権は、国内外の情勢変化にたいして、解釈改憲で対応する途をえらびました。

解釈改憲

戦後日本の憲法観についてのべるうえで、もっとも重視しなければならないのが解釈改憲です。戦後体制が解釈改憲の論理によって運営されてきたからです。革新護憲も保守改憲も、かれらの主張が実現したことはありません。解釈改憲だけが、現実の国政運営で実行されている唯一の憲法観です。しかし、解釈改憲ははたした役割にたいする適切な評価をあたえられないまま、革新護憲と保守改憲の双方から、そして国民から、批難をうけます。

吉田路線と保守本流

解釈改憲とは、条文の字句を変更せず、条文の解釈の変更によって、憲法改正とおなじ結果をえる考え方です。解釈改憲では、憲法制定の経緯に関心を払いません。日米合作の新憲法を国家国民の利福向上の手段として活用していくことを重視します。象徴天皇制の枠組みをまもりつつ

図11　吉田茂（国立国会図書館所蔵）

事実の蓄積によって天皇を事実上の国家元首としていきます。日米安保体制を利用しながら国力のゆるす範囲で自衛隊を増強していきます。憲法九条に反することがらですが、解釈を変更することで状況に対応していきます。

解釈改憲を構成する要素は、当用憲法論、事実上の天皇元首化、日米安保体制下の防衛力漸増のみっつにわけることができます。いずれも吉田茂のことばで説明に換えましょう。

まず当用憲法論とは、制定当時の事情にこだわるのは妥当でない、大切なのは新憲法を尊重しうまく運用してよい結果をえることだという考え方です。民定憲法史観にも押付憲法論にも無関心です。しかし、吉田は憲法制定の実態をよくしっています。そのうえで運用にのみ関心を寄せるのです。さしあたりもちいて、よい結果がえられればそれでいい、という具合に当用憲法論は憲法を道具としてとらえる考え方です。

事実上の天皇元首化について、吉田は、新憲法のもとでも国民の心情では天皇は日本の元首であり、皇室と国民を結びつける制度や慣行をうちたてる余地は充分にあるとのべました。吉田とその後継者たちは、事実のつみかさねによって天皇元首化を実現していきます。

日米安保体制下の防衛力漸増については、国内的には国民負担の問題、対外的には現今の国際情勢、特に海外の対日感情などから考えて、早急に第九条を改正することはできないとの見解をしめします。

吉田のことばを額面どおりにうけとってはいけません。吉田が警察予備隊、保安隊、自衛隊をつくったからです。吉田の真意は、在日米軍の庇護をうけつつ、経済力にみあった進度で防衛力を漸増することにあります。第九条は、アメリカからの過大な防衛力強化要求を断る口実とするため、改正しないのです。

解釈改憲による戦後体制の運営を吉田路線とよびます。吉田路線の担い手となった自民党政治家の系譜を保守本流とよびます。吉田茂の部下として働いた政治家や官僚は、やがて自民党内の派閥として宏池会《こうちかい》を形成しました。池田勇人《いけだはやと》、大平正芳《おおひらまさよし》、鈴木善幸《すずきぜんこう》、宮澤喜一《みやざわきいち》といった歴代首相を輩出したことから名門と目されました。

ただし、宏池会だけが解釈改憲の牙城であったなら、保守改憲の出番はもっと多かったはずです。保守本流の一角である佐藤栄作《さとうえいさく》の派閥から誕生して、党内最大派閥に成長した田中派は、利益に直結しない憲法改正に興味をしめしませんでした。他派閥の議員も議席維持の都合から実益をともなう政策を優先させました。その結果、党内世論の天秤が解釈改憲にかたむきました。改憲を主張する総理大臣であっても、政権維持を優先しなければならないため、解釈改憲を選択します。結果として、歴代の自民党政権は解釈改憲の立場から政権運営に勤しむこととなります。自民党は解釈改憲政党として機能したのです。

当用憲法論

当用憲法は、もとは福田恆存《ふくだつねあり》が考案したことばです。改憲論者だった福田は、日本国憲法が国民に定着する日など来るはずがない、と断言しました。なぜなら改憲護憲両派とも日本国憲法を、当面の必要にせまられて、さしあたりもちいているにすぎない、と考えたからです。そこで福田は、当用漢字をもじって、日本国憲法を当用憲法とよんだのです。

福田の予言は外れました。当用漢字が常用漢字と改称されて、国民に定着してしまったように、日本国憲法は、さしあたりもちいる状態を、七〇年の常態として存続しました。もはや定着とよんで差し支えない歳月です。

当用憲法が常態化した理由は、解釈改憲派が、憲法制定の事情を度外視して、さしあたりもちいることを主義としたからです。宮澤喜一『新・護憲宣言』は、当用憲法論の立場を正当化する数少ない例です。

憲法というのは、最高裁の判決があったりいろいろな国民感情があったりしながら、弾力的に読んだり考えたりしていいものだと思います。……私はもともと日本人というのは、現実的で実際的な国民であると思います。ですからいまの憲法も、いろいろ複雑な部分を含みながらも、その下に五十年近く、まあまあよい社会が育った。……最高裁がよき法の番人として立派な判例を積み重ねることによって、いまの憲法がわりあい常識的に運用されてきたのは、大変ありがたいことです。……こんなにうまく運用されている憲法をどうして変えなければならないのか、理解できません。

結果として国政運営が円滑にすすめばそれでいいという実用主義は、護憲改憲双方から原理原則を軽視したやり方として批難をうけます。

たとえば第九条について、護憲派は平和主義の崇高な理想のために非武装中立をうったえ、改憲派は国民の安全をまもる使命感から再武装をうったえます。しかし、宏池会の貴公子とよばれた加藤紘一《かとうこういち》が九条について論ずる判断基準は損得です。

九条改正は損失が多く、いまは憲法をまもる方が情勢の安定に資するというのが加藤の意見です。加藤は損得勘定から九条の存置をいうのであって、護憲とはちがいます。なにより九条は自衛権をみとめているから自衛隊は合憲であるというのが、加藤の立場です。しかし加藤の自衛隊肯定は、改憲派の再軍備論ともちがいます。加藤は九条の制約が日本の利点になると考えているからです。

防衛力漸増

自民党政権は憲法九条の運用において解釈改憲を多用しました。自衛隊が、憲法九条が保持を禁止する陸海空その他の戦力に該当することはあきらかでした。国際法上自衛隊は軍隊でしたし、自衛官は軍人だったからです。それでも政府と自民党は、自衛隊は憲法九条に反しないとの解釈改憲でのりきりました。

当初、吉田茂は憲法九条について、いかなる名義の交戦権も放棄するものであり、自衛権の発動としての戦争もすすんで放棄するものだと説明しました。昭和二十一年（一九四六）六月の衆議院本会議での答弁です。

しかし米国の要請で自衛隊を創設することとなって、吉田の説明は変遷しました。憲法第九条第二項の戦力否定の条項は、軍国主義国、侵略国としての日本の汚名を雪ぎ、一日も早く国際社会に復帰する政治的な目的から出たものであり、もし条文を厳格窮屈に解釈して自衛隊を否定すれば政治的不安定の原因となる、というのです。

吉田が米国と交わした防衛力漸増の約束は、国内向けの説明では自衛力の最小限度を押し上げていく根拠となりました。しかし同時に、その後の米国との交渉では、憲法九条を、国力以上の再軍備要求を拒絶する口実として利用しました。吉田は憲法九条の文面を維持しながら国力のゆるす範囲で自衛隊を増強する現実主義を採用したのです。

自民党政権の防衛政策は、吉田路線を踏襲したものでした。保守改憲の論客である中曾根康弘でさえも、総理大臣として責任ある立場につくと解釈改憲による自衛権の拡大を選択しました。解釈変更に抵抗する法制局長官を手玉にとった武勇伝を回顧していますが、かつて憲法改正の急先鋒だった中曾根の姿はここにはありません。

平成二十七年に、集団的自衛権の行使を一部容認する安全保障関連法案が可決成立したことは記憶にあたらしいところですが、憲法改正を自分の使命だと公言する安倍《あべ》晋三《しんぞう》首相もまた、解釈改憲を選択しました。

改憲を提議できる議席数を確保していない以上、解釈改憲しかえらべません。首相個人の改憲意欲がどれほど強固であろうとも、動かすことのできない前提です。改憲意欲のない首相であればなおさらです。こうして歴代自民党政権は解釈改憲によって防衛力漸増を実現してきたのです。

日米同盟

かつて日米両国間の軍事関係は、日米安全保障体制、略して安保体制とよばれていました。軍事にかんする国民の嫌悪感に遠慮した言い回しです。鈴木善幸内閣で、安保体制を同盟とよんだことが問題となり、政府が撤回したことがあるほどです。ところが小泉《こいずみ》純一郎《じゅんいちろう》内閣から日米同盟とよぶようになり、平成二十九年現在では定着しました。政府と自民党は公用しています。新聞各紙も政府方針に歩調をそろえているようにみえます。日米同盟ということばは不謹慎だという言論もみかけません。安保体制から日米同盟への移り変わりは、事実の蓄積によって感覚が麻痺していった実例です。

天皇元首化

天皇元首化も、同様に時間をかけて事実をつみかさねていくことで、憲法の条章を一字一句変更することなく、目的を達成した事例です。

一般に戦後の天皇は形式的な国事行為のみをおこなう象徴として、政治とは無関係な存在として理解されています。たしかに日本国憲法の条文を素直によむと、国家元首として、統治権の総攬者として強大な天皇大権を保持していた戦前の天皇と、国民主権のもとにある戦後の象徴天皇は、隔絶した存在であるようにみえます。

しかし天皇元首化は憲法草案審議の時点からはじまっていました。吉田内閣の憲法担当国務大臣だった金森徳次郎《かなもりとくじろう》は、天皇は日本国民の心の中心、国民敬愛の中心であると第九〇回貴族院本会議で答弁しました。いわゆる、あこがれの中心としての天皇論です。

金森の見解は文部省の『あたらしい憲法のはなし』でも踏襲されました。

天皇陛下は、一つにまとまった日本国民の象徴でいらっしゃいます。これは、私たち日本国民全体の中心としておいでになるお方ということなのです。それで天皇陛下は、日本国民ぜんたいをあらわされるのです。このような地位に天皇陛下をお置き申したのは、日本国民ぜんたいの考えにあるのです。……私たちは、天皇陛下を私たちのまん中にしっかりとお置きして、国を治めてゆくについてごくろうのないようにしなければなりません。

天皇が象徴たる所以《ゆえん》は、天皇が国民の中心であることに、もとめられたことがわかります。金森が国民の中心としての天皇を強調した背景には、たんなる条文の説明をこえた問題がありました。国体変更の問題です。

天皇主権から国民主権にかわったのだから日本の国体は変更したのではないかとの質問が議員たちから出されました。憲法学上の国体とは主権の所在のことであり、日本の国体とは天皇主権の同義語だったからです。

実は憲法学者だった金森自身、戦前に公刊した著作では国体の本質を天皇主権にもとめていました。美濃部達吉の学統に属していた金森ですが、国体の定義では憲法学の大勢にしたがって穂積説をとっていたのです。この点では政府も同様で、ポツダム宣言受諾に際して日本政府が唯一固執したのが国体護持すなわち天皇主権の維持存続でした。

中心と象徴

天皇主権が国民主権に変遷したことによって、国体変革は明白でした。国体護持に失敗したとなれば、内閣は退陣しなければなりません。政府としては国体の変革は否認しなければなりません。金森は一計を案じました。その内容はつぎのようなものです。

国体論にはふたつの用法がある。憲法学では天皇主権をさして国体とするが、世間一般では天皇と国民がつくる共同体のありさまを国体とする。国体とは国家の本質であるから国体の変革は国家の崩壊を意味するものと自分は考えてきたが、今回の敗戦によって天皇主権は国民主権にかわっても日本国家は崩壊せずに存在する。ならば天皇主権を国体とみなした自分の学説はまちがいで、世間通俗の国体論こそがただしい定義だとみとめなければならない。その場合、天皇と国民の共同体としての国体は敗戦にもかかわらず一貫して存続しているため、国体の変革はおこっていないと考えることができる、と金森は考えました。

つまり金森は自分の国体論の定義を変更することで、国体の不変を主張したのです。ここで注目すべきは、金森があらたに採用した世間一般の国体論とは、昭和戦中期の日本主義者の国体論とおなじだったことです。ふたつだけ例をあげましょう。

美濃部達吉を批判した中谷武世《なかたにたけよ》は、天皇は、日本国民の団結の中心であり、国民生活の核心である、とのべました。国体明徴問題に関連して在郷軍人会が公表した国体論でも、天皇は国民生活の中心、国家生命発展の中枢であるとのべています。

いずれも天皇を国民の中心と位置づけています。金森の国体論と同趣旨であることは明白です。すなわち、金森による象徴天皇制の説明は戦前の国体論にもとづくものだったのです。『あたらしい憲法のはなし』は、ふるい国体のはなしに依拠していたのです。象徴天皇制が国体論に起源をもつとなれば、断絶論の前提がゆらぎます。象徴天皇は国家元首ではないという議論の一角がくずれます。

国事行為

一般に天皇の国事行為は儀礼的、形式的なもので政治的な意味はないと理解されています。戦後憲法学の権威となった宮澤俊義《みやざわとしよし》は、昭和二十八年の『ジュリスト』第四一号に寄稿した「常識講話天皇」において、国事にかんする行為 acts in matters of state は儀礼的行為の意味かとアメリカ人の法律家にたずねたところ、「さあ……そうも解せるかな」との回答しかえられなかったのに、天皇の行為はすべて儀礼的なもので、なんら決定の自由をふくむものでないことはあきらかだ、と強引に結論しました。

宮澤は国事行為をあえて過小評価したのです。日本国憲法の国事行為と明治憲法の天皇大権は多くの項目が重複しているため、国事行為を論拠として天皇大権の存続を主張することが可能だったからです。しかも天皇大権の場合も第五十五条で国務大臣の輔弼《ほひつ》と副署を要する旨制限が課せられていること、天皇親政を実行するわけにはいかず実際には天皇超政だったことを加味すると、国事行為と天皇大権の距離が縮まります。

実際、憲法公布から程ない昭和二十三年には宮澤自身が、天皇は国事行為について大権をもつといい、内閣がおこなう明治憲法下の輔弼と新憲法の助言と承認とをおなじ意味だと説明しています。この時点の宮澤が国事行為と天皇大権との近似を自覚した証拠です。

しかしその後宮澤をはじめとする憲法学者は、天皇大権を解釈する際には運用実態を捨象して条文だけを根拠として立論しました。その結果、天皇大権は天皇が国家元首であることと天皇主権の絶対であることとをしめす証拠となりました。そのいっぽうで国事行為については、儀礼的形式的で政治的な実質をともなわないことを強調して、天皇が象徴であり国家元首ではないことの証拠としました。

平成二十九年現在、日本国内で天皇を国家元首とみなす説は少数派にとどまっています。しかし、公布後七〇年余の日常業務のつみかさねによって、対外的には天皇は国家元首とみなされています。国事行為として、外国の大使および公使を天皇が接受しているからです。

通常、外交官の着任に際しては、まず相手国の国家元首にたいして自国の国家元首の国書を奉呈して、外交官として活動する承認を請います。日本国憲法下にあっても、昭和天皇は公使接受を継続しました。吉田茂首相の強硬論によるものだったそうです。

以後世界各国の大使公使が着任の承認をもとめて皇居を訪れました。公使接受の事実をつみあげていくことで、外交上、天皇は国家元首として認知されました。自衛隊や自衛官の場合とおなじく、国内での法的位置づけは曖昧なまま、対外的には目的を達しています。

以上、再軍備と天皇の元首化について、保守改憲がのぞむものとおなじ結果が、解釈改憲と事実の蓄積とによって達成されたことを確認しました。その結果、戦後日本の憲法史は、表面上は護憲の歴史ですが、実際には解釈改憲の歴史となりました。自民党政権が費用と効果を秤量するかぎり、解釈改憲の歴史は今後も継続するでしょう。

近代日本の憲法観――エピローグ

近代日本の憲法観について、戦前から戦後まで、議論してきた本書もいよいよ終幕です。これまでの議論をまとめておきましょう。近代日本の憲法観の特徴はつぎのみっつです。

強い護憲　弱い改憲

第一に、理想主義の護憲論が正論として強い権威と正統性をもちながら、現実の憲法運用においては実現可能性が低かったことです。

昭和戦前期の不磨ノ大典論はきわめて強固な護憲論として機能しましたが、憲法解釈すら否定したため、天皇親政と天皇超政の平衡を破壊し、結果として明治憲法の衰亡をもたらしました。

戦後の革新護憲は、平和と人権と民主主義の守護者として道徳的な優位にたっていましたが、現実政治では国会の三分の一の議席を墨守する勢力でしかありませんでした。その結果、憲法改正阻止には成功しましたが、空想的な外交防衛論を展開したため、衆望をうしなっていきました。

特徴の第二は、現実主義の立場からとなえられた改憲論が護憲論に対抗しうる論陣を形成できず、そのため憲法改正も実現できなかったことです。昭和戦前期の高度国防国家論は、近衛新体制の失敗にみられるように不磨ノ大典論の前につねに挫折を強いられてきました。戦後の保守改憲論は、再軍備について革新護憲論の平和主義を打破できませんでした。戦前の革新派も、戦後の改憲論者も、国家運営上の必要に応じた改革を実行しようとする現実主義者たちでしたが、憲法改正の手続きをとる前に敗退しました。改憲論は正論とならなかったのです。

解釈改憲の役割

特徴の第三は、現実の憲法運用をになうのは、護憲改憲の両論陣からいかがわしい手段として蔑まれている解釈改憲であったことです。

不磨ノ大典論を逆手にとった政党政治の実現は、戦前における解釈改憲です。戦後における、事実上の天皇元首化と防衛力漸増の実現も、解釈改憲です。現在の日本近代史研究では、前者はよい解釈改憲として許容され、後者はわるい解釈改憲として拒絶されます。

戦前日本では政党政治をわるい解釈改憲として拒絶した結果、憲法体制の破綻をまねきました。実現不可能な理想論をふりかざすことで国家運営を機能不全においこんだのです。戦後日本は憲法施行期間の大部分を解釈改憲で運営したにもかかわらず、解釈改憲の有用性をみとめる言論情況にはありません。

近代日本では、強い護憲論のもとで憲法を改正しない硬直した、表の政治文化と、解釈改憲で情況変化に柔軟に対応する、裏の政治文化とを同時に形成してきました。

憲法と日本人

その結果、日本人にとって憲法は、信じながら背き、尊びながら蔑《ないがし》ろにするものとなったのです。特に戦後日本をひとりの人間になぞらえれば、理想と現実に折り合いをつけられずに自己否定の感情に苛まれている状態です。健康な精神状態とはいえません。それどころか不幸です。

この不毛な政治風景を打開するには、軍備撤廃を実現して現実を憲法にあわせて改変するか、自衛隊をみとめて憲法改正を実行するか、もしくは解釈改憲で国政を運営してきた現実を追認することです。

どれを選択するかは現在および将来の日本国民が判断する問題です。その際に心がけたいのは、憲法は国家が実現すべき理想をあらわす大切な文書だという視点と、憲法はよりよい国家運営を実現するための道具であるという視点との平衡を保つことです。

あとがき

歴史文化ライブラリーの一冊として、明治の憲法観について書くよう勧められて、応諾の挨拶に本郷の吉川弘文館を訪れたのは平成二十四年（二〇一二）十一月十二日のことでした。おりしも赤坂の有名なホテルがあたらしい工法で解体され、跡地にあらたなホテルが建つのが三年後であると報道されていて、そのころまでに書き上げようと思いました。同年十二月二十六日に第二次安倍晋三内閣が誕生して、明日にも憲法改正が俎上にのるといわれたことも、あとから執筆の動機にくわわりました。

不磨ノ大典の思想史について腹案があって資料もあつめていましたので、これをもとにすれば相応の形をなすだろうと楽観していました。しかし執筆作業の一助にと開講した講義は考えの不足を露呈した惨憺たるもので、学生諸君の知的好奇心による脳内補正によって辛うじて成立するありさまでした。くわえてかれらとの質疑応答をつうじて改憲論の弱さや解釈改憲の重要性に気がつくにおよんで議論は明治をこえて戦後にひろがり、今度はふくれあがった構想の整理に手間取ることになりました。

二、三年以内に二五〇枚の原稿を書くという約束は、憲法改正とおなじく遷延しました。危機感を募らせる人々がいる一方で、安倍さんが国政選挙に四連勝しても憲法改正にいたらない日本政治の情況に、わたしは興味をもちました。本書が憲法観の歴史をつうじて日本の政治文化を論ずるものとなったのは、そのためです。

念のため申しますが、本書は護憲、改憲、解釈改憲のいずれにも助勢しません。わたしの小さな望みは、本書が、憲法について現在と将来の日本国民が判断する際の一助となることです。社会に役立つ学問をせよという要請に、わたしなりに応えた次第です。

今後なにを研究するか、まだきめていません。政治犯と国家の関係の変遷をつうじて明治国家の特質を裏側からあきらかにしたいと、ぼんやり構想しているくらいです。まとまれば反時代的な考察になるかもしれませんが、日本とはなにかという問題に憲法という表側からとりくんだ本書と対をなすものとなりましょう。

本書が形をなすにあたり、まっさきに謝意を表するべきは、講義につきあってくれた北大文学部の学生諸君です。また、北海道教育大学旭川校と藤女子大学と山梨大学の学生諸君にも感謝申し上げます。同僚たちへの感謝の気持ちはことばにできません。

最初に本書の編集を引き受けてくださった岡庭由佳さんに感謝申し上げます。岡庭さんの助言がなかったとしたら、本書の文章はもっと冗長で散漫だったでしょう。それから、二年で書く約束を五年に延ばしてしまい申し訳ありませんでした。

製作担当の冨岡明子さんにも感謝申し上げます。本来の規格からはずれた原稿を歴史文化ライブラリーの形におさめて、短期間のうちに刊行作業をすすめてくださり、ありがとうございました。

平成二十九年五月三日　日本国憲法施行七〇年の記念日に

川口暁弘

引用文献

本書執筆にあたり多くの資料や先行研究を参照しましたが、出典をしめすのは本文で引用した文献だけにとどめます。引用順にならんでいます。

なお引用にあたり、原文にない句読点や振り仮名をくわえ、常用漢字と平仮名による現代仮名づかいに表記をあらためました。字句を省略した場合は「……」であらわし、字句をくわえた場合は「〔 〕」をもちいました。改行を無視したときには「／」で原文の改行位置をしめしました。

日本人にとって憲法とはなにか

井上孚麿「憲法恪循の一路」『教学』第九巻第七号、昭和十八年
石橋政嗣『非武装中立論』日本社会党中央本部機関紙局、昭和五十五年

不磨ノ大典

文部省編『初等科国史』下、第六期国定歴史教科書、昭和十八年。なお引用は海後宗臣編『日本教科書大系・近代編 第二十巻 歴史（三）』講談社、昭和三十九年によります。
春畝公追頌會編『伊藤博文傳』中巻、春畝公追頌會、昭和十五年
大隈重信『国民二十訓』丁未出版社、大正四年
荒畑寒村『寒村自伝』上巻、岩波書店、昭和五十年

森川　淳「キリスト追放」戦争体験を記録する会編『二つの昭和　いま語りつぐ戦争と教育』あさを社、平成元年
金子堅太郎「憲法会議」『明治大帝』大日本雄弁会講談社、『キング』昭和二年十一月号附録
高橋　紘『昭和天皇発言録』小学館、平成元年
井上　毅「言霊」『梧陰存稿』井上毅伝記編纂委員会編『井上毅傳史料篇第三』國學院大學図書館、昭和四十四年
大隈重信『国体の精髄』公民同盟出版部、大正四年
美濃部達吉『憲法講話』有斐閣、明治四十五年
池井優他編『濱口雄幸　日記・随感録』みすず書房、平成三年
上杉慎吉『憲法読本』日本評論社、昭和三年
尾崎行雄「政治読本」『尾崎咢堂全集』第七巻、公論社、昭和三十年
美濃部達吉「議会制度の危機」『議院政治の検討』日本評論社、昭和九年
佐藤清勝『政党亡国論』方文社、昭和七年
筑紫熊七『政党解消論』私家版、昭和七年。国立国会図書館憲政資料室所蔵「真崎甚三郎文書」書類の部二一〇八を参照
大井一哲『憲政を破壊する政党政治　政党と財閥の打倒　三権分立の確保　王道政治の実現』日本社会問題研究所、昭和七年
明倫会編『明倫会史』明倫会々史編纂所、昭和十七年

大串兎代夫『帝国憲法と臣民の翼賛』（教学局編纂『国体の本義解説叢書』）内閣印刷局、昭和十四年

高度国防国家

斎藤隆夫「戦時議会の感想」『民政』戦時議会号、第十二巻第二号、昭和十三年二月
近衛文麿「予が想定する新体制」小田俊与編『近衛新体制の全貌』皇国日本新聞社、昭和十五年
黒田　覚「大政翼賛会の合憲法性」『国防国家の理論』弘文堂、昭和十六年
井上孚麿『新体制憲法観』目黒書店、昭和十六年
大日本生産党「憲法擁護の檄」由井正臣編『資料日本現代史六』大月書店、昭和五十六年

戦時体制

警視庁官房主事編、官情報第三四五六号「経済新体制要綱に関し財界方面の意向聴取の件」昭和十五年十二月十一日、東京都（東京都公文書館）編『都史資料集成』第十一巻、東京都、平成二十四年
椎名悦三郎『戦時経済と物資調整』（『戦時経済国策大系』第一巻）東亜政経社、昭和十七年
鈴木嘉一『隣組と常会　常会運営の基礎知識』誠文堂新光社、昭和十五年
中井順子「母は震えながら、たんすの前に仁王立ちになり、祖母をかばった」朝日新聞社編『戦争体験　朝日新聞への手紙』朝日新聞出版、平成二十四年
坂本たね著、小寺幸生編『戦時の日常　ある裁判官夫人の日記』博文館新社、平成十七年
高見　順『敗戦日記』中央公論新社、平成十七年
徳川夢声『夢声戦争日記　抄　敗戦の記』中央公論新社、平成二十五年
田中義一「政党存在の意義と党員の覚悟」立憲政友会編『政治講座』日本政治学会、大正十五年

遠藤三郎『日中十五年戦争と私』日中書林、昭和四十九年
原田熊雄述『西園寺公と政局』第二巻、岩波書店、昭和二十五年
佐藤賢了『東條英機と太平洋戦争』文藝春秋社、昭和三十五年
佐藤賢了『大東亜戦争回顧録』徳間書店、昭和四十一年
木戸日記研究会・日本近代史料研究会『西浦進氏談話速記録』(上)、日本近代史料研究会、昭和四十三年
寺崎英成、マリコ・テラサキ・ミラー編著『昭和天皇独白録』文藝春秋社、平成三年

戦後日本の憲法観

文部省編『あたらしい憲法のはなし』文部省、昭和二十二年
小田　実「憲法のよみがえりを求めて」『世界』昭和五十六年五月号
土井たか子を支える会編『土井たか子憲法講義』リヨン社、昭和六十三年
日高六郎「憲法論議　百花斉放のすすめ」『世界』昭和五十二年六月号
原彬久編『岸信介証言録』毎日新聞社、平成十五年
宮澤喜一『新・護憲宣言　二十一世紀の日本と世界』朝日新聞社、平成七年

著者紹介

一九七二年、静岡県に生まれる
二〇〇〇年、学習院大学大学院人文科学研究科史学専攻博士後期課程中退
現在、北海道大学大学院文学研究科准教授

主要編著書
『明治憲法欽定史』（北海道大学出版会、二〇〇七年）
『きのうの日本』（共編著、有志舎、二〇一二年）

歴史文化ライブラリー
450

ふたつの憲法と日本人
戦前・戦後の憲法観

二〇一七年（平成二十九）八月一日　第一刷発行

著　者　川《かわ》口《ぐち》暁《あき》弘《ひろ》
発行者　吉川道郎
発行所　株式会社 吉川弘文館
東京都文京区本郷七丁目二番八号
郵便番号一一三―〇〇三三
電話〇三―三八一三―九一五一〈代表〉
振替口座〇〇一〇〇―五―二四四
http://www.yoshikawa-k.co.jp/
印刷＝株式会社 平文社
製本＝ナショナル製本協同組合
装幀＝清水良洋・陳湘婷

ISBN978-4-642-05850-6

歴史文化ライブラリー

1996.10

刊行のことば

現今の日本および国際社会は、さまざまな面で大変動の時代を迎えておりますが、近づきつつある二十一世紀は人類史の到達点として、物質的な繁栄のみならず文化や自然・社会環境を謳歌できる平和な社会でなければなりません。しかしながら高度成長・技術革新にともなう急激な変貌は「自己本位な刹那主義」の風潮を生みだし、先人が築いてきた歴史や文化に学ぶ余裕もなく、いまだ明るい人類の将来が展望できていないようにも見えます。このような状況を踏まえ、よりよい二十一世紀社会を築くために、人類誕生から現在に至る「人類の遺産・教訓」としてのあらゆる分野の歴史と文化を「歴史文化ライブラリー」として刊行することといたしました。

小社は、安政四年（一八五七）の創業以来、一貫して歴史学を中心とした専門出版社として書籍を刊行しつづけてまいりました。その経験を生かし、学問成果にもとづいた本叢書を刊行し社会的要請に応えて行きたいと考えております。

現代は、マスメディアが発達した高度情報化社会といわれますが、私どもはあくまでも活字を主体とした出版こそ、ものの本質を考える基礎と信じ、本叢書をとおして社会に訴えてまいりたいと思います。これから生まれでる一冊一冊が、それぞれの読者を知的冒険の旅へと誘い、希望に満ちた人類の未来を構築する糧となれば幸いです。

吉川弘文館

歴史文化ライブラリー

近・現代史

五稜郭の戦い 蝦夷地の終焉——菊池勇夫
幕末明治 横浜写真館物語——斎藤多喜夫
水戸学と明治維新——吉田俊純
大久保利通と明治維新——佐々木 克
旧幕臣の明治維新 沼津兵学校とその群像——樋口雄彦
維新政府の密偵たち 御庭番と警察のあいだ——大日方純夫
明治維新と豪農 古橋暉皃の生涯——高木俊輔
京都に残った公家たち 華族の近代——刑部芳則
文明開化 失われた風俗——百瀬 響
西南戦争 戦争の大義と動員される民衆——猪飼隆明
大久保利通と東アジア 国家構想と外交戦略——勝田政治
自由民権運動の系譜 近代日本の言論の力——稲田雅洋
明治の政治家と信仰 クリスチャン民権家の肖像——小川原正道
日赤の創始者 佐野常民《つねたみ》——吉川龍子
文明開化と差別——今西 一
アマテラスと天皇 〈政治シンボル〉の近代史——千葉 慶
大元帥と皇族軍人 明治編——小田部雄次
明治の皇室建築 国家が求めた〈和風〉像——小沢朝江
皇居の近現代史 開かれた皇室像の誕生——河西秀哉
明治神宮の出現——山口輝臣

神都物語 伊勢神宮の近現代史——ジョン・ブリーン
日清・日露戦争と写真報道 戦場を駆ける写真師たち——井上祐子
博覧会と明治の日本——國 雄行
公園の誕生——小野良平
啄木短歌に時代を読む——近藤典彦
鉄道忌避伝説の謎 汽車が来た町、来なかった町——青木栄一
軍隊を誘致せよ 陸海軍と都市形成——松下孝昭
家庭料理の近代——江原絢子
お米と食の近代史——大豆生田 稔
日本酒の近現代史 酒造地の誕生——鈴木芳行
失業と救済の近代史——加瀬和俊
近代日本の就職難物語 「高等遊民」になるけれど——町田祐一
選挙違反の歴史 ウラからみた日本の一〇〇年——季武嘉也
海外観光旅行の誕生——有山輝雄
関東大震災と戒厳令——松尾章一
モダン都市の誕生 大阪の街・東京の街——橋爪紳也
激動昭和と浜口雄幸——川田 稔
昭和天皇とスポーツ 〈玉体〉の近代史——坂上康博
昭和天皇側近たちの戦争——茶谷誠一
大元帥と皇族軍人 大正・昭和編——小田部雄次
海軍将校たちの太平洋戦争——手嶋泰伸

歴史文化ライブラリー